Caritas Lewandowski

Meine Familie, meine Stifte und ich

Eine deutschbaltische Künstlerin erzählt

Caritas Lewandowski

Meine Familie, meine Stifte und ich

Eine deutschbaltische Künstlerin erzählt

SCHRIFTENREIHE DER CARL-SCHIRREN-GESELLSCHAFT

Band 9

Die Deutsche Bibliothek – CIP Einheitsaufnahme

Caritas Lewandowski
Meine Familie, meine Stifte und ich
Eine deutschbaltische Künstlerin erzählt
ISBN-10: 3-923149-53-0
ISBN-13: 978-3-923149-53-7

Fotos aus dem Bestand der Familie Winkhardt
Umschlag und Bilder: Caritas Lewandowski

Redaktion: Gabriele von Mickwitz
Layout, Bildbearbeitung: Hans-Gerhard Körner
Gedruckt mit Unterstützung der
Karl Ernst von Baer-Stiftung

Herstellung:
Books on Demand GmbH, 22848 Norderstedt

Gedruckt auf säure-, holz- und chlorfreiem Papier

Printed in Germany
ISBN-10: 3-923149-53-0
ISBN-13: 978-3-923149-53-7

Inhaltsverzeichnis

Prolog

Die Wellen überschlagen sich. Wie weiße Spitzenschleier zieht sich das Wasser an den Strand, läuft wieder zurück. Türmt sich erneut auf, überspült wieder den Sand. Ewig wechselnd, Kommen und Gehen, Einatmen und Ausatmen.

Man schreibt das Jahr 1911. Lenchen spaziert neben ihrem Vater am Strand, hat die Hände auf den Rücken gelegt. Ihre langen Haare wehen im Wind. Ab und zu bückt sich die Fünfjährige, läßt den feinen Sand durch ihre Hände rieseln. Hebt eine Muschel auf, steckt sie in die Kleidertasche. Sie ist glücklich. Die Sommersaison ist vorbei. Alle Kurgäste sind abgereist. Nun gehört der Strand ihnen allein. Der Sommer war schön. Papi hat zusätzlich im Kurhaus geholfen. Während der Zeit wohnte die Familie im dazugehörigen Gartenhäuschen – romantisch, fast wie in einer großen Puppenstube. An den lauen Sommerabenden saß Lenchen auf der Gartenmauer. Lauschte der Musik im Pavillon und dem Rauschen des Meeres.

Als Vater und Tochter nach Hause kommen, riechen sie es gleich beim Öffnen der Tür: Es gibt Zwiebelklops, Lenchens Lieblingsgericht. Mami tut alles, um Lenchen gesund zu erhalten. Zwei Kinder sind ihr gestorben. Gretchen hatte Blinddarmentzündung. Der Weg vom Strand bis ins Rigaer Krankenhaus war zu weit. Die Operation kam zu spät. Trudchen verletzte sich beim Spielen am Holzbalken des Wasserbrunnens und starb an den Folgen einer Gehirnerschütterung.

Nach dem Mittagessen setzt sich Lenchens Mutter ans Tafelklavier und spielt zur Entspannung. Währenddessen kauert die Kleine darunter und beschäftigt sich mit ihren Puppen. Morgen soll Tante Anna zu Besuch kommen. Lenchen freut sich schon. Sicherlich bringt sie wieder einen Beutel mit wunderschönen Stoffresten, Bändern und Spitzen mit. Daraus darf sie Puppenkleider schneidern. Die Erwachsenen staunen, wie geschickt die Fünfjährige mit Nadel und Faden umgehen kann.

Lustig geht es zu, wenn Tante Lisa mit ihren Söhnen Harry und Percy zu Besuch kommt. Die älteren Cousins toben mit dem kleinen Mädchen, bis ihm die Wangen vor Vergnügen noch roter glühen. Manchmal spielen die großen Jungen ihre Macht aus. Lenchens Lieblingspuppe Max landet im Nachttopf. Danach werfen sie die Stoffpuppe über einen Telegraphendraht.

Lenchen rächt sich. Abends hockt sie unter dem Speisetisch, von der langen Tischdecke gut verborgen, und kneift Percy in die Beine, bis er schreit und heult.

1914. Der Erste Weltkrieg bricht aus. Krieg zwischen Deutschland und Rußland. Die Deutschen, die im Baltikum leben, mußten dem Zaren den Treueid schwören. Sie sind ihm untertan. Nun müssen sie auf russischer Seite in den Krieg ziehen. Unruhige Zeiten stehen bevor. Die Familie zieht nach Riga in ein Haus in der Vorstadt. Es gehört der Familie Balk. In dem Gebäude befindet sich auch eine Likörfabrik.

Ein neuer Lebensabschnitt beginnt. Bisher wurde Lenchen nur privat unterrichtet. Jetzt besucht sie zum ersten Mal eine Schule. Es ist verboten, in der Öffentlichkeit Deutsch zu sprechen. Plötzlich werden alle Fächer in der Schule auf Russisch unterrichtet. Eine völlig neue Situation für das kleine Mädchen. Doch das Lernen und Zusammensein mit vielen Kindern macht Lenchen großen Spaß.

Paula, die in ihrer Nähe wohnt, wird ihre beste Freundin. Bei Wind und Wetter trotten die Mädchen gemeinsam, immerzu plaudernd, den langen Weg zur Börsenkommerzschule. Das letzte Stück führt durch den Stadtpark am Kanal entlang. Im Winter wird Lenchen von ihrer Mutter warm angezogen. Dreimal muß der dicke Schal um den Hals gewickelt werden. Die Fellmütze wird über die Ohren gezogen, damit sich das Kind nur ja nicht erkältet. Aber gleich hinter der ersten Straßenbiegung verschwindet beides im Ranzen.

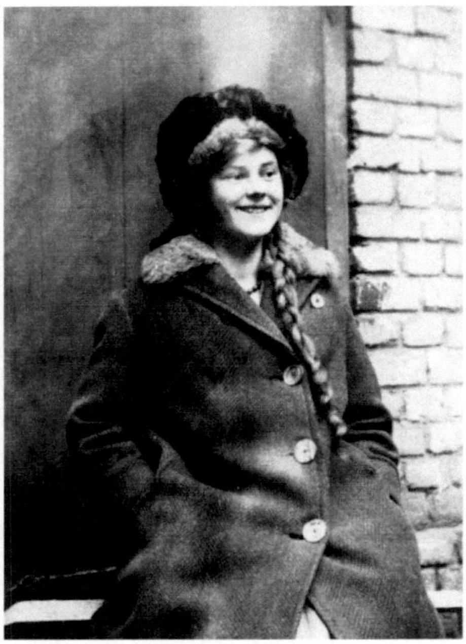

Lenchen Ackermann als Schülerin

Lenchen und Paula haben lange Zöpfe. Beide sind die Kleinsten und Lustigsten in der Klasse, immer zu Streichen aufgelegt. In der Turnstunde stehen sie als letzte in der Riege und

kichern, wenn die Lehrerin die Übungen vormacht: „Nieder auf, lauf, lauf, lauf!" Oder Fräulein X sagt: „Mädel, ihr müßt so dastehen, daß man eine Suppenterrine bei euch hinten draufstellen kann."
Lenchen beteiligt sich auch mit Begeisterung in der Theatergruppe. Nur mit der Handarbeitslehrerin kommt sie nicht klar. Öfter droht diese: „Helene, wenn Du das nicht so nähst, wie ich es Dir zeige, bekommst Du eine,Eins' im Zeugnis." Das ist im Baltikum die schlechteste Note. Doch Lenchen lacht und antwortet keck: „Das ist mir egal. Ich weiß, was ich kann, und will es so nähen, wie es mir gefällt."

1917. Das Deutsche Heer rückt näher. Brücken werden gesprengt. Keine Züge und Dampfer fahren mehr. Granaten und Geschosse explodieren. Der Himmel ist rot vom Widerschein der Brände. Doch die Deutschen erzwingen den Übergang über die letzte noch intakte Dünabrücke. Die Russen befinden sich im Rückzug. Überall wird geplündert. Trotzdem sind die Deutschbalten wie im Freudentaumel. Aber nur kurz hält dieser Zustand an.
1918, nach dem Zusammenbruch Deutschlands, beginnt die schlimmste Zeit. Nachdem die deutsche Armee abgezogen ist, rücken Anfang Januar 1919 die Bolschewiken in Riga ein.
Jetzt wird die Hungersnot unerträglich. Schon lange ist das Essen rationiert. Es gibt Suppenküchen, in denen man lange anstehen muß. Paula schleppt täglich einen Topf, mit dünner Suppe gefüllt, für ihren kleinen Bruder nach Hause. Sie stülpt ihre Mütze darüber, damit die Suppe nicht zu stark abkühlt.

Die Rote Armee führt eine Schreckensherrschaft. Willkürlich werden Geistliche verhaftet. Täglich, vor Beginn der Schule, gehen Lenchen und Paula zu ihrem Pastor an der Jakobikirche zu einem kurzen Gebet. Eines Morgens öffnet die Haushälterin mit verweinten Augen die Tür. Der Pastor wurde nachts verhaftet. Welch eine Macht haben das Wort und der Glaube, daß sich die Roten davor fürchten? Auch Gutsherren und hohe Beamte werden willkürlich verhaftet und ermordet. Hausdurchsuchungen finden statt, besonders nach Waffen. Auch in der Likörfabrik wird gesucht, wo Lenchens Eltern für ihre Familie eine Unterkunft gefunden haben. Deshalb ziehen sie in ein hohes Steinhaus in der Lāčplēša ielā / Bärentöter Straße 124, Ecke Maskavas ielā / Moskauer Straße um. Das Haus gehört Alexander Winkhardt, dem Kupferschmiedemeister und Ältermann der St. Johannesgilde zu

Riga. Er leitet den Betrieb unter dem bekannten Firmennamen W. F. Petersohn, Kupferschmiede, Gas- und Wasserinstallationen. Seine Kupferschmiede liegt neben dem Steinhaus. Geschäft und Büro befinden sich in der L. Monētu iela / Große Münzstraße 6.

Unbescholtene Bürger werden von den Russen mitgenommen und nach Sibirien verschickt. Lenchen ist außer sich vor Angst. Ihr Vater sitzt auf der Polizei und soll abtransportiert werden. Sie läuft zur Firma Winkhardt, wo er jetzt angestellt ist. Es wird ein Schreiben ausgestellt, daß er unentbehrlich ist. Ein Wunder ist geschehen. Der Vater kommt frei.

Am 22. Mai 1919 gelingt es der baltischen Landeswehr, einer überwiegend aus Deutschbalten bestehenden Truppe im Freiheitskrieg gegen die Bolschewiken, durch einen mutigen Handstreich, Riga von der Roten Armee zu befreien. Die Bolschewiken müssen nach Monaten des Terrorregimes abziehen. Das Zitadellengefängnis wird gestürmt, die Gefangenen können lebend befreit werden. Ins Zentralgefängnis kommt die Landeswehr zu spät: Die Bolschewiken hatten kurz zuvor die baltischen Geiseln ermordet. Bei den Straßenkämpfen gibt es Tote und Verwundete. Von der Schulbank weg melden sich viele Jungen aus Begeisterung zur Landeswehr. Die Letten gründen einen eigenen Staat. Die im Lande lebenden Deutschen werden lettische Staatsbürger. Allmählich beruhigen sich die Zeiten. Jugendliche nehmen jede Gelegenheit wahr, um zu feiern. Bis in die frühen Morgenstunden wird nach den Schlagern der zwanziger Jahre getanzt und gesungen. Lenchen läßt keinen Tanz aus.

Auch Jungen besuchen die Börsenkommerzschule, unter ihnen Alexander Winkhardts Nesthäkchen Konstantin, genannt Kosta. Er ist drei Jahre älter als Lenchen. Das Morgengebet findet gemeinsam mit den Mädchen in der Aula statt. Kosta kommt immer erst in letzter Minute. Sein Blick schweift zu Lenchen hinüber, verweilt auf ihrem wunderschönen Haar. Nachmittags geht er zu Ackermanns. Brav, im Matrosenanzug, fragt er Lenchens Mutter: „Kann Lenchen zu uns in den Garten spielen kommen?“ Sein Elternhaus, ein Doppelhaus aus Holz, liegt schräg gegenüber vom Steinhaus in der Lāčplēša ielā / Bärentöter Straße 157.

Am 1. Januar 1922 stirbt Lenchens innig geliebter Vater. Der Schmerz geht tief. Nie glaubt sie diesen Verlust überwinden zu können. Mit ihm, dem Romantiker und Träumer, hat sie über Gedichte und Kunst gesprochen. Er schenkte ihr Tiere. Kätzchen, als sie noch am Strand wohnten. Später ihren Lieblingshund Fitschi, der allein im Dampfer über die Düna fuhr und mit geklauten Würstchen nach Hause kam.

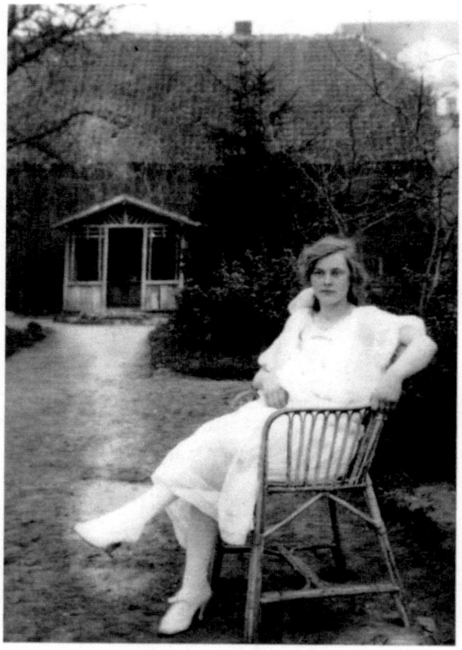

Lenchen Ackermann
am Tage ihrer Konfirmation 1922

Für Lenchens Mutter beginnt eine sorgenvolle Zeit. Ohne ihren Mann und dessen Verdienst muß sie sich und ihre Tochter durch das Leben bringen. Aber Lenchen soll eine gute Schulbildung haben. Das Kind ist begabt. Einen Beruf hat die Mutter nie gelernt. Vaters Krankheit hat alles Ersparte aufgebraucht. Mit ihren geschickten Händen und modischem Gefühl beginnt sie für die Nachbarschaft zu nähen. Die Kunden bleiben nicht aus. Oft arbeitet sie bis tief in die Nacht hinein, besonders vor Feiertagen. Es bleibt wenig Zeit für die Tochter. Sogar Lenchens Konfirmationskleid ist zum Teil nur geheftet, als sie damit vor den Altar tritt. Den Stoff dafür und eine hübsche Kette hat Kostas Vater geschenkt.

Auch Kosta hat einen großen Verlust erlitten. Seine Mutter ist gestorben. Ein Grund mehr, öfter zu Lenchen zu gehen und sich gegenseitig zu trösten. Lenchen bekommt trotz großer Sparsamkeit täglich ihren Zwiebelklops. Wenn Kosta dann erscheint und sehnsüchtig schnuppert, brät Lenchens Mutter ihm auch einen.

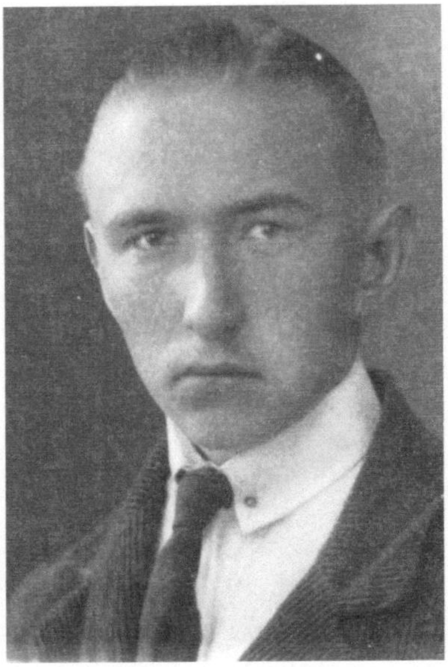

Konstantin Winkhardt 1922

Was wird nach dem Abitur? Lenchens Zensuren sind sehr gut. Sie bekommt ein Angebot, als Gesellschafterin eine Dame nach Italien zu begleiten. Oder soll sie Pharmazie studieren? Der Vater ihrer Freundin Alice, selbst Apotheker, bietet ihr an, das Studium zu finanzieren.

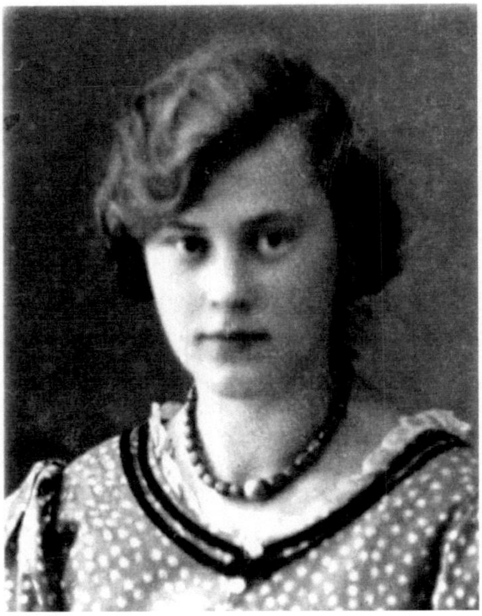

Helene Ackermann 1922

Doch Lenchen lehnt beide Angebote ab. Sie bringt es nicht über sich, die Mutter allein zu lassen. Stattdessen erteilt sie Privatunterricht, um zum Lebensunterhalt etwas beizutragen. Besonders gerne unterrichtet sie die Kinder einer jüdischen Familie. So wird sie mit deren Sitten und Gebräuchen vertraut.

Lenchen und Kosta wollen heiraten. Sie suchen Möbel für das Schlafzimmer aus. Die Matratzen bestellen sie bei einem jüdischen Polsterer. Beim Abholen lacht der verschmitzt: „Außer den Sprungfedern habe ich einen ‚Fokus' hineingearbeitet, damit das erste Kind ein Junge wird."

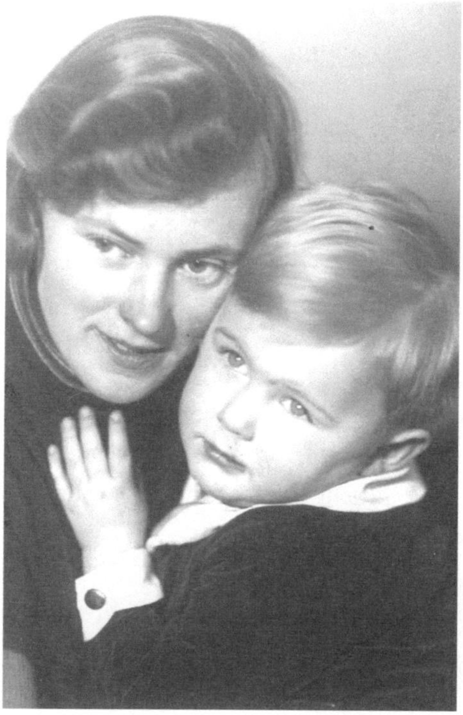

Helene mit ihrem Sohn Hjalmar

Am 17. Februar 1929 werden Lenchen und Kosta in einer Seitenkapelle der Petrikirche getraut. Anschließend geht es auf die Hochzeitsreise an das Meer. Es ist bitter kalt. Beim Schließen der Kutschentür springt eine Scheibe. Aber in der Villa am Strand ist es gemütlich warm. Ab und zu gehen sie am Meeresufer spazieren. Am besten gefällt es Lenchen, wenn sie mit dem Pferdeschlittern fahren. Die Glöckchen am Gespann klingeln hell.

7. September 1930. Ein Sohn wird geboren, ein Stammhalter. Hjalmar wird er getauft. Das Glück scheint vollkommen.
Kosta ist inzwischen Kupferschmiedemeister. Sein Meisterstück, ein kupferner Samowar, steht allabendlich auf dem Speisetisch zum Gebrauch.

1932 stirbt unerwartet Kostas Vater. Im Mitteilungsblatt der St. Gertrud-Gemeinde erscheint ein Nachruf:

Im Alter von fast 78 Jahren ist nach arbeitsreichem Leben Ältester Alexander Winkhardt am 28. Januar heimgegangen. Gott gab ihm Gnade zum Leben. Er gab ihm Erfolg in der Arbeit, Segen in Haus und Familie. Gott gab ihm ein frommes Herz, daß er seine Seele stärke mit Wort und Sakrament. Wohl keinen Sonntag war sein Kirchplatz leer. Und Gott hat es mit seinem Sterben gnädig gefügt. Bis zum letzten Tage durfte er seine liebe Arbeit tun, dann kehrte er heim, legte sich, und Gott hat ihn nach wenigen Leidensstunden erlöst...

Das Erbe wird unter den Kindern aufgeteilt. Kosta führt das Geschäft unter dem bekannten Firmennamen W. F. Petersohn weiter. Er zieht mit seiner kleinen Familie in das Holzhaus. Im weitläufigen, dahinter liegenden Garten wird eine Werkstatt gebaut, groß wie eine Fabrik. Trotzdem bleibt noch Platz im Garten für Bäume und Blumen.
Die Einweihung der neuen Kupferschmiede wird zünftig gefeiert. Mancher Geselle und Lehrling schläft seinen Rausch unter dem Tisch aus.

Der erste Auftrag in der neuen Werkstatt ist ein Metallkreuz für den Heldenfriedhof. Lenchen fragt zögernd: „Bedeutet das Segen oder Tod?“ Riesige Kupferkessel für Bierbrauereien werden getrieben und ins Ausland verschickt. Aus Schweden kommen Kupferbleche, die in der Werkstatt von Hand zu großen Blättern bearbeitet werden. Danach werden sie als Kranz zusammengefügt und am oberen Sockel der Freiheitsstatue in Riga befestigt. In einem Blatt ist der Name „Petersohn“ eingeprägt.

Es sind glückliche Jahre. Lenchen kauft Modeblätter und näht sich die Kleidung selbst nach dem „dernier cri“. Über die Sommermonate mietet sich die Familie eine Strandvilla. Kosta bleibt während der Werktage in Riga und kommt an den Wochenenden an den Strand.

1934 wird ein heißer Sommer. Lenchen ist hoch schwanger. Sie erwartet ihr zweites Kind. Heute hat sie Bauchschmerzen. Schwägerin Gerda, Willys Frau, rät ihr, sicherheitshalber nach Riga in die Klinik zu fahren. Aber Lenchen meint, sie habe nur zu viele Erdbeeren gegessen. Doch Gerda bestellt ein Taxi und begleitet sie. Es ist ein heißer Juliabend, der 12. Juli 1934. Überall duftet es nach Rosen und Lindenblüten.
Und da bin ich schon! Verehrte Leserin, lieber Leser, Sie werden verstehen, daß ich das Buch nun in der Ich-Form schreibe. Lenchen wird von Hjalmar und mir „Amu“ genannt.

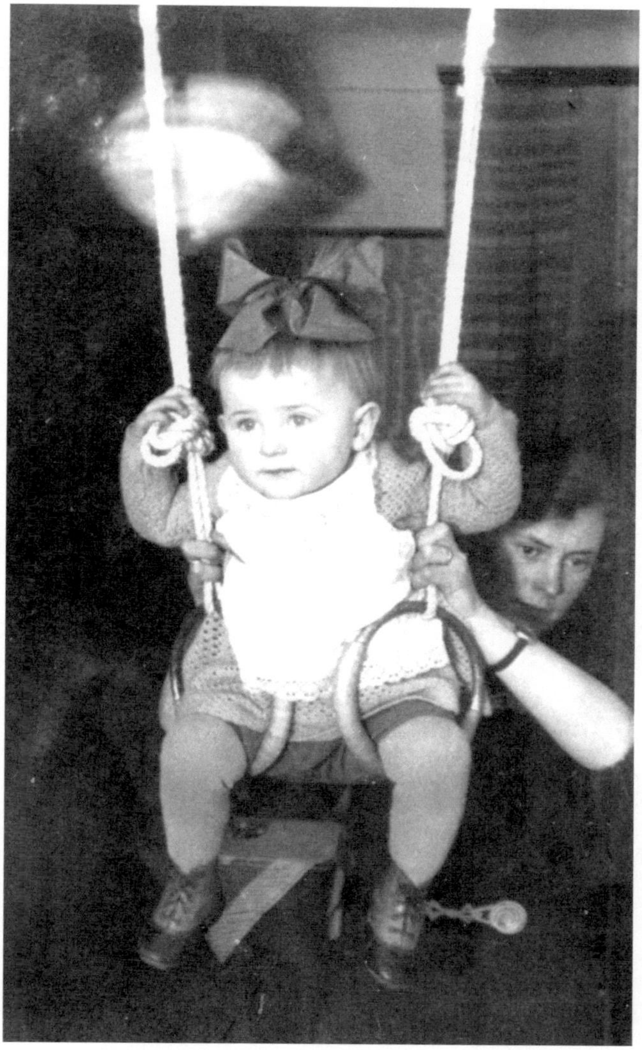

„Ich“

Kindheit oder Trümmerblumen

Tante Paula holt Amu zu einem Stadtbummel ab. Amu ist ratlos: „Meine Tochter ist wie ein Wachhund. Kaum setze ich mir den Hut auf, läßt sie mich nicht mehr aus den Augen. Der Einzige, von dem sie sich ablenken läßt, ist ihr Bruder. Eben spielen beide Kinder im Garten."

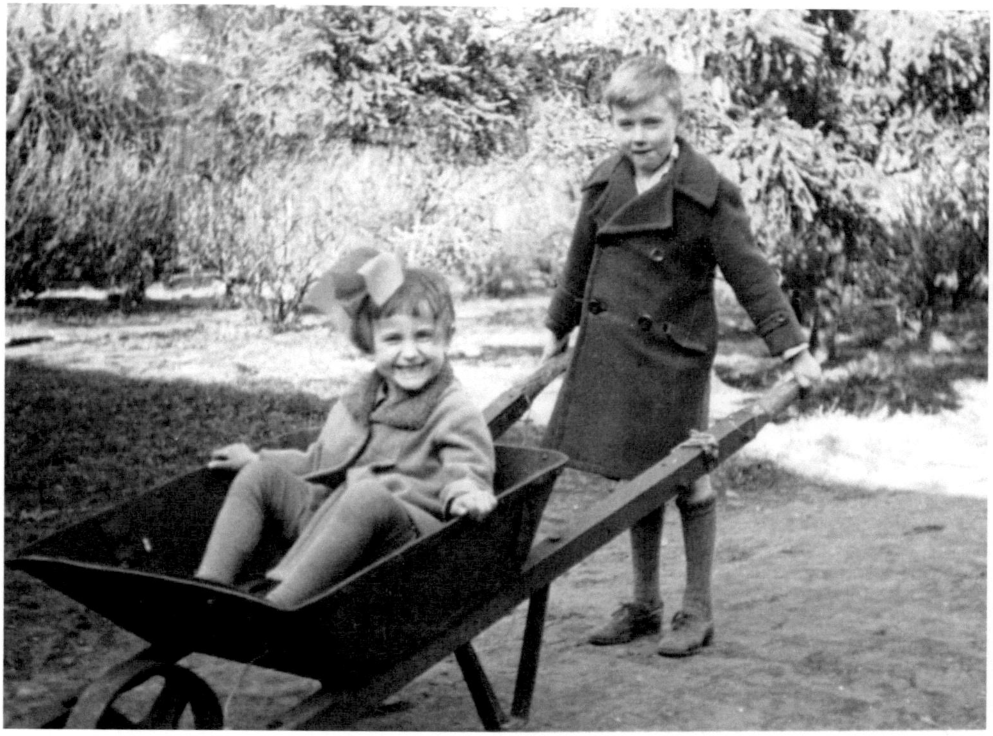

Caritas und Hjalmar Winkhardt

Ich liebe diesen Garten. An der Laube steht die hölzerne „Lenchenbank", so genannt von Papas Vater. Dort ist Amus Lieblingsplatz. Birken, Apfelbäume und eine Tanne wachsen neben Beerensträuchern und Blumen im Garten. Manchmal läßt sich eine Kreuzspinne am Faden von einem Ast der

Tanne herunter. Dann gehen wir gleich in Abstand zu ihr. Rhabarber, welch eine Wunderpflanze! Die Blätter kann man sich als Schutenhut aufsetzen. Wir brechen die roten Stiele ab, ziehen die fadige Haut herunter. Dann stippen wir sie in die Zuckerdose, drücken beim Essen ein Auge zu, weil die Stangen trotzdem sauer sind. Hagebutten werden im Spiel zu Puppenäpfeln. Auf der kleinen Waage mit Messinggewichten wiegen wir sie und schütten sie in kleine, aus Zeitungspapier gedrehte Tüten.
Morgen hat Papa Geburtstag. Für den Geburtstagstisch pflücken wir Kapuzinerkresse. Die Stiele kringeln sich unter den orange oder gelb leuchtenden Trichtern mit Zipfelmützen. Kein Duft der Blüten, nur herber Geruch. Um Papas Stuhl wird eine Girlande aus Strickbeerkraut gebunden. Amu dekoriert bunte Weinblätter um den safrangelben Geburtstagskringel. Der darf auf dem Tisch nicht fehlen. Papa ist vorher immer aufgeregt, ob der Hefekringel auch ja gut aufgehen wird. Er nimmt es als Omen: wird das neue Lebensjahr gut oder schlecht?

Unser-Junge, so nenne ich meinen Bruder Hjalmar, hat drei Monate Sommerferien. Die Eltern haben in Assern am Strand ein Holzhaus mit Garten gemietet. Kleidung, Spielsachen, Bettzeug und Kochgeschirr werden auf ein Pferdefuhrwerk gepackt. Zum Schluß klettern wir auf die hohen Sitze. Ab geht es.
Besonders liebe ich die Veranda mit ihren farbigen Glasfenstern. Wenn das Licht hineinfällt, leuchtet das rote und blaue Glas und malt diese Farben auf Gegenstände und den Fußboden. Manchmal trinke ich hier ein Glas Milch und esse dazu ein Stück Schokolade. Das schmeckt genau so gut wie mittags Pellkartoffeln mit Dillsoße und als Süßspeise Erdbeeren mit Milch.
Schuhe brauche ich höchst selten. Ich spüre gerne die warmen Dielenbretter unter den Fußsohlen. Aber schnell muß man laufen, wenn man an das Meer will und der Sand heiß ist. Manchmal versinkt man in ihm bis zu den Waden. Mit Begeisterung backen wir aus feuchtem Sand mit kleinen Eimern Kuchen und garnieren sie mit Glockenblumen. Wir bauen Sandburgen, umgeben von Wassergräben.
Tante Grete, Amus ehemalige Klassenkameradin, ist mit ihrer Familie am selben Ferienort. Ihre beiden Kinder werden unsere Spielgefährten. Britta ist ein Jahr älter als Unser-Junge, Peter ein Jahr jünger als ich. Wir zwei Kleinen bauen ein Schwimmbassin für meine Schildkrötpuppe Lottchen. Durch einen Kanal verbinden wir das gegrabene Loch mit dem Meer. Das Wasser

läuft ein. Peter zieht seine Hose runter und pinkelt ins Becken. Ich tue, als sähe ich es nicht, entkleide Lottchen und lasse die Puppe darin schwimmen. Danach schrubbe ich sie tüchtig im Meer.

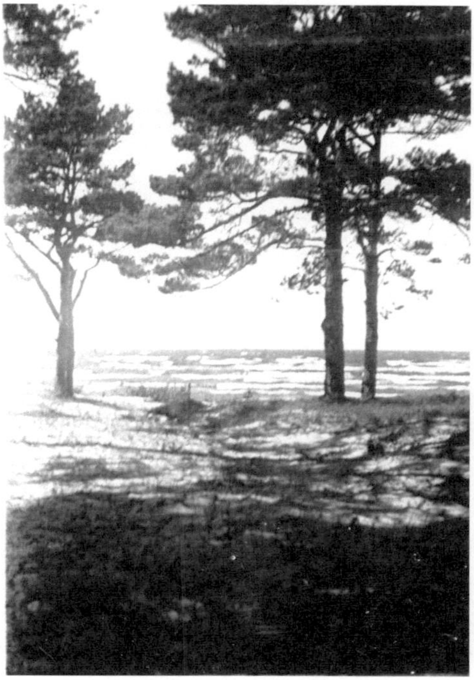

Am Strand / Assern

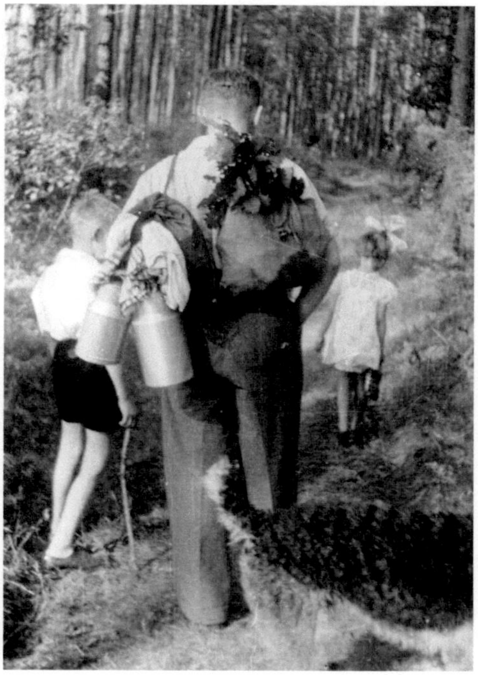

Im Blaubeerwald

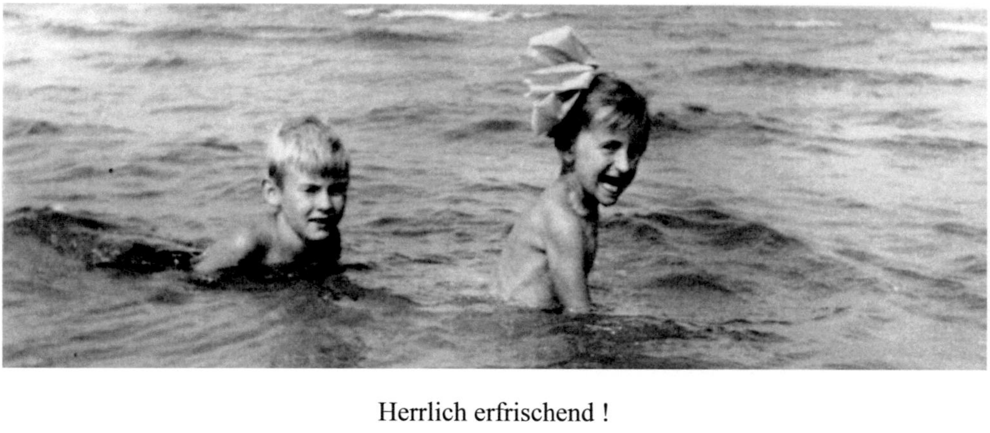

Herrlich erfrischend !

In unserer Familie gibt es keine Wasserratten. Wenn Papa am Wochenende aus Riga zu uns kommt, geht er auch baden. Aber er geht nie tiefer als bis zum Knie ins Wasser. Er bückt sich, betupft seine Brust und sagt: „Herrlich erfrischend.“ Seine Angst vor dem Wasser beruht auf einem Jugenderlebnis. Als Junge war er beim Angeln vom Damm in die Düna gerutscht. Er trug einen Pelerinenmantel, an dem ihn sein Bruder Willi noch fassen und herausziehen konnte, als er zum dritten Mal auftauchte.

Im Wald sind die Kiefernstämme von der Sonne beschienen. Es riecht nach Harz und Nadeln. Der Boden federt beim Gehen unter den Füßen. Wir pflücken Blaubeeren. Noch ist nicht einmal der Boden der Milchkanne bedeckt. Das hört man an dem hohlen Geräusch, wenn man die Beeren in die Kanne wirft. „Sieh nur das schöne Moos!“ rufe ich Amu zu. „Hier möchte ich bleiben und spielen.“ Vorsichtig, damit sie nicht zerreißen, heben wir Moospolster von dem Waldboden ab. Wir tragen sie zu unserem Rastplatz. Amu hilft mir, eine winzige Wohnzimmereinrichtung daraus zu bauen: ein Sofa mit Arm- und Rückenlehnen, Sessel und in der Mitte einen kleinen Tisch mit grüner Samtdecke. Dort stecke ich weiße Waldblumen als Strauß hinein. Dann suche ich Tannenzapfen und bettele bei Amu: „Bitte mach mir daraus ein Körbchen.“ Sie steckt jeweils vier zusammen. Aus langen Gräsern flicht sie den Henkel. Ich fülle das Körbchen mit Moos und ein paar Walderdbeeren.
„Au! Was ist das?“ Ich reibe mir den Hinterkopf. Jetzt trifft mich ein Tannenzapfen am Arm. Unser-Junge lauert hinter einem Baumstamm. Er hat in der Zwischenzeit eine Menge Zapfen gesammelt. Ich schreie: „Hör auf! Du bist gemein! Alles wird zerstört!“ Es ist sinnlos. So schnell, wie die Schüsse abgefeuert werden, kann ich mich nicht nach einem Zapfen bücken. Unser-Junge tanzt vor Freude. „Jetzt ist es genug!“ ertönt Amus entschiedene Stimme. Er läßt den Arm sinken, feuert noch einmal einen gezielten Beinschuß auf mich ab.

Wir haben ein neues „Familienmitglied“, einen jungen Airedaleterrier. Er hat einen Stammbaum und heißt Cutto Cerberus von der Hecke. Papa meint, weil er an der Hecke das Bein hebt. Wir nennen ihn Dicki, denn er hat ein wuscheliges Fell. Nun toben wir oft mit ihm am Strand.

Johanniabend – Sommersonnenwende. Am Meer lodern Teertonnen wie Fackeln. Wochenlang wurde Holz für die Johannifeuer gesammelt. Jetzt stehen alle um sie herum und singen. Am besten gefällt mir das Lied „Kur tu teci, kur tu teci, gailiti manu?“ Das ist lettisch und heißt auf Deutsch: „Wohin läufst Du, mein Hähnchen?“ Wenn man sich etwas wünscht und unversehrt durch das Feuer springt, soll es in Erfüllung gehen. Es gibt immer wieder Mutige. Manche rutschen in der heißen Asche aus. Burschen greifen ihre Mädchen bei der Hand und versuchen es gemeinsam. Oft kreischen die Mädel, zögern, ehe sie den Sprung wagen. Wir Kinder sind noch zu klein, dürfen nicht springen.
Ich habe einen Kranz aus weißen Margariten auf dem Haar. Die Frauen schmücken sich mit Kornblumenkränzen. Viele Jungen tragen Helme mit bunten, lustig flatternden Kreppapierbändern. Die Männer sehen komisch aus mit ihren auf die Stirn herabgesunkenen Eichenlaubkränzen. Alle sind ausgelassen. Es wird viel gelacht. Schade, wir müssen schlafen gehen. Vorsichtig nehme ich mein Kränzchen ab und hänge es an einen Haken. Man läßt Johannikränze trocknen und hebt sie bis zum nächsten Jahr auf. Beim Gute-Nacht-Sagen verrät mir Amu ein Geheimnis: Wenn man am Johanniabend sieben verschiedene Kräuter sammelt, sie bindet und unter das Kopfkissen legt, träumt man, wen man später heiraten wird. Aber dann meint sie: „Du hast noch Zeit damit.“ „Hast Du das auch getan und dann von Papa geträumt?“ will ich wissen. Aber sie schließt schon die Tür und geht zu den anderen zurück. Gemeinsam werden sie feiern, bis die Sonne wie ein Feuerball im Meer versinken und nur ein wenig entfernt davon bald wieder am Horizont aus dem Wasser steigen wird.

Neben den Geburtstagen ist Weihnachten das schönste Fest. Ich klettere zu Papa auf den Schoß. Gemeinsam wollen wir einen Wunschzettel schreiben. „Lieber Weihnachtsmann, ich wünsche mir…“ Papa hat seine große Hand auf meine gelegt. Wir verzieren den Bogen außen herum mit Tannenzweigen. Am liebsten möchte ich nicht aufhören. Aber morgen ist Nikolaustag. Der Zettel muß noch heute in den Strumpf.
Endlich ist Heiligabend. Papa geht eine Etage höher zu Kreyenbergs. Er will nachschauen, ob der Weihnachtsmann schon dort ist. Er muß ihn verfehlt haben. Ausgerechnet dann kommt er zu uns. Er trägt einen roten Mantel mit Kapuze, hat einen langen Bart, einen großen Sack und natürlich eine Rute. Außerdem sind seine Augen ähnlich wie die von Papa. Wir werden gefragt,

ob wir brav waren. Dann zieht er einen großen, braunen Teddy, mit roter Seidenschleife um den Hals, aus seinem Sack. Er reicht ihn mir. Auf dem Bauch sind die Haare gescheitelt. Seine Sohlen und Pfoten sind aus Leder. Er kann brummen. Ich drücke ihn fest an mich. Jetzt hat Teddy Peter einen Bruder. „Hans“ will ich ihn nennen.

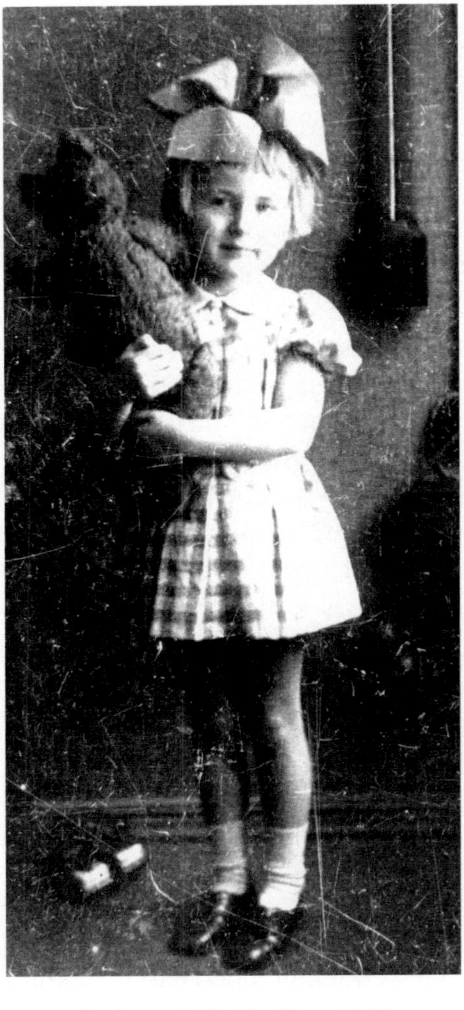

Caritas mit Teddy Hans 1938

Unser-Junge bekommt eine elektrische Eisenbahn. Unter dem Tannenbaum steht unser alter Puppenladen. Die Regale sind neu aufgefüllt mit Schokoladentäfelchen in farbigem Stanniolpapier. In kleinen Gläsern sind bunte Bonbons.
Der Raum hat sich durch das Kerzenlicht verwandelt. Die Lichter spiegeln sich in den großen roten und grünen Kugeln. Eine kleine Trompete aus farbigem Glas baumelt an einem Zweig. Auf einem anderen sitzt ein bunter, gläserner Vogel. Süßigkeiten hängen zwischen dem Schmuck. Der Baum darf erst am 6. Januar geplündert werden. Noch ist er von Engelshaar wie von einer weißen Wolke überzogen. Schade, daß Heilig Abend immer erst am Abend ist und man bald schlafen gehen muß. Heute nehme ich Hans mit in mein Bett.

Ostern ist auch ein schönes Fest, aber vielleicht nicht so sehnsüchtig erwartet wie Weihnachten. Palmsonntag ist aufregend. Frühmorgens beim Ankleiden müssen Unser-Junge und ich sehr schnell sein. Papa hat nach alter Sitte eine Weidenkätzchenrute und jagt uns durch das Kinderzimmer. Er schlägt uns damit scherzhaft auf den Po und ruft: „Wie rund gesund die Palmchen sind!“ Angeblich soll man das ganze Jahr gesund bleiben, wenn man damit geschlagen wird. Wir kreischen, es gibt ein wildes Getobe.

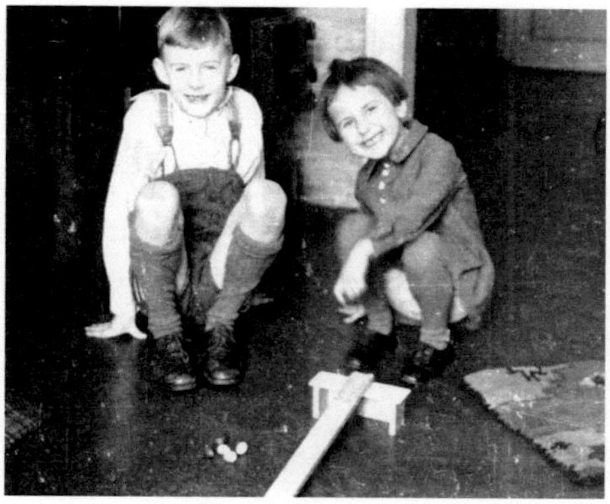

Ostereierkullern

Gründonnerstag essen wir mittags Spinat mit gekochten Eiern. Karfreitag werden Eier gefärbt. Papa zeichnet Osterhasengeschichten auf die Eier: Hasenfamilien beim Spaziergang, Hasenschulen, Frühlingsfeste. Ich darf beim Anmalen helfen. Ausnahmsweise erlaubt mir Papa, seine Drehbuntstifte zu benutzen. Sonst meint er immer, ich sei ein Bleistiftmarder und hole alle Stifte fort. Abends gehen die Eltern in die Kirche zum Abendmahl.

Großes Eiersuchen am Ostermorgen. Auch Amu findet ein dickes Ei mit Schleife in der Lampenschale. Nachmittags spielt die Familie Eierkullern. Ein Brett wird schräg wie eine Rutsche ins Zimmer gestellt. Die Eier läßt man auf der schrägen Ebene herunterkullern. Trifft ein Ei auf ein anderes, darf man es kassieren.

Natürlich gibt es zu Ostern wie zu Weihnachten Speckpiroggen mit Bouillon. Unser-Junge verzehrt bereits die vierte und meint: „Die schmecken besser als Kuchen."

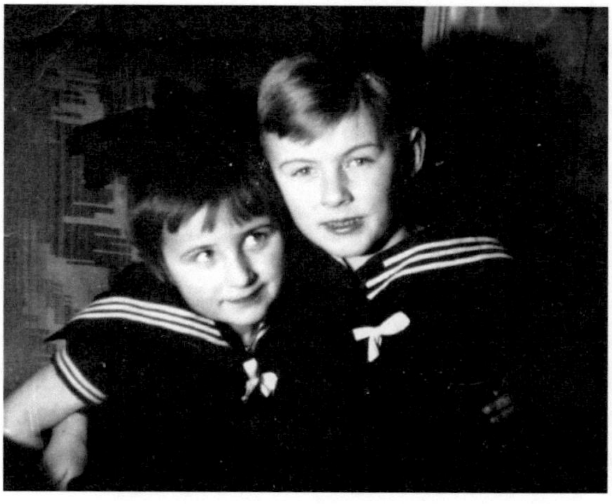

Geschwister

Am 23. August 1939 schließen Hitler und Stalin einen Nichtangriffspakt. In dessen Geheimem Zusatzprotokoll werden Estland und Lettland der sowjetischen Interessensphäre zugeordnet. Ende 1939 werden die baltischen Staaten aufgefordert, der Sowjetunion Stützpunkte einzuräumen. Die Deutschbalten, seit 750 Jahren im Lande, die am längsten ansässige Völkergruppe nach den Letten, werden vom Deutschen Reich und der Volksgruppenführung zum sofortigen Verlassen des Landes aufgefordert. Die meisten Deutschbalten folgen dem Ruf des Führers „Heimkehr ins Reich". Wer das nicht tut, gilt als Volksfeind. Auch von der lettischen Regierung wird Druck ausgeübt, da diese einen einheitlichen lettischen Staat anstrebt. Zwischen der deutschen Regierung und den Regierungen der baltischen Staaten werden Verträge abgeschlossen, die für Umsiedler Regelungen über zurückbleibendes Vermögen vorsehen.

Sonntagmorgen. Wie immer klettern Unser-Junge und ich in die Betten der Eltern. Papa liest die „Rigaer Rundschau". Plötzlich sagt er ernst: „Es gibt Krieg. Wir müssen fort von hier." „Warum müssen wir dann fort?" fragt Unser-Junge. Ich sage: „Weil wir sonst totgeschossen werden." Amu und Papa schauen sich an, nicken ernst und zustimmend.

Jetzt wird alles anders in unserer sonst so geordneten Umgebung. Kisten werden gepackt, in denen die Möbel verstaut werden. Wir klettern auf ihnen herum und spielen zwischen ihnen Verstecken. Die Bettgestelle sind bereits fortgeschickt. Seit Tagen schlafen wir auf Matratzen auf dem Boden. Fröhlich springen wir auf ihnen wie auf einem Trampolin. „Und was spielen wir nun?" fragt Unser-Junge. „Wandern!" rufe ich, „das Schönste, was es gibt auf der Welt!" Mein Bruder nimmt mich Huckepack. Ich halte eine Decke und das Max- und Moritz-Buch unter einem Arm. Dreimal geht es um den Eßtisch. Dann bleiben wir in einer Zimmerecke stehen, breiten die Decke aus und lassen uns auf ihr nieder. Auswendig sage ich den ersten Vers von „Max und Moritz" auf. Dabei schaue ich auf die Bilder, denn ich kann noch nicht lesen. Unser-Junge holt die Mundharmonika aus der Hosentasche und spielt auf ihr „Lustig ist das Zigeunerleben". Die Reise geht weiter in eine andere Ecke der Wohnung, denn sieben Streiche hat die Geschichte.

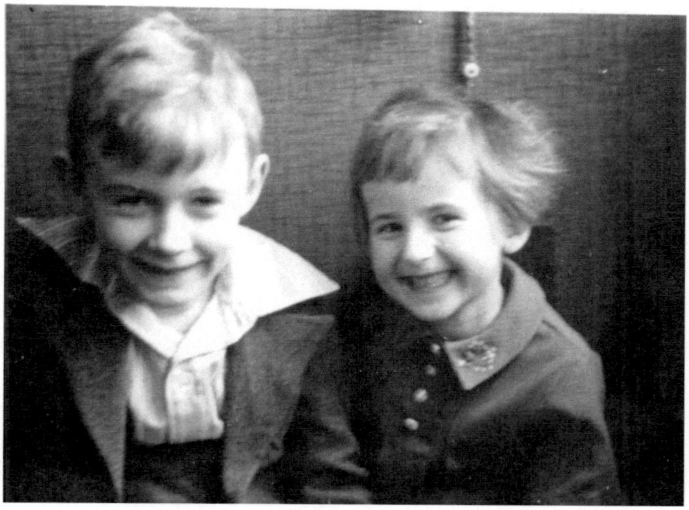

.....sieben Streiche hat die Geschichte

Stapelweise bekomme ich von Amu farbige Prospekte und Modeblätter zum Ausschneiden. Die Eltern haben nicht viel Zeit für uns. Sie sind mit der Auflösung der Wohnung und der Firma beschäftigt. Abends bleiben sie lange auf. Bevor die Speisezimmermöbel fortgeschickt werden, gibt es für die Daheimbleibenden ein Abschiedsfest. Als alle gegangen sind, schauen wir Kinder nach, was auf dem Tische übrig geblieben ist. „Noch nie habe ich Schnaps oder Wein getrunken," sagt Unser-Junge. Er kippt die Reste der noch auf dem Tisch stehenden Gläser in sich hinein. Als Amu seine „Aufräumungsarbeiten" entdeckt, macht ihm die Schimpfe nichts mehr aus. Er ist heiter gestimmt.

Schlimm ist es, daß unser Hund nicht auf demselben Schiff wie wir umsiedeln darf. Er bekommt eine Kiste mit Drahtgittertür und ist nicht hineinzubekommen. Wir alle begleiten Dicki zum Hafen im offenen Fuhrmannswagen. Dort angekommen, können wir vor lauter Gebell kaum unser eigenes Wort verstehen. Möpse heulen in Kisten, Schäferhunde rütteln an Gittern. Dackel, Katzen, alle Tiere sind aufgeregt, und die Herrchen, Frauchen und Kinder, die sie begleitet haben, ebenfalls. Jetzt muß unser Hund in die Kiste. Vor Aufregung frißt er die Fleischration auf, die für die Zeit der Überfahrt reichen sollte. Er rüttelt und kratzt am Drahtgitter, versucht es mit den Zähnen aufzureißen. Ich schluchze. Zwei Männer tragen die Kiste fort. Der eine neigt sich noch vorher zu mir hinunter und sagt: „Weine nicht. Dein Hund wird früher als Du in Deutschland sein und dort auf Dich warten.“

Im November ist es dann auch für uns so weit. Die Reise geht los. Wir Kinder freuen uns, können nicht verstehen, warum die Erwachsenen still und traurig sind. Sie umarmen die Zurückbleibenden, küssen sich, auch die Männer, rechts und links auf die Wangen. Viele weinen. Unser Schiff heißt „STEUBEN“. Ich finde es riesig. Wir bekommen eine Vier-Bett-Kabine. Nicht alle haben es so gut. Manche schlafen in großen Gemeinschaftsräumen. Wenn wir in den Speisesaal gehen, hält mich Amu fest an der Hand, damit ich im Menschengewühl nicht verlorengehe. Viele sind schon seekrank. Auch Unser-Junge liegt in der Kajüte und spuckt. Am zweiten Tag läuft die „STEUBEN“ in Gotenhafen ein. Ehe wir von Bord gehen, wird eine Begrüßungsrede gehalten. Anschließend spielt eine Kapelle das Deutschlandlied. Währenddessen müssen wir die Hand heben. Ich kann nicht mehr, nehme aushilfsweise den linken Arm. Entsetzt guckt Papa auf mich runter und sagt: „Das ist verboten. Es muß der rechte Arm sein.“ Wieder auf festem Boden, sitzen wir an langen Tischen und bekommen zu essen. Jetzt bin ich satt und sage: „Nun will ich nach Hause.“ Die Erwachsenen schauen sich an. Manche beginnen zu weinen.

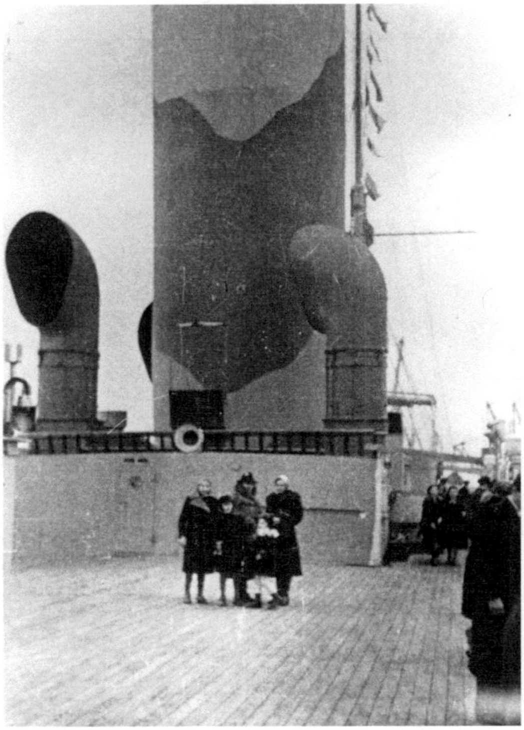

Auf dem Umsiedlerschiff STEUBEN

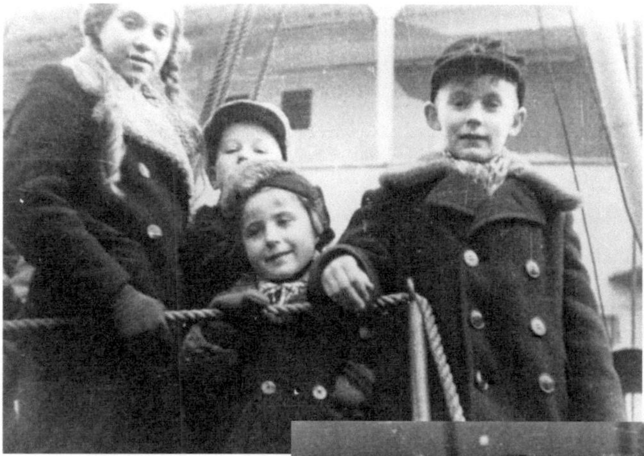

Gotenhafen
Wir gehen von Bord

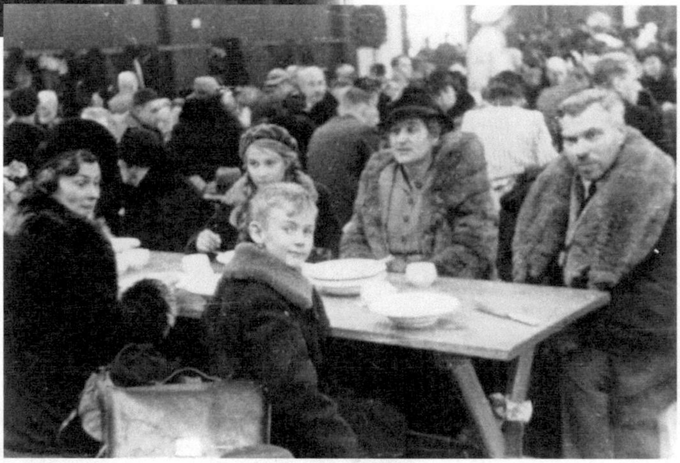

Erbsensuppe zum Empfang

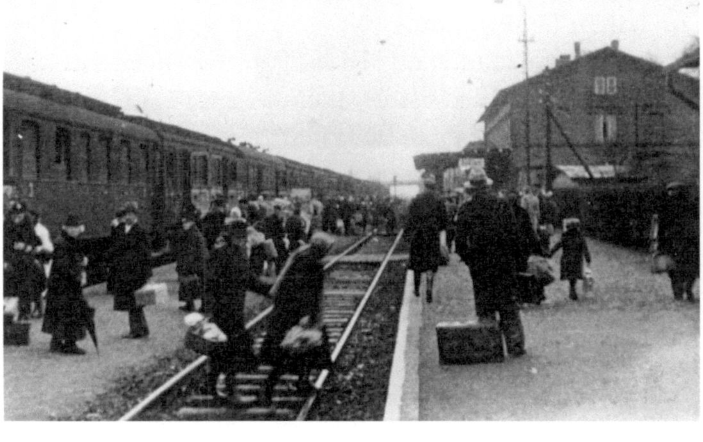

Ankunft in Anklam

„Maikäfer flieg! Dein Vater ist im Krieg! Deine Mutter ist in Pommerland, Pommerland ist abgebrannt…" Ich sitze auf dem Sofa, drei Kissen unter meinem Po, damit ich groß genug bin, um am Tisch zu malen. Es wird ein Winterbild, unser gestriges Erlebnis. Unser Dicki ist vor den Schlitten gespannt und rast über ein verschneites Feld. Wir Kinder liegen, vom Schlitten heruntergepurzelt, im Schnee. „Maikäfer flieg…" „Hör endlich auf, ständig dieses Lied zu singen! Ich kann es nicht mehr hören." Amu ist ärgerlich. Dann fährt sie fort: „Nie hätte ich gedacht, daß ich einmal in Pommerland so lange festsitzen würde. Wann kommen wir hier endlich fort und können mit dem Wiederaufbau beginnen?" Aber es hilft kein Jammern und Klagen. Wir müssen in Pommern warten, bis uns die Behörden mitteilen, in welche Stadt im Warthegau wir ziehen dürfen. Bis dahin sind wir zur Untermiete in Spantekow untergebracht, einem kleinen Dorf bei Anklam. Anfangs wurden wir alle Vier in einem Zimmer beim Herrn Pastor einquartiert. Wir bekamen täglich nur sechs Briketts für den großen Kachelofen zugeteilt. Aber Amu wußte uns zu helfen. Wenn sie durch den Gemeindesaal ging, nahm sie täglich von dort ein zusätzliches Brikett mit, damit wir nicht frieren mußten.

Papa summte oft ein Liedchen vor sich hin, das ich sehr lustig fand: „Und die olle English Miss, English Miss, English Miss bekommt ein neues Zahngebiß von Herrn Pastor sin Kau, jau..."

Der Bürgermeister verschaffte uns eine andere Unterkunft. Nun bewohnen wir zwei Räume auf einem Bauernhof. Der eine davon ist eine unbeheizbare Schlafkammer. In dem anderen bollert ein Feuer im alten Kachelofen. Papa muß ihn immer wieder reparieren. Er nennt das „den Westwall bauen".

Das Klo, wenn man es so überhaupt nennen kann, ist ein „Donnerbalken" mit darunter liegender Grube und befindet sich im Hof. Wir lösen dieses Problem „eimerweise" im kalten Nebenzimmer.

Täglich besuchen uns unsere alten Freunde aus Riga, Familie Balk. Sie sind im Spantekower Schloß einquartiert. Dort ist es auch sehr kalt, da die großen Räume schwer zu beheizen sind. Deshalb kommen sie sich bei uns „aufwärmen". Außerdem gibt es sonst auch keine Abwechslung im kleinen Dorf. Ich finde das gemütlich. Meistens spielen wir alle gemeinsam Karten. Mir ist fast, als hätten wir immerzu Sonntag.

Dieser Winter ist besonders kalt. Mein Bruder hat Frostbeulen an den Füßen. Deshalb geht er mit Filzpantoffeln in die Dorfschule.

Im Januar 1940 kommen wir endlich nach Posen. Zunächst werden wir im Lager untergebracht. Strohsäcke liegen auf den Fußböden der ausgeräumten Klassenzimmer. Darauf schlafen wir, Männer von Frauen getrennt. Die Kinder bleiben bei den Müttern, außer den Jugendlichen, die älter als zehn Jahre sind. Wenn sich Bekannte treffen, begrüßen sie sich oft mit einem traurigen Lächeln und den Worten „Man legt uns hin, wie Vieh auf Stroh…" Sie stammen aus dem neuesten „Schanno-Gedicht"[1].
Noch nie war ich mit so vielen fremden Kindern zusammen. Wir wühlen uns auf den Säcken, daß das Stroh knirscht. Tagsüber, wenn die Erwachsenen auf Wohnungssuche sind, spielen wir Kinder Theater. Wir führen immer die zwei gleichen Stücke auf. Beim ersten muß jeder ein Nachtgeschirr in die Hand nehmen. Wir schwenken es von rechts nach links und wieder zurück und singen dazu: „Trinke noch ein Tröpfchen aus dem kleinen Pinkeltöpfchen! Oh, Susanna…" (In dem Karnevalsschlager heißt es natürlich „Henkeltöpfchen"!) Beim zweiten Spiel gibt es einen Solovorführer und einen Chor. Aber jeder spielt einmal die Starrolle. Man zieht ein Nachthemd über die Kleider, hält mit der einen Hand einen Blechsuppenteller auf dem Kopf, in der anderen einen aufgespannten Regenschirm. Der Chor singt: „Das kann doch einen Seemann nicht erschüttern, keine Angst, keine Angst, Rosmarie! Und wenn die ganze Welt auch brennt, Herr Chamberlain im Nachthemd rennt…" (Richtig: „und wenn die ganze Erde bebt, und die Welt sich aus den Angeln hebt!") In diesem Augenblick muß die Hauptperson vom Tisch springen und durch den Raum sausen. Alle kreischen vor Vergnügen.

Die Eltern haben eine Wohnung in Posen gefunden, damit wir endlich aus dem Lager kommen. Sie liegt in der Großen Gerberstraße in einem hohen, grauen Steinhaus. Zum Glück hat sie einen Fenstererker und zwei Balkons. Wir wohnen im zweiten Stock. Keine Blume, kein Baum vor dem Haus. Nur asphaltierte Straßen und Bürgersteige mit Gaslaternen. An ihnen muß unser Hund Dicki jetzt das Bein heben. Das Haus steht nicht allein, sondern eins ist an das andere gebaut. Die Häuser schließen sich zu einem Block zusammen, in dessen Mitte sie einen großen Hinterhof bilden. Ich kann vom Kinderzimmer in den Hof schauen. Es befindet sich in ihm eine Teppich-

[1] Schanno: Dinakantsche Geschichten in Gedichten, aufgemacht von Schanno von Dinakant. Riga 1904

klopfstange, aber kein Krümel Erde. Trotzdem geht es unten lebhaft zu. Dort spielen Kinder. Gerne möchte ich bei ihnen sein. Aber ich darf nicht, weil es Polenkinder sind und wir Krieg haben. Ich beobachte sie, schaue, wer im Huckekastenhüpfen gewinnt. Manchmal entdecken sie mich, rufen auf Deutsch hoch: „Komm runter“. Dann bücke ich mich schnell und verstecke mich unter der Fensterbank. Sonnabends steht in einer Ecke des Hofes eine alte Frau mit vielen Eimern voller Blumen. Dann geht Amu mit mir zusammen hinunter, und wir kaufen von ihr einen bunten Strauß.

Anfänglich fürchte ich mich in unserer großen Wohnung. Sie besteht aus vier Zimmern, einer Mädchenkammer, großer Küche und zwei fensterlosen Korridoren. Wenn ich durch die Gänge gehe, trete ich leise auf, lauere um die Türen, ob sich nicht dort jemand von den ausgewiesenen Polen versteckt hat. Unser-Junge entdeckt eine Tür über der Handkammer. Er holt die Leiter, klettert hinauf, öffnet die Tür vorsichtig und stößt ein erstauntes „oh“ aus. Dann zieht er den Panzer einer Riesenschildkröte hervor. Ich soll ihn entgegennehmen. Mich schaudert. Kaum kann ich das unheimliche, große Ding anfassen. Er bindet eine Schnur daran und hängt es sich als Schild vor die Brust. „Das ist zum Schutz beim Kampf“, sagt er.
In der ersten Etage wohnt Familie Milkewitsch, ein Ehepaar mit erwachsener Tochter. Zu ihnen gehe ich, wenn bei uns abends keiner zu Hause ist. Dann nehme ich meinen Zeichenblock und die Buntstifte mit. „Du kannst aber schön malen“, sagen sie zu mir. „Was willst Du später werden? Künstlerin?“ „Nein“, antworte ich, „Mutter von fünf Kindern.“
Die Eltern haben Heimweh. In Amus Bücherschrank steht ein großes Buch von Riga. Auf dem Umschlag ist der Turm der Petrikirche zu sehen. Es ist der höchste Holzkirchturm der Welt.

Der Winter 1940/41 ist sehr kalt. Morgens bleibe ich noch gerne im kuscheligen, warmen Bett liegen, bis Amu nach mir ruft. Mein Blick fällt auf die vereisten Fenster. Ich freue mich an den Eisblumen. Plötzlich springe ich aufgeregt aus dem Bett, laufe zu den Eltern ins Wohnzimmer. „Kommt mit!“ rufe ich. „Das müßt Ihr Euch ansehen! In der Mitte des Fensters ist der Turm der Petrikirche aus Eis zu sehen.“ Sie folgen mir. „Wirklich“, sagt Papa, „ich erkenne die schlanke Turmspitze und die drei über einander gebauten Holzkuppeln mit ihren Galerien.“

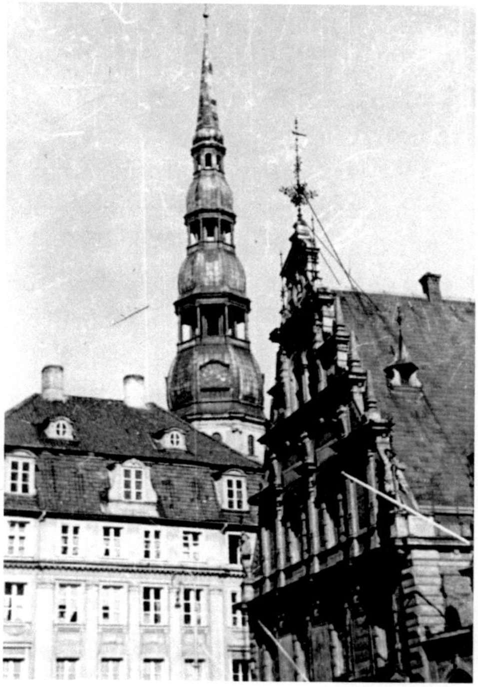

Blick auf den Turm der Petrikirche in Riga

Bald danach wird Riga zerstört. Die Deutschen haben ihren Vormarsch im Osten begonnen und viele Städte erobert. Nur wenige Deutschbalten dürfen zu einem Kurzbesuch in die Heimat fahren. Papa hat die Möglichkeit zu schauen, ob das Haus, die Werkstatt und der Garten unzerstört geblieben sind. Als er wiederkommt, stehen wir aufgeregt und neugierig um ihn herum. Aus seiner schwarzen Ledermappe zieht er ein Aluminium-Filmdöschen und reicht es Amu. „Das ist für Dich“, sagt er, „Sand vom Rigaer Strand.“ Dann holt er ein unordentlich eingewickeltes „Etwas“ aus seiner Tasche. Amu behauptet immer, er packe Geschenke wie Pferdeäpfel ein. Aus dem Papier kommt ein Rigaer Schwarzbrot hervor. Uns Kindern hat er Schokolade mitgebracht. Auf den Farbdias sehen wir später, wie zerstört jetzt unsere Heimat ist. Der Holzturm der Petrikirche ist abgebrannt. Vor dem zerstörten Schwarzhäupterhaus wacht einsam der Roland.

Herbst 1941. Ich kann es kaum erwarten, in die Schule zu kommen. Heute ist mein erster Schultag. Ich bekomme eine große Zuckertüte. Auf dem Hof findet eine Begrüßung statt. Amu begleitet mich. Am zweiten Schultag kommt der Katzenjammer. Wir Kinder werden in die Klasse geführt, die Tür geschlossen. Die Mütter bleiben im Flur. Ich kenne niemand, fühle mich verlassen und einsam. Beginne laut zu schluchzen. Die anderen Kinder werden davon angesteckt und machen es mir nach. Die Mütter reißen die Klassenzimmertür auf und bestürmen Amu, mich herauszuholen. Sie behaupten, ich brächte alles durcheinander. Am dritten Tag gefällt es mir schon in der Schule. Das wird täglich besser.
Ich liebe meine kleine Schiefertafel mit Holzrahmen. Man kann sogar mit bunten Kreiden auf ihr malen. Im Augenblick bin ich damit beschäftigt, den Rahmen mit Schweinchen zu verschönern. Papa sitzt neben mir und liest die Zeitung. Plötzlich schaut er auf und erschrickt: „Was machst Du da?“ Unser-Junge kommt angelaufen und ruft aufgeregt: „Au weia! Wenn das Deine Lehrerin sieht, gibt es eine Strafarbeit!“ Die Familie versucht meine Verzierungen fortzubekommen. Es wird radiert und mit Seife und Putzmitteln geschrubbt. Alles vergebens. Die Schweinchen sind durch meinen starken Zeichendruck in das Holz graviert.
Morgen ist Führers Geburtstag. Wir können noch keine Gedichte schreiben und lesen. Durch Nachsprechen lernen wir sie auswendig. Hausaufgabe: Wiederholung des Gedichtes. Mir fällt der Anfang nicht ein. Amu und Unser-Junge suchen in allen Lesebüchern, doch keines daraus kommt mir bekannt vor. Hoffentlich komme ich morgen nicht als Erste dran.
Die „Gü“, so nennen wir unsere Lehrerin Fräulein Günther, weil sie immer mit „Gü“ unterzeichnet, zeigt uns Bilder vom Führer. Er bückt sich zu kleinen Mädchen, die ihm Blumensträuße überreichen. Zu diesen Kindern werde ich nie gehören. Ich finde mich nicht hübsch genug, habe keine Zöpfe. Ich wünsche mir Zöpfe, aber mein Haar wächst nicht. Wenn ich bei Papa im Geschäft bin, nehme ich mir Hanfstränge mit. Zu Hause hänge ich sie mir über die Ohren und flechte sie, binde Schleifen ein.

Führers Geburtstag ist auch ein Zeitmesser für Kniestrümpfe. Spätestens am 20. April muß man sie anziehen können. Ich kann die Untertaille mit den Strumpfbändern und den ekelhaften langen Strümpfen nicht ausstehen. Die Strümpfe kratzen scheußlich.

Zu Führers Geburtstag sind die Straßen geflaggt. Jede Familie muß eine Fahne heraushängen. Ich finde die Fahnen sehr schön, denn Rot ist meine Lieblingsfarbe. Das schwarze Hakenkreuz hebt sich gut von dem weißen Kreis ab. Aber Amu scheint die Fahne nicht zu mögen. Neulich sagte sie zu Papa: „Ich kann dieses Rot nicht ausstehen. Alle Straßen sehen aus wie in Blut getaucht."

Wir lernen viele Gedichte in der Schule. Manchmal kann man das gut gebrauchen. Bei Peters Geburtstag spielen wir Pfänderspiele. Ich muß meine Haarspange abgeben. Britta kniet mit verbundenen Augen auf dem Boden. Tante Grete hält mein Pfand hoch und sagt: „Put, put, put, mein Huhn, was soll derjenige tun, dessen Pfand in meiner Hand?" „Ein Gedicht aufsagen", ruft Britta. Ich bin erleichtert, wenigstens muß ich kein Lied singen. Aber mir fällt so schnell kein Gedicht ein. Tante Grete wird ungeduldig. Ich sage: „Mir fällt nur eins vom Heldengedenktag ein." „Dann sage das auf." Ich beginne:

„Erde, ich war dir gut.
Erde, du trankst mein Blut.
Erde, ich starb für dich.
Erde, jetzt schirmst du mich."

Stille. Tante Grete schaut betroffen drein. Wortlos reicht sie mir die Haarspange.

„Ein deutsches Mädchen weint nicht!" sagt die „Gü". Aber Johanna hat neulich doch geweint. Sie wurde aus dem Unterricht gerufen. Ihr Bruder ist gefallen.

Wir haben in der Schule keine Religionsstunden. Deshalb werde ich in den privaten Unterricht zu Frau Häusler geschickt. Ich gehe gerne hin, denn wir dürfen biblische Bilder ausmalen, die wir in einer Mappe zu einem Büchlein binden. Die Bildermappe von den zehn Geboten ist fertig. Stolz zeige ich sie Amu. Sie fragt mich nach den einzelnen Geboten. Ich stammele, kann keines aufsagen. Auf den Rückseiten der Blätter stehen die Erklärungen. Die begreife ich gar nicht. Aber die Geschichten, die uns erzählt werden, behalte ich alle. Ebenfalls die Verse aus den Psalmen. Wir lernen sie auswendig, um sie immer bei uns zu haben. „Rufe mich an in der Not!“ oder „Und ob ich schon wanderte im finstern Tal, fürchte ich kein Unglück, denn du bist bei mir.“ Neulich habe ich mir diesen Spruch aufgesagt, als wir abends durch die dunkle Wasserstraße gingen. Ich hatte keine Angst mehr. Die Fenster waren alle verdunkelt. Wenn irgendwo nur ein Streifchen Licht zu sehen ist, kommt der Luftschutzwart und kassiert eine Strafe. Die Autos, Motorräder und Fahrräder haben über den Scheinwerfern schwarze Kappen mit einem schmalen Lichtschlitz. Es fahren wenig Autos auf den Straßen, nur solche von lebenswichtigen Betrieben. Privatwagen sind von der Wehrmacht beschlagnahmt. Ich ging mitten auf der Straße. Rechts und links standen Polenfamilien vor den Eingängen ihrer Kellerwohnungen. Plötzlich nahm mich Amu bei der Hand und sagte: „Ich kann es nicht leiden, wenn Du in den dunklen Straßen so weit von mir fortläufst!“ „Was soll mir schon passieren?“ fragte ich. Sie sagte: „Wir haben Krieg!“

Es gibt Leuchtplaketten zum Anstecken zu kaufen. Mein Bruder hat davon schon eine Sammlung. Wir halten eine unter die Lampe, damit sie angestrahlt wird. Dann kriechen wir schnell unter eine Decke. Zuerst ist alles dunkel. Allmählich beginnt sie zu leuchten.

Oft spielen wir Krieg. Die Kastanien sind reif. Wir haben Säcke voller herrlich glänzender Früchte in der Raiffeisenallee gesammelt. Jetzt baut sich jeder eine Burg in einer Ecke des großen Kinderzimmers. Wir holen uns dazu Stühle aus dem Eßraum und verhängen sie mit Decken. Dann beginnt der Kastanienkrieg. Nach dem Kampf liegt unsere „Munition“ auf dem Fußboden verstreut, wie die Erbsen bei den Heinzelmännchen zu Köln.

Wir sind glücklich! Wir haben einen Schrebergarten! Er liegt auf der Dominsel in der Kleingartenkolonie. Es steht kein Baum im Garten. Aber wir Kinder dürfen hier pflanzen, was wir wollen. Bisher hatten wir erst zwei Bombenangriffe auf Posen. Das Radio meldet täglich feindliche Anflüge auf Hannover-Braunschweig. Meist kommen sie nicht bis hierher. Trotzdem sorgen wir vor und bauen uns einen Bunker. Unser-Junge gräbt. Jetzt ist das Loch schon brusttief. Wir decken es zur Hälfte mit einem Holzbrett ab und schütten zur Tarnung Erde darauf. Hier im Bunker ist es erfrischend kühl. Wir setzen uns auf eine Decke, packen Butterbrote aus und essen dazu unsere eigenen Tomaten und Radieschen.

Jedem Bürger ist eine Gasmaske zugeteilt worden. Ich finde, sie sieht grauenhaft aus. Wenn ich sie aufsetze, glaube ich, ersticken zu müssen. Schnell reiße ich sie mir wieder herunter. Amu ist darüber verzweifelt. Sie sagt, wenn Gasbomben fallen, bin ich ohne Maske verloren. Ich soll wenigstens täglich kurz probieren sie aufzusetzen, um mich an sie zu gewöhnen.

Wenn ich aus dem Zimmer gehe und vergesse, das Licht zu löschen und Papa das bemerkt, ruft er gleich: „Paß auf und sei genau, sonst wirst du Kohlenklau!“ Jeder kennt Kohlenklau. Er hat ein schwarzes Gesicht, kneift ein Auge zu, trägt eine Schiebermütze und auf dem Rücken einen vollen Sack. Man sieht ihn an jeder Litfaßsäule. Neulich mußten wir ihn in der Schule malen. Ich bekam den ersten Preis.
„Pst! Feind hört mit!“ Das ist ein anderes Plakat, auf das wir auch immer hingewiesen werden. Über der Schrift ist der große, schwarze Schatten eines Mannes mit Hut zu sehen. Oft liest man auch: „Erst siegen, dann reisen!“ oder „Räder müssen rollen für den Sieg!“
Trotzdem fahren wir in den Sommerferien aus Posen fort. Die Eltern sagen: „Was man gesehen und erlebt hat, kann einem keiner mehr nehmen.“

Wir verbringen die Schulferien im Riesengebirge. Hier, in den tiefen Wäldern, ist Rübezahl zu Hause. Fast täglich wandern wir. Gestern waren wir auf der Bergruine Kynast. Immer wieder haben Unser-Junge und ich laut „Rübezahl“ im Wald gerufen. Amu ermahnte uns: „Seid vorsichtig! Rübezahl läßt sich nicht necken.“ Prompt haben wir uns auf dem Heimweg verlaufen. Als wir endlich erschöpft in unserem Quartier ankamen, wartete die Bäuerin schon auf uns mit dem Abendbrot. „Ja“, sagte sie, „Rübezahl ist ein guter Berggeist. Er hilft den Armen und Kranken. Aber wehe, wenn einer ihn zum Narren hält! Den schickt er auf Irrwege.“
Heute wollen wir zur Elbfallbaude. Unser-Junge vergißt nie, beim Wandern seinen Bergsteigerstock mitzunehmen. Die eine Seite des Stockes ist schon von oben bis unten mit Stocknägeln beschlagen. Jetzt sammelt er für die Innenseite. Manche Stocknägel sind sogar aus Silber. Sie tragen das Wappen des Ortes oder einen Hirschkopf mit Geweih. Einige haben auf einem Emaillebildchen eine Baude abgebildet. Ab und zu balanciert mein Bruder den Stock auf der Spitze. Er läßt ihn von einem Finger zum anderen wandern und wirft ihn auf die andere Hand. Dazu trällert er ein Lied.

Wir kommen zum Elbfall. Nicht zu glauben, daß dieses Wasser später zu einem breiten Strom anschwillt! Wir gehen in die Baude. Unser-Junge kauft einen Stocknagel und läßt ihn gleich befestigen. An einem Tisch sitzt ein hagerer Alter und spielt auf der Zither. Dazu singt er: „Und in dem Schneegebirge, da fließt ein Brünnlein kalt, und wer das Brünnlein trinket, bleibt jung wird nimmer alt." Unser-Junge dreht sich zu mir um und sagt: „Ich hab daraus getrunken." Wir nehmen an einem Holztisch Platz. Amu bestellt für uns Kuchen. Sie hat dafür schon vor der Reise Brot-, Zucker- und Buttermarken von der Lebensmittelkarte gehortet.

Auf dem Rückweg sammle ich im Taschentuch Frösche. Sie sind klitzeklein, nicht größer als ein Fünfpfennigstück. Heimgekommen, lasse ich sie in der großen Waschschüssel auf der Kommode schwimmen. Amu ist nicht begeistert davon. Sie ermahnt mich: „Denk an die armen Tierchen. Und worin werden wir uns morgen waschen?" Aber ich höre nicht auf sie. Am nächsten Morgen hat sich das Problem des Waschens von selbst gelöst. Die Frösche sind über Nacht aus der Schüssel gehopst. Wir sammeln sie unter den Betten und in den Zimmerecken ein und geben ihnen die Freiheit wieder. Einen Frosch finde ich erst nach drei Tagen. Er liegt tot auf dem Rücken zwischen den Geranientöpfen auf der Fensterbank. Der Anblick erschreckt mich. Nie wieder werde ich Frösche sammeln.

Amu geht vormittags zu Papa in die Firma. Er weist sie ein, damit sie das Geschäft weiter führen kann, falls er an die Front muß. Im Haushalt hilft uns Soscha, ein junges Polenmädchen. Sie ist hübsch und hilfsbereit. Wir lieben sie alle. Gerne halte ich mich bei ihr in der Küche auf. Sie kann gut Deutsch und interessant erzählen. Ich will ihr immer helfen, aber sie erlaubt es nicht.

Papas Büroangestellte, Fräulein Krakauschke, mag ich sehr gern. Sie ist nicht viel größer als ich, hat einen Buckel und ist auf einem Auge blind. Papa schätzt ihre Gewissenhaftigkeit bei der Buchführung. Sie versucht, ihm alle Wünsche von den Augen abzulesen. Wenn sie telefoniert, weiß sie immer, welches Lied im Gesangbuch zur Telefonnummer gehört. Sie geht jeden Sonntag in die Kirche. Heute bringe ich ihr ein Sträußchen Astern aus unserem Garten. „Danke", sagt sie, und dann unvermittelt: „Wie heißen Deine Puppen?" Ich zähle alle Namen auf. „Sind sie auch getauft?" will sie weiter wissen. Ich verneine. „Dann spielst Du ja mit Heiden", meint sie.

Die Taufe wird nun nachgeholt. Ich rücke im Kinderzimmer die Spielkommode von der Wand und stelle ein mit Wasser gefülltes Schälchen darauf.

Papa zieht sich seinen schwarzen Mantel umgekehrt an und steckt sich vorne ein weißes Taschentuch in den Kragen. Amu holt das lange, weiße Taufkleid aus dem Schrank. Es hat noch vorne ein rosa Bändchen von meiner Taufe befestigt. Vorsichtig ziehe ich es Fritzchen an. Während der Taufe halte ich ihn behutsam auf meinen Armen. Etwas später klopft es an meiner Kinderzimmertür. Da steht Amu mit einem winzigen Päckchen in der Hand. Sie bringt ein Taufgeschenk. Ich öffne das Kästchen. In ihm liegt ein kleiner Puppenserviettenring, den sie aus Silberlametta geflochten hat.

Ich liebe alle meine Puppenkinder: Gretchen aus Berlin, Rita aus Pommern, Lottchen aus Riga. Letztere hat inzwischen ein Loch im Kopf. Papa hat sie versehentlich umgeworfen. Jetzt trägt sie eine zu kleine Perücke. Meine großen Puppen Alice und Brigitte habe ich in Posen zu Weihnachten bekommen. Besonders vorsichtig gehe ich mit Hannchen um. Sie stammt noch aus Amus Kinderzeit. Der Kopf ist aus Porzellan. Die Arm- und Kniegelenke sind drehbar. Die meisten Puppen tragen nur einen Schuh und keine Strümpfe. Ich weiß nicht, wo diese Dinge immer verlorengehen. Meine besonderen Lieblinge sind natürlich die beiden Teddybären Hans und Peter.

Heute spielen wir Schule. Die Puppen und Bären sitzen zu zweit vor leeren Schuhkartons oder Spieldeckeln. Rechenstunde. Unser-Junge ist der Lehrer: „Hans! Wie viel ist 84 x 3?“ Ich muß für ihn antworten. „Das ist gemein!“ protestiere ich. „Das kann ich noch nicht rechnen.“ „Hans, komm nach vorne und bück dich! Ich hole meinen Stock.“ Ich bin verzweifelt. „Laß mich jetzt Lehrerin sein!“ bettele ich. „Also gut.“
„Heil Hitler, liebe Kinder“ sage ich. Unser-Junge ist damit beschäftigt, die Arme bei allen Schülern zu heben und zu senken. Ich sage: „Wir wollen jetzt singen: „Die blauen Dragoner, sie reiten…“ Unser-Junge nimmt Hans und Peter in die Hände und läßt sie laut grölend auf den Schultischen tanzen. Ich rufe: „Setzt Euch!“ Sie gehorchen nicht. Ich kann nicht mehr, gebe das Unterrichten auf. „Warum läßt Du immer meine Teddys so unartig sein?“ frage ich ganz erschöpft. Er gibt keine Antwort und lacht verschmitzt.

Manchmal spielen wir mit seiner neuen Märklin-Eisenbahn. Unser-Junge baut kleine Sitze und Betten für die Waggons. Ich forme aus buntem

Knetgummi Leute, die wir darauf setzen oder legen. Einige kommen auch auf den Bahnhof. Dann geht es los. Wir lassen den Zug fahren und halten. Fühlen uns selbst, als wären wir auf einer großen Reise.

1943 ist es soweit. Papa bekommt einen Stellungsbefehl. Er darf noch in Posen bleiben, muß aber in der Kaserne wohnen. Manchmal kommt er uns besuchen. Bei seiner Rückkehr muß er dem Wache haltenden Posten eine Parole sagen. Sonst wird er nicht in die Kaserne gelassen. Die Parole wechselt täglich. Papa hat Angst, er könnte sie einmal vergessen.
Abends vermisse ich ihn besonders. Nachdem Amu mit mir gebetet hatte, kam er sonst und setzte sich auf mein Bett. Er nahm meine Hand, und wir sangen unser selbst ausgedachtes Gutenachtlied: *„Gute Nacht, gute Nacht, schlafe gut bis früh um acht! Wer hält die Wacht? Auch wenn es kracht? Der Papa hält die Wacht. Nun gute Nacht."*

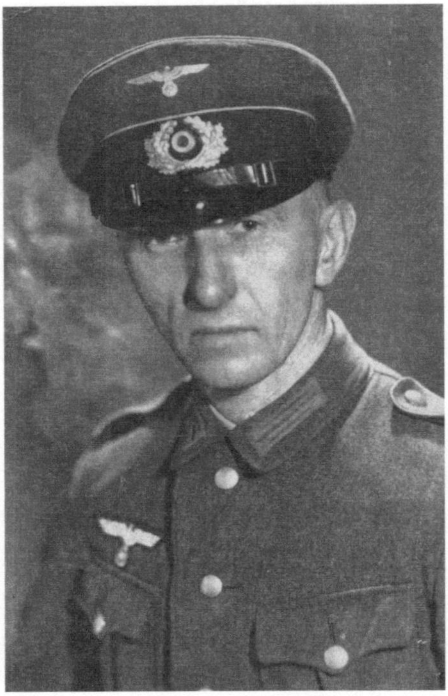

Konstantin Winkhardt
Papa als Soldat

Oft marschieren Soldatenkompanien durch die Straßen und singen. Ich höre das gerne, besonders das Lied von der „Erika“: *„Auf der Heide blüht ein kleines Blümelein, und das heißt Erika…“*, und *„Es ist so schön, Soldat zu sein, Rosemarie…“* Papa sagt, es ist nicht schön Soldat zu sein. Wehe, wenn man die Schuhe nicht richtig putzt! Wenn er auf dem Kasernenhof stillstehen muß, rutscht ihm das Gewehr von der schrägen Schulter. Außerdem haben sie Wanzen in den Betten. Manchmal dürfen wir ihn besuchen, dann schaue ich mir die Laternen vor der Kaserne an. Ich stelle mir vor, daß hier abends die Lili Marleen steht. Der Schlager erklingt täglich im Radio.

Unser Hund bekommt auch einen Stellungsbefehl. Zum Glück wird er für kriegsuntauglich erklärt, da er beim ersten, abgefeuerten Schuß auf dem Übungsplatz getürmt ist. Aber unser Dicki hat eine Kriegsbraut. Sie ist eine hübsche Airedaleterrier-Hündin und gehört einem Flieger. Er hat sie in der Kaserne besucht. Jetzt ist er Vater von fünf allerliebsten kleinen Hunden. Sie sehen wie ein Wollknäuel aus. Am liebsten würde ich einen davon behalten. Aber ich darf nicht.

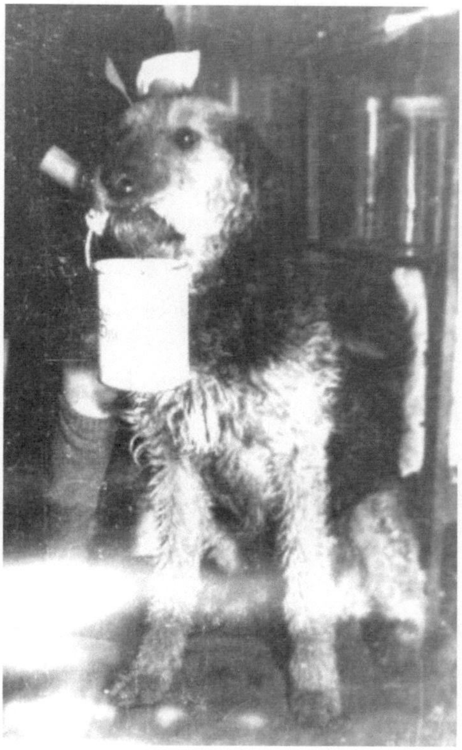

Dicki mit der Sammelbüchse für das Winterhilfswerk

Papa muß an die Front. Es ist Abend, als wir uns von ihm verabschieden. Er trägt unter der Uniform eine ovale Metallmarke. In der Mitte hat sie einen Falz, den man leicht durchbrechen kann. In jeder Hälfte ist die gleiche Nummer eingeprägt. Wenn ein Soldat fällt, wird die Marke durchgebrochen und die eine Hälfte nach Hause geschickt. Lieber Gott, laß das nie passieren! Ich gebe Papa meinen Teddy Peter mit ins Feld.

Ein Feldpostbrief kostet kein Porto, er hat eine Feldpostnummer. Ich schreibe Papa täglich. Manchmal male ich Karten mit zwei Teddys mit nackten Bäuchen, die immer neue Dummheiten anstellen. Oder ich tippe im Büro auf der Schreibmaschine Bilder, die nur aus Buchstaben und Zeichen bestehen. Neulich schrieb Papa an Amu, ich dürfe solche Bilder nicht mehr schicken. Die Wehrmacht glaube, es handle sich um eine Geheimschrift.

Mittags sind wir wieder zu viert am Speisetisch. Papas zehn Jahre älterer Bruder Willy fühlt sich sehr allein. Seine Frau liegt im Krankenhaus, der Sohn ist im Krieg, und seine Tochter studiert in Berlin. Mittags wünschen wir Kinder uns oft Schlagsahne als Nachtisch. Natürlich ist es keine echte.

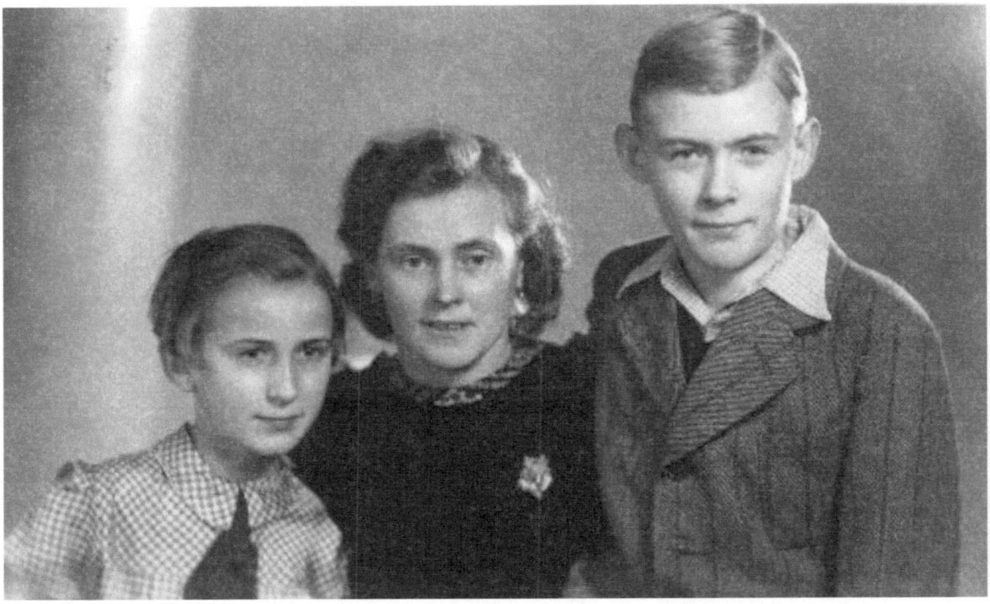

Caritas, Helene und Hjalmar Winkhardt
Herbst 1944

Ich kann mich nicht einmal erinnern, wie richtiger Schlagschmand schmeckt. Dieser wird aus Magermilch mit Mehl gekocht. Man muß die Masse sehr lange mit dem Schneebesen schlagen. Sie wächst ungeheuerlich. Von einem halben Liter bekommt man eine Waschschüssel voll. Onkel Willy bringt kleine Aromafläschchen aus der Kantine mit. Was es alles gibt! Erdbeer-, Himbeer-, Vanille-, Rum-, Arrak- und sogar Mandelaroma. Jeder darf sich etwas davon in die falsche Schlagsahne träufeln.
Mit der Zuteilung der Raucherkarte kommt Onkel Willy nie aus. Deshalb legt ihm Amu täglich zwei Zigaretten neben den Teller. Er strahlt, wenn er sie in sein Etui steckt. Die anderen Zigaretten von der Raucherkarte hebt Amu auf, damit sie in der Not etwas zum Eintauschen hat.

Papas fünf Jahre ältere Schwester Thea Hoppe und ihre Familie haben einen wunderbaren Garten bekommen. In ihm stehen Obstbäume und Beerensträucher. Wir dürfen dort so viel Obst essen, wie wir mögen. Täglich, gleich nach dem Mittagessen, nimmt mich Unser-Junge auf dem Gepäckträger seines Fahrrades mit, und ab geht es in den „Hoppe-Garten“. Unsere Cousinen Eva und Trudel sind auch immer da. Unser-Junge versteht sich prima mit Eva. Sie ist fünfzehn Jahre alt, also ein Jahr älter als mein Bruder. Beide haben ein Geheimnis, das sie mir anvertraut haben. Tante Thea darf es nicht wissen: Unser-Junge dreht aus Zeitungspapier, gefüllt mit Heu oder Kräutertee, Zigaretten. Wenn dann beide dieses Zeug paffen, stinkt es abscheulich.
Ich streife im Unterkleid durch die hohen Himbeersträucher und bin mit dem Essen der Beeren beschäftigt. Plötzlich höre ich hinter mir eine Stimme: „Ach, Du bist es, Cary. Ich dachte, eine zarte Elfe tanzt durch die Büsche.“ Tante Thea steht hinter mir. Ich habe sie nicht kommen gehört. Ich muß über Tante Theas Worte lachen. Sie kann unheimlich gut von Zwergen und Elfen erzählen. Es kommt vor, daß ich manchmal für Sekunden tatsächlich an die kleinen Wichtel glaube. Sie ist sehr nett. Wenn es regnet, setzen wir uns alle zusammen in die Laube. Dann spielt sie mit uns „Teekesselchenraten“ oder „Spitz, paß auf, was ich Dir sagen werde…“.Tante Thea kann sehr gut backen. Es ist eine Strafe, wenn man wegen einer Krankheit ein Familienfest bei Hoppes versäumen muß.

Herbst 1944. Im Wohnzimmer hängt eine große Landkarte. Darauf stecken Amu und Unser-Junge täglich die Front mit kleinen Fähnchen ab. Sie rückt im Osten bedrohlich näher. In den Straßen sind bereits viele Pferdewagen, auf ihnen alte Menschen, Frauen und Kinder. In Decken gewickelt, versuchen sie, sich vor der Kälte zu schützen. Die Flüchtlinge erzählen, daß die Russen auch bald hierher kommen werden.
Amu sitzt abends lange auf, sortiert Briefe und Dokumente, verbrennt Unnützes. Sie hat Koffer mit Kleidern nach Berlin zu Onkel Gusti geschickt. Wir wissen nicht, ob sie ankommen werden. Auf Berlin werden täglich Bombenangriffe geflogen.
Eigentlich dürfte ich noch nicht wieder zur Schule gehen, denn ich hatte zu Weihnachten Scharlach. Aber Amu hat mich trotzdem heute hingeschickt. Die „Gü“ geht, die Hände auf dem Rücken, durch die Bankreihen und sagt: „Nun wollen wir einmal sehen, wer feige war und abgehauen ist.“ Sie zählt

fünf leere Plätze. Dann sagt sie: „Wir anderen wollen tapfer sein. Wenn man vor dem Feind davonläuft, kann man nicht siegen."

20. Januar 1945. Amu kommt mittags müde aus dem Geschäft heim. Sie sagt: „Kinder, ich muß nachmittags wieder fort. Aber wir werden noch heute aus Posen fliehen. Sonst sind uns alle Wege versperrt. Papas Arbeiter, Herr Wischnewski, rät dazu. Das Schloß soll schon voller Verwundeter sein." Mir fährt blitzschnell der Gedanke durch den Kopf: Morgen wird die „Gü" es bemerken, daß auch ich abgehauen bin. „Wo sollen wir denn hin?" fragt Unser-Junge. Amu meint: „Vielleicht fahren wir mit Frau Thomson, die ihr Geschäft neben unserem hat. Sie besitzt einen Führerschein und kann Papas Dreiradwagen fahren. Ihr könnt noch schnell die Hutpaudel[2] packen." Schon ist sie wieder aus dem Haus. Gleich machen wir uns an die Arbeit. Unser-Junge holt seine elektrische Märklin-Eisenbahn, ich meine Puppe Fritzchen. Damit sie nicht zerbricht, wickele ich sie in die gestickte Weihnachtstischdecke ein.
Es ist schon spät. Amu kommt noch immer nicht. Soscha ist in der Küche. Sie hat für uns ein Kaninchen gebraten und einen Kuchen gebacken. Ich spiele auf dem Klavier noch einmal alle Stücke, die ich kann. Dann kauere ich mich auf den Fußboden vor den hohen, braunen Kachelofen und lege meinen Arm um unseren Hund. „Wir lassen Dich nicht im Stich", flüstere ich ihm ins Ohr. Er guckt aufgeregt mit seinen runden Augen und scheint etwas zu ahnen. Unser-Junge spielt zum letzten Mal die Märsche, den „Fridericus Rex", den „Badenweiler" und den „Hohenfriedberger".
Endlich kommt Amu nach Hause. Sie ist müde. „So", sagt sie, „ich habe Papas Geschäft geschlossen. Wir haben noch allen polnischen Arbeitern die Löhne ausgezahlt. Herr Wischnewski hat Papas Rad bekommen. Er will auf das Land fahren. Onkel Willy kam sich auch noch verabschieden. Ich habe ihm Papas Lederjacke gegeben. Jetzt müssen wir zu Hoppes gehen. Onkel Arved will mit uns allen zusammen zu Onkel Gusti nach Berlin fliehen."
Ich gehe in mein Kinderzimmer. Meine Puppen sitzen alle nebeneinander auf einem kleinen Metallbett. Jede nehme ich noch einmal in den Arm und setze sie an ihren Platz zurück. Dann ziehen wir uns warm an. Alle bekommen einen Rucksack mit Leibwäsche zu tragen. Amu nimmt Dicki an die Leine. Soscha weint. Amu schenkt ihr zum Abschied eine große Kristall-

---

[2] baltischer Ausdruck für Hutschachtel

schale. Sie bekommt außerdem unsere Wohnungsschlüssel und darf sich alles holen. Wir werden wohl kaum wiederkehren. Soscha begleitet uns mit dem Schlitten bis zu Hoppes. Darauf haben wir ein paar Koffer, die Hutpaudel und Decken geschnallt.
Bei Onkel Arved ist was los! Um seinen Vierpersonenwagen mit zweiräderigem Anhänger stehen bereits elf Personen. Am liebsten würde Amu mit uns umdrehen. Aber alle Züge sollen hoffnungslos überfüllt sein. Onkel Arved beruhigt Amu: „Ich werde schon alle unterbringen. Aber der Hund muß hier bleiben.“ „Nein“, protestiert Amu, „Dicki lasse ich nicht herrenlos herumlaufen! Dann erschieße ihn. Ich habe in meinem Muff Kostas Revolver.“ Onkel Arved will das nicht tun. Er meint, es würde Panik geben, wenn jetzt ein Schuß in der Stadt fiele. Der Hund soll bis außerhalb von Posen mitkommen. Mir wird ganz schwach in den Knien, als ich das alles höre. Ein blondlockiger Junge kommt auf mich zu: „Ich bin der Werner Trueb.“ Er reicht mir die Hand. „Mein Vater ist bei Deinem Onkel Geschäftsführer. Meine Mutter liegt im Krankenhaus.“ „Ich heiße Caritas. Du kannst mich aber Cary nennen.“ Wir sind beide zehn Jahre alt und gehören somit zu den Kleinen. Deshalb dürfen wir uns auf dem Hintersitz im Wagen plazieren. Neben uns sitzt Tante Thea und hält ihre zweijährige Großtochter Christa auf dem Schoß. Vorne, neben Onkel Arved, Christas Mutter mit ihrer dreijährigen Nichte Margit. Amu, Unser-Junge, Eva, Trudel und drei weitere Personen werden auf dem zweiräderigen, offenen Anhänger untergebracht, in Decken gehüllt. Zu guter Letzt springt unser Hund noch herauf. Alle wollen, daß er auf ihren Füßen liegen soll, denn es ist bitter kalt. Wir haben zwanzig Grad minus.
Ich streife meine Schuhe ab und schiebe die Füße unter den Vordersitz. Doch schon bald tun sie so weh, daß ich schreien könnte. Wir machen eine kleine Vertretpause. „Nein“, sagen alle, „der Hund stört nicht. Im Gegenteil. Wir sind froh, daß er uns wärmt.“
Heute bleibe ich zum ersten Mal in meinem Leben eine Nacht hindurch auf. Ich habe eine große Sorge: „Hoffentlich reißt der Anhänger nicht ab! Ohne meine Beiden bin ich verloren!“
Um fünf Uhr morgens kommen wir nach Küstrin. Wir wecken die Wirtsleute in einer kleinen Gaststätte. Sie kochen uns Kaffee. Wir essen etwas dazu. Auch andere Flüchtlinge kommen in den Raum. Sie erzählen, daß sie Kanonendonner gehört haben. Die Russen sind im Anmarsch auf Berlin. Wir ändern unsere Fluchtpläne, fahren nach Frankfurt an der Oder. Es ist schwer

durchzukommen. Die Straßen sind verstopft mit Handkarren, Militärwagen und Pferdefuhren. In Frankfurt an der Oder fahren wir zunächst in ein Lager. Wieder liegen in einer Schule Strohsäcke auf dem Boden. Ich bin müde und möchte nichts als schlafen. Als ich wieder erwache, weiß ich weder, wo ich bin, noch was für einen Tag wir haben. Ich habe Tag und Nacht durchgeschlafen. Onkel Arved will hier noch eine Nacht verbringen. Inzwischen ist es im Lager voll geworden. Die Menschen liegen nicht nur in den Klassenräumen auf Strohsäcken, sondern auch in den langen Fluren. Ab und zu wird eine warme Suppe aus Kübeln gereicht. Frankfurt an der Oder ist Auffanglager für Flüchtlinge. Sie werden registriert und können, wenn sie mitkommen, mit Zügen in den Süden oder Westen fahren. In diesem Menschengewühl entdeckt Amu ihren Vetter Harry mit Familie. Er will seine Frau mit Kind nach Rathenow begleiten und sich dann zum Volkssturm melden. Auch Achu treffen wir, Onkel Willys Sohn. Er sucht die Eltern. Gestern war er heimlich in Posen und konnte keinen von der Familie finden. Es ist noch immer sehr kalt. Onkel Arved hat als Sitz für den Autoanhänger den großen Geschäftsschlitten mitgenommen. Jetzt gehen wir damit rodeln. Amu fährt mit uns Kindern das Oderufer hinunter. Wir lachen und toben im Schnee. Werner und ich verstehen uns prima. Nachts muß Amu mit unserem Hund wieder im Keller schlafen. Tiere sind nicht im Schlafraum erlaubt.

Am 22. Januar 1945 geht es weiter. Onkel Arved zählt die Häupter seiner Lieben: Vierzehn Personen und ein Hund! – Oft werden wir unterwegs von Militärstreifen kontrolliert. Wir zittern jedes Mal: Hoffentlich nehmen sie uns das Auto nicht fort! Amu besitzt Benzinmarken. Trotzdem ist es schwer, Treibstoff zu bekommen. Entweder ist keine Bedienung an den Tankstellen, oder sie wollen das Benzin für das Militär zurückbehalten. Wenn wir zu einer Tankstelle kommen, sagt Tante Thea: „Lenchen, gehe Du mit Arved hinein. Du hast Charme.“ Amu schmeißt sich dann ihren Silberfuchs noch patenter um den Hals und setzt ihr schönstes Lächeln auf. Während die beiden mit dem Tankwart verhandeln, betet Tante Thea im Auto, daß es klappen möge.

Eigentlich sind wir ein „fröhlicher Haufen“. Eva singt oft auf dem Autoanhänger und steckt alle damit an. Es ist immer derselbe Schlager aus dem neuen Tonfilm „Die Frau meiner Träume“: *„In der Nacht ist der Mensch nicht gern alleine…“*

Wir erreichen Guben. Dieses Mal bekommen wir vom Lagerverwalter einen Raum für uns allein. Das bedeutet, Amu und Dicki können bei uns schlafen. Aber man will uns nicht weiterfahren lassen. Das Auto soll für Kriegszwecke enteignet werden. Onkel Arved soll sich zum Volkssturm melden. Der Hof steht schon gerammelt voll mit geschnappten Wagen. Werner und ich spielen oft in den nicht abgeschlossenen Autos. Manchmal ist er die Streife, und ich lenke einen Flüchtlingstransport. Dann wieder sind wir ein Ehepaar und beschimpfen eine unsichtbare Person, die uns nicht weiterfahren läßt. Wir spielen, daß wir zu geschlossenen Tankstellen kommen, oder daß der Motor nicht anspringen will und die Russen kommen.
Amu hat auf Spaziergängen durch die Stadt ein kleines Hotel entdeckt. Hier werden Zimmer vermietet. Bis wir weiterfahren dürfen, zieht sie mit uns Kindern dorthin. Werner und sein Vater mieten den gegenüberliegenden Raum. Wir schlafen in richtigen Betten und dürfen das Bad benutzen. Aber das Schönste ist, dieses Hotel hat Schiebetüren. Werner und ich spielen „Straßenbahnschaffner". Dazu singen wir das Lied von der kleinen Schaffnerin: *„Einsteigen bitte, einsteigen bitte…"*

Jetzt sind wir schon seit einer Woche in Guben. Tante Thea sammelt uns sieben Kinder um sich. Gemeinsam gehen wir zum SA-Führer im Lager. Sie schluchzt: „Das ist Deutschlands Jugend! Erlauben Sie uns, die Kinder in Sicherheit zu bringen." Es hilft! Onkel Arved bekommt eine schriftliche Genehmigung, uns nach Thüringen zu Tante Ally zu bringen. Allerdings muß er sich verpflichten, dort gleich zum Volkssturm zu gehen.
Hier teilt sich unser kleiner Flüchtlingstreck. Einige wollen versuchen, mit dem Zug weiter nach Rathenow zu kommen. Jetzt sind wir nur noch neun Personen: Familie Hoppe, Werner mit Vater und wir drei, Amu, Unser-Junge, ich und unser Hund. Und weiter geht es. Ich halte während der Flucht immer meinen Teddy Hans im Arm.

Wir kommen nach Dresden und müssen pausieren. Onkel Arved und Unser-Junge sind krank. Beide haben hohes Fieber. Die Lager sind mit Flüchtlingen überfüllt. Vielleicht finden wir auch in Dresden irgendwo ein Hotel mit freien Zimmern? Tatsächlich! Aber dieses Mal leider in verschiedenen Hotels. Werner und sein Vater kommen einige Straßen von uns entfernt unter. Trotzdem sehen wir uns täglich. Werner und ich stecken ständig zusammen. Die Erwachsenen wundern sich, worüber wir immer lachen können. Hoppes und wir drei teilen uns ein großes Gästezimmer.

nen. Hoppes und wir drei teilen uns ein großes Gästezimmer. Tante Thea, Onkel Arved, Trudel und Eva schlafen in den Ehebetten, Amu und ich auf der Couch, Unser-Junge auf dem Geschäftsschlitten. Unser Hotel liegt in der Bahnhofstraße. Diese Zentren suchen die Bomber gerne auf. Aber in Dresden geht kaum einer in den Luftschutzkeller – auch nicht bei Vollalarm. Alle hoffen, daß die Feinde diese Kunststadt nicht bombardieren werden.
Wir haben einen Herrn getroffen, der Dicki unbedingt abkaufen will. Er verspricht uns außer Geld noch Lebensmittel, da er einen Kolonialwarenladen hat. Aber wir geben unseren Hund nicht her. Trotzdem sollen wir den netten Herrn besuchen. Es wird ein schöner Nachmittag. Wir dürfen so viele Kekse essen, wie wir wollen. Dicki geht es auf der Flucht sehr gut. Jeder verwöhnt ihn, steckt ihm etwas zu.

Am 7. Februar geht es weiter. Werner und sein Vater wollen in Dresden bleiben und auf eine Nachricht über den Krankentransport der Mutter warten. Der Abschied von beiden fällt uns schwer. Wir fahren auf der Autobahn. Über uns sind Flugzeuge. Wir wissen nicht, sind es feindliche oder unsere? Wir kommen nach Jena. Hier hat gerade ein Angriff stattgefunden. Also waren das doch feindliche Bomber, die wir gehört haben. Wir fahren nach Weimar. Einzelne Stadtteile brennen noch. Trotzdem, Onkel Arved muß ausruhen. Im Ratskeller sind Strohsäcke zum Schlafen hingelegt. Wir bleiben über Nacht. Am nächsten Tag geht es weiter in Richtung Erfurt. Der Treibstoff und die Marken dafür werden immer knapper. Die Landschaft ist hügelig. Onkel Arved nutzt das aus, um Benzin zu sparen. Im Freilauf fahren wir die Berge herunter und sogar wieder ein Stück hinauf. Jetzt kommt ein tiefes Tal. Der Anhänger beschleunigt die Fahrt. Wir fahren immer schneller, alle halten die Luft an. Keiner spricht ein Wort. Gott sei Dank! Es geht wieder bergan! Onkel Arved wischt sich den Schweiß von der Stirn.

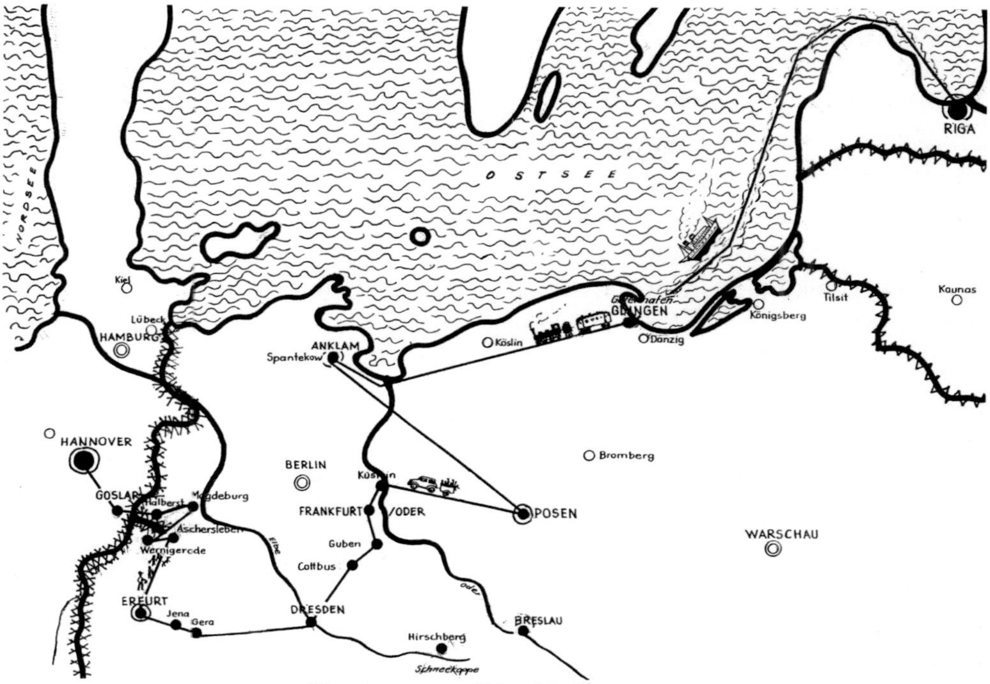

Unterwegs von Riga bis Hannover

Endlich sind wir am Ziel. Wir haben Bischleben erreicht, ein kleines Dorf bei Erfurt. Aber bei Tante Ally ist schon alles überbelegt. Sie hat die Familie ihrer Tochter mit Säugling aufgenommen. Trotzdem findet sie für alle im selben Ort Quartier. Unser-Junge wird einzeln untergebracht. Die Familie, die ihn zur Nacht aufnimmt, ist sehr nett. Die Hausfrau kocht extra für uns Kartoffelklöße, gefüllt mit Speck. Es schmeckt herrlich. Ich lange tüchtig zu. Seit Wochen haben wir kein warmes Mittagessen gehabt.

Es ist Nacht. Ich werde nie mehr Klöße mit Speck essen! Aber ich werde den Gedanken an sie nicht los. Mir ist übel. „Bitte, mach Licht", sage ich zu Amu. Wir schlafen zusammen in einem Bett, ich auch noch an der Wandseite! „Das geht nicht", sagt sie. „Hörst Du nicht, wie die Bomber brummen? Wir haben keine Verdunkelung an dem Fenster." Ich kann nicht mehr. Ehe Amu im Dunkeln die Tür findet, spucke ich ins Bett. Den Rest der Nacht verbringen wir im Klo oder in der Küche. „Mein Gott, was wird heute wieder dem Erdboden gleichgemacht?" sagt Amu zu unserer Wirtin. Die Flugzeuge brummen ununterbrochen. Manchmal ist es, als würde die Erde beben. Und mir ist so schlecht…

Am nächsten Tag hören wir es im Wehrmachtsbericht. Es war ein Großangriff auf Dresden. Es soll grauenhaft gewesen sein. Und Werner und sein Vater sind dort geblieben!
Endlich ein Brief von ihnen. Herr Trueb schreibt: „Werner und ich sitzen uns gegenüber am Tisch und weinen den ganzen Tag. Wir haben Nachricht vom Krankenhaus. Meine Frau ist auf dem Transport gestorben. Wir waren verschüttet, leben aber noch."
Amu und ich können nur nachts in die Wohnung, da unsere Wirtin berufstätig ist und uns die Wohnung nicht allein überlassen will. Bei Tante Ally sitzen schon bald alle übereinander. Daher gehen wir drei mit Hund den ganzen Tag spazieren.

„Warum bist Du traurig, Amu?" fragen wir. So haben wir sie noch nie erlebt. „Ach", sagt sie, „sogar Maria und Joseph hatten einen Stall. Ich habe nichts für Euch, wo wir uns ausruhen können." Auf dem schneebedeckten Feld liegen breite Stanniolstreifen, die feindliche Flugzeuge als Funkstörung abgeworfen haben. „Komm", sagt Unser-Junge zu mir, „wir sammeln sie. Wenn wir sie fein schneiden, haben wir Lametta für die nächste Weihnacht."
Endlich finden wir ein möbliertes Zimmer in Hochheim, in dem wir drei zusammen unterkommen können. Langsam kommt der Frühling. Leberblümchen, Krokusse und Schneeglöckchen stecken die Köpfe zwischen dem abtauenden Schnee an das Licht. Ich male Osterkarten. Die Bäckersfrau möchte einige davon haben und gibt mir dafür Hühnereier! Ich bin außer mir vor Freude.

Welch ein Glück! Wir haben im Ringtausch ein Reihenhäuschen gefunden, in das wir mit Familie Hoppe einziehen. Es liegt in Erfurt-Nord, Ziegensteig 4. Vor der niedrigen Hausreihe befindet sich ein großes Feld. Hinter den Häusern liegt eine Schuhfabrik, in der aber jetzt Munition hergestellt wird. Das ist der Grund, weshalb das alte Ehepaar, das bisher in dem Häuschen wohnte, lieber in ein möbliertes Zimmer nach Hochheim ziehen will. Es hat Angst, die Fabrik könnte bombardiert werden und alles in die Luft fliegen. Allerdings soll der Tausch nur bis zum Kriegsende gelten.
Wir wohnen unter dem Dach. Ich bekomme sogar ein eigenes, schmales Luftschutzbett. Hoppes haben unten zwei Zimmer, eins für die Eltern, das zweite für Eva und Trudel. Die Küche benutzen wir gemeinsam. Im Keller

befindet sich eine Waschküche. Außerdem haben wir einen kleinen Vor- und Hintergarten und einen Hof mit leeren Kaninchenställen. Ein Paradies!
Ostern feiern wir wie im Freudentaumel. Bis in die Nacht spielen wir Schreibspielchen: „Wer trifft wen, wer sagt was, was tun sie zusammen?" Manchmal können wir kaum vor Lachen lesen, was auf den ausgerollten Zetteln für komische Geschichten stehen. Tante Thea kullern schon die Tränen vor Lachen. Abends geht Amu mit Dicki vor das Haus. Sie ruft Onkel Arved: „Schau, was sind das für kleine Punkte am Horizont?" Er meint: „Das müssen Bäume sein." „Die habe ich vorher nie bemerkt", meint Amu. „Sieh nur, sie verschieben sich."
Ein paar Tage später wissen wir es genau. Es sind amerikanische Panzer. Wir hören schon den Kanonendonner. Unsere Wehrmacht zieht von Tür zu Tür. Sie sucht Männer und Jungen, die die Stadt mit Panzerfäusten verteidigen können. Onkel Arved liegt mit Kopfkompressen im Bett. Wir flehen meinen Bruder an, sich auch hinzulegen. Er will das nicht, ist zu stolz zum Simulieren. Wir sind verzweifelt. Wollen ihn nicht sinnlos verlieren. Schließlich folgt er unserem Rat.
Fünf junge SS-Soldaten wollen vor dem Haus auf dem Feld ein Widerstandsnest mit Maschinengewehren aufbauen. Die Bewohner der Straße jagen sie entsetzt fort.
Unser-Junge will unsere Abzeichen mit dem Baltenkreuz im Blumentopf verstecken. Dabei stößt er auf Parteiabzeichen, die dort bereits verborgen sind.

Auf unsere Lebensmittelkarten bekommen wir Sonderzuteilungen von Margarine, Brot und Wurst und müssen uns während des Feindbeschusses im Keller einquartieren. Dort schlafe ich seit einer Woche auf zwei zusammengeschobenen Stühlen. Hier gibt es unzählige Kellerasseln, die einem von der Decke auf den Körper und ins Gesicht fallen. Wir ekeln uns vor ihnen. Wenn man auf das Klo muß, darf man ausnahmsweise ins Erdgeschoß. Amu steckt von dort ihre Nase zum Fensterchen hinaus. Doch wie der Blitz ist sie wieder unten. In der Nähe fiel ein Schuß.
Wir sollen weiße Laken bereithalten, die wir zum Zeichen der Kapitulation aus den Fenstern hängen können. Aber woher sollen wir sie nehmen, wenn wir keine haben?

Erfurt hat sich ergeben. Die Amerikaner sind mit Panzern in die Stadt eingerückt. Auch vor der ehemaligen Schuhfabrik, beziehungsweise Munitionsfabrik, vor öffentlichen Gebäuden und Straßenecken stehen amerikanische Posten. Wenn ich vorbeigehe, winken sie mir freundlich zu, ich solle näher kommen. Sie wissen, daß wir deutschen Kinder nach Süßigkeiten ausgehungert sind, und wollen uns Bonbons oder Schokolade schenken. Aber ich habe meinen Stolz und tue, als sähe ich ihr Winken nicht. Viele Kinder sind anders. Sie hängen an den gutmütigen, kinderfreundlichen Schwarzen wie Kletten, turnen auf ihnen herum.
Das Essen ist knapp. Mit unseren Rucksäcken wandern wir in die umliegenden Dörfer und betteln. Wenn wir Glück haben, bekommen wir ein Pfund Kartoffeln geschenkt. Selten gibt es ein Ei oder gar ein paar Zwiebeln. Abends veranstalten wir dann ein Festessen: „Kartoffelpuffer". Unser-Junge und Eva verdrücken jeder dreizehn Stück.

9. Mai 1945. Deutschland hat kapituliert. Der Krieg ist vorbei, wir haben ihn verloren. Von den Kirchen, die noch nicht zerstört wurden, läuten Glocken. Der Führer ist tot. Wir sagen wieder „Guten Tag", wenn wir zum Kaufmann gehen, nicht mehr „Heil Hitler". Vereinzelt sieht man schon abends ein erhelltes Fenster.
Ich komme aus der Schule heim. Beim Mittagessen erzählt mir Amu, daß Onkel Willy tot ist. Er ist bei einem Großangriff auf Berlin gestürzt und im Krankenhaus gestorben. Ich schiebe meinen Suppenteller fort und sage: „Ich habe Bauchschmerzen." Dann laufe ich nach oben und werfe mich auf das Bett.
Im Vorgärtchen blühen tränende Herzen. Es ist Sommer. Ich kann kein Rot mehr sehen! Fast jedes Mädchen trägt einen Rock aus einer Hakenkreuzfahne. Onkel Arved bringt politische Spruchbänder mit, die auf Leinen geschrieben sind. Wir können die Tücher gut als Laken brauchen. Nun schrubben alle abwechselnd, um die Parteiparolen zu beseitigen.
Manchmal geben die Amis für kurze Zeit Militärwarenlager zum Plündern frei. Wir erfahren das von unseren netten Nachbarn. Dann klopfen sie mit dem Spazierstock über den Hofzaun an unsere Küchentür. Tante Thea und ich dürfen nie mit. Aber Eva und Unser-Junge, die beiden „Zwillingsgeschwister", wie wir sie nennen, seitdem Amu ihnen gleiche Kostüme aus einer Zeltplane geschneidert hat, haben einen Sack mit Hafer angeschleppt. Wir lassen den Hafer in kleinen Portionen mahlen. Leider bekommen wir

die Flocken mit den Hülsen gemischt zurück. Dementsprechend werden die Tellerränder beim Essen der „Spuckegrütze“ garniert. Neulich schleppten Hjalmar und Eva einen geräucherten Schinken nach Hause.

Es ist heiß. Amu hat mein Trikothemdchen zwischen den Beinen zusammen genäht und in lila Ostereierfarbe getaucht. Damit gehe ich ins Schwimmbad. Die Kinder weichen von mir zurück, weil mein Badeanzug das Wasser verfärbt.

Die Fliegenplage ist in der Hitze unerträglich. Onkel Arved kommt von der Arbeit. Skeptisch schaut er über seine geschliffenen Brillengläser die Flecken auf den Küchenwänden an. Dann sagt er zu meinem Bruder: „Hjalmar, was hast Du gemacht? Hast Du so viele Nägel in die Wände geschlagen?“

„Nein, Onkel Arved. Ich habe mit der Patsche Fliegen erledigt.“

Onkel Arved sieht wirklich sehr schlecht. Neulich hat er die Flasche Hustensaft, die er sich als Ersatzschnaps aus der Apotheke geholt hat, mit seiner Haartinktur verwechselt. Der Hustensaft auf dem Kopf hat nicht geschadet, aber das Haarwasser hat er in weitem Bogen ausgespuckt.

Oft springe ich auf dem Hof Seil mit Elke, der Nachbarstochter. Die Erwachsenen fragen immer wieder: „Werdet Ihr denn gar nicht müde?“ Wir antworten lachend: „Nein!“ Und weiter geht es: *„Teddybär, Teddybär, dreh Dich um, Teddybär, Teddybär, mach Dich krumm...“* Ich denke, der Familie geht das Geklapper mit unseren Holzsandalen auf die Nerven.

Abends, wenn es dämmert, hören wir oft ein kleines Mädchen singen. Es klingt herüber von irgendeinem Hinterhof. *„Guten Abend, gute Nacht, mit Rosen bedacht...“* Dann verstummen unsere Gespräche, und wir hören still zu.

Die ersten Landser kehren heim. Wir haben kein Lebenszeichen von Papa, Hoppes auch nicht von ihren Söhnen. Die Amis haben Gefangenenlager eingerichtet. Wir wandern dort hin. Vielleicht kann uns jemand Auskunft über Papas Verbleib geben. Wir zeigen sein Photo. Doch nur müdes Kopfschütteln. In zerfetzten Uniformen stehen die Gefangenen an den Stacheldrahtzäunen. Der Gedanke fällt mir schwer, daß Papa auch in so einem Lager sein könnte. Andererseits wäre ich froh, zu wissen, daß er wenigstens noch am Leben und nicht verwundet ist. Zwei Rote-Kreuzschwestern neben mir füllen Tee in Becher und reichen sie den Gefangenen, die ihre Hände schon durch den Zaun entgegenstrecken.

Neulich träumte ich, daß die Russen kommen. Jetzt wird es Wirklichkeit. Die ehemalige Reichshauptstadt Berlin wird von den Siegermächten in vier Sektoren geteilt. Die Amerikaner ziehen aus Thüringen ihre Truppen ab. Im Tausch dafür erhalten sie einen Sektor in Berlin.

Amu und ich gehen in die Innenstadt. Am Anger stehen unzählige Männer mit roten Nelken im Knopfloch am Revers oder in den Händen. Als wir nach Hause kommen, sagt Amu zu Onkel Arved und Tante Thea: „Herrschaften, wir müssen fort! Ich bleibe nicht bei den Russen!" „Lenchen, wo willst Du noch hin? Wenn wir von hier fortgehen, finden uns unsere Söhne nie!" entgegnen beide. Also bleiben auch wir.

Onkel Arved will morgens zur Arbeit gehen. Kaum hat er das Haus verlassen, da ist er schon wieder zurück. Er berichtet: „Unsere Straße ist von russischen Wachposten abgesperrt. Razzia! Keiner darf das Haus verlassen. Sie führen Haussuchungen durch nach eventuell versteckten Waffen." Ein Glück, daß Papas Revolver schon lange in der Gera liegt! Die Russen sind unberechenbar und nehmen mit, was ihnen gefällt, seien es Gegenstände, Lebensmittel oder Frauen. Tante Thea zittert: „Arvedchen, kriech in den großen Waschkessel mit Holzdeckel." Er verschwindet im Keller. Unser-Junge bleibt dieses Mal ohne Widerstand im Bett. Eva und Trudel sollen sich im Hof verstecken. Da klingelt es schon an unserer Tür. Die Russen gehen durch die Räume, schauen sich überall um. Amu beginnt Russisch mit ihnen zu sprechen. Ein Lächeln huscht über das Gesicht des Kommandeurs. Er will wissen, woher wir kommen. Wir sollen ihm und seinen fünf Begleitern Kaffee kochen. Sie wollen sich bei uns ausruhen. „Wir haben keinen Kaffee", sagt Tante Thea. „Kein Problem! Wir besorgen welchen aus anderen Häusern, auch etwas zum Essen." Jetzt sitzen sie schon fast zwei Stunden in der Küche. Sie reichen mir auch ein Stück Brot. Ich will es nicht nehmen. Einer von ihnen hat eine Kamera irgendwo kassiert. Er versteht sie nicht zu öffnen. Amu zeigt ihm, wie man damit umgeht. – Bis Tante Thea ihnen Kaffee nachfüllt, gehen Amu und ich schnell in den Hof. Leise rufen wir: „Trudelchen! Evachen! Wo seid Ihr?" Da raschelt es im Kaninchenstall im Stroh. Ein Finger steckt sich durch den Maschendraht. „Hier, Tante Lenchen!" Wir müssen lachen. „Bleiben sie noch lange?" fragen beide. „Unsere Beine schlafen schon ein!"

Das alte Ehepaar, dem dieses Häuschen gehört, will wieder hierher zurückziehen. Wir müssen uns nach einer neuen Bleibe umschauen und haben auch schon etwas gefunden. Knapp fünf Minuten von hier entfernt liegen, versteckt hinter wilden Rosenhecken, ein flacher Bunker und ein Luftschutzgerätehaus. Onkel Arved hat das Grundstück mit beiden Häuschen für fünf Jahre gepachtet. Seitdem sind wir beschäftigt, sie bewohnbar zu machen. Im Bunker sind schon Fenster eingebaut. Heute gießt Onkel Arved den Fußboden. Unser-Junge und ich isolieren im Bretterhäuschen die Wände. Unsere Arme und Beine sind von der Glaswatte völlig zerstochen. Es ist bereits halb acht Uhr abends. Gleich wollen wir Feierabend machen. Da kommt Trudel angerannt. Schon von weitem schreit sie aufgeregt: „Der Onkel Kosta ist da!“ Wir sausen nach Hause. Ich traue meinen Augen nicht! Da sitzt Papa in seiner alten Uniform. Dicki jault vor Freude, springt an ihm hoch und leckt ihm die Ohren. Später frage ich: „Hast Du Teddy Peter wieder mitgebracht?“ „Ja“, sagt er und zieht ihn aus einer alten Wehrmachtstasche. Dann fährt er fort: „Leider hatte er eine Bauchoperation. Die Engländer hatten in seinem Inneren versteckte Goldringe vermutet.“ „Das macht nichts“, sage ich. „Den Bauch werde ich zusammennähen. Hauptsache, Du bist wieder da.“
Dann erzählt uns Papa von seiner Gefangenschaft bei den Engländern. Er war in einem Lager in Schleswig-Holstein untergebracht. Sie haben im Schafstall geschlafen und mußten tagsüber auf den Feldern Rüben verziehen. Einmal bekam sogar jeder Gefangene eine Dose Cola-Schokolade von den Engländern geschenkt. Papa hatte sie unter seinem Schafsfell, auf dem er schlief, versteckt. Er wollte sie für uns Kinder aufheben. Aber die hungrigen Kameraden haben die Schokolade heimlich aufgegessen und die Dose mit Lehm gefüllt.
Da Papa in den Westen entlassen wurde, darf er jetzt nur dort leben. Er hat vorübergehend Arbeit im Harz gefunden. Nun will er uns in die britische Besatzungszone holen. Freitag müssen wir über die Grenze. Und heute ist schon Dienstagabend.

Ende September 1945 heißt es wieder Abschied nehmen. Gibt es je ein Wiedersehen? Jeder von uns kann nur einen Rucksack und eine Tasche mitnehmen. In die Hutpaudel tun wir das Essen. Unter dem Hemd tragen wir einen Brustbeutel. In den Mantelkragen und in die Säume ist Schmuck eingenäht. Die silbernen Löffel sind zwischen der Leibwäsche im Rucksack

versteckt. Wo bringen wir die große, vergoldete Kelle unter? Papa steckt sie vorne in die Hose. Da wird sie keiner finden.
Bei Aschersleben soll ein guter Übergang über die Grenze sein. Abends treffen wir in der Grenzgaststätte ein. Sie ist fast leer. Amu und Papa schlafen sitzend auf Stühlen. Wir Kinder legen uns auf unsere Mäntel unter den Tisch. Um vier Uhr morgens wecken uns die Eltern. Wir staunen, wie voll der Raum über Nacht geworden ist. Vorsichtig steigen wir über die Schlafenden und machen uns auf den Weg.
Es ist nebelig. Der Gastwirt hatte gesagt: „Gehen Sie immer den Eisenbahnschienen nach. Dann können Sie den Grenzschlagbaum nicht verfehlen." Plötzlich bleibt Unser-Junge erschrocken stehen. Er deutet auf eine Baumsilhouette: „Könnt Ihr es im Nebel erkennen?" flüstert er. „In der Krone schläft ein russischer Soldat." Auf den Gleisen steht ein Güterzug. Wir kriechen unter den Waggons durch. Diese Gefahr scheinen wir überstanden zu haben. Von irgendwo hören wir Stimmen. Bald ahnen wir im Nebel die Umrisse des Schlagbaumes und Wachhäuschens. Wir kommen näher. Im Augenblick kontrollieren die Posten eine Familie, die auch über die Grenze will. Jetzt führen sie sie ins Haus. Einer der Russen fragt die Eltern auf Deutsch, was wir wollen. Papa erklärt ihm, daß er drüben Arbeit hat und uns herüber holen will. „Papiere", sagt der Russe. Papa schaut zu Amu. Leise fragt er sie: „Welchen Ausweis soll ich zeigen?" Er hat noch einen lettischen aus der Heimat, einen deutschen und englische Entlassungspapiere. Vor Aufregung weiß er nicht mehr, in welchem Stiefel welcher Ausweis steckt. In dem Augenblick fährt ein sowjetischer Patrouillewagen vor. Der Kommandant steigt aus, mit ihm fünf schlitzäugige Mongolen. Wachablösung. Er fragt den Posten etwas auf Russisch. Die Eltern verstehen, was er sagt und flüstern uns zu: „Sofort umkehren, und so schnell wir können zur Grenzgaststätte zurück. Sonst werden wir in ein Arbeitslager abtransportiert!"
Es ist noch immer nebelig, für uns ein Glück. Unser-Junge schreit: „Meine Hände sind eiskalt! Ich kann die schwere Hutpaudel nicht mehr tragen. Gleich schmeiße ich sie weg!" Den Hund hat er losgelassen. Ich kann Dicki im Nebel nicht mehr sehen und bin den Tränen nahe. „Dicki! Dicki!" rufe ich nach ihm. Die Eltern fordern mich auf, leise zu sein. Plötzlich ist er wieder neben mir und wackelt fröhlich mit dem Schwanz.

Endlich erreichen wir die sichere Gastwirtschaft. Der Wirt serviert uns eine dünne, warme Suppe. Dicki trinkt eine Schüssel mit Wasser leer. Man rät uns, den Übergang im Harz zu versuchen.
Die Menschen hängen wie Trauben an den Zügen. Personenwagen werden schon lange nicht mehr eingesetzt, nur noch Vieh- und Gepäckwaggons. Es wäre ein Wunder, wenn wir alle mitkämen. Doch es gelingt. Jetzt sind wir in Wernigerode. Papas frühere Büroangestellte, Fräulein Krakauschke, ist hierher geflohen. Durch sie hatte Papa unsere Erfurter Adresse bekommen. Wir gehen zu ihr. Vielleicht können wir dort übernachten. Aber sie teilt ihr Zimmer schon mit noch einer Dame. Also zurück zum Bahnhof.
Bald wird es Nacht. Papa spricht einen Wachposten auf Russisch an. Der wundert sich: „Woher kannst Du Russisch sprechen? Papiere!“ Papa hat Angst, daß ihm die Entlassungspapiere fortgenommen werden. Wenn sie herausfinden, daß er im Krieg Dolmetscher für Russisch und Funker war, ist er verloren. Wir sind verzweifelt. Ein Zug fährt ein. Der Posten wird dort hingerufen. Vorher befiehlt er noch Papa, sich nicht von der Stelle zu rühren, bis er wiederkehrt. Aber wir laufen mit unserem Vater schnell in den Bahnhofsbunker. Dort hocken oder liegen viele Menschen auf dem Boden, umgeben von ihren Bündeln. Papa kauert sich in eine Ecke. Wir setzen uns auf unsere Rucksäcke direkt vor ihn. Der Russe kommt während der Nacht öfter hinein, schaut in die Runde und kann unseren Vater nicht entdecken.
Amu sagt: „Ganz gleich, wohin der erste Zug am Morgen fährt, wir müssen versuchen mitzukommen.“ So landen wir in Magdeburg. Hier wohnt eine Tante von uns. Aber wir dürfen den Bahnhof nicht verlassen. In der Stadt herrscht Typhus. Sämtliche Bahnsteige sind gechlort. Der Hund hat davon rosa, zerfressene Fußballen. Er kann kaum noch laufen. Wenn er mit seinen Pfoten an unsere Kleider kommt, gibt es im Stoff helle Flecken.
Auf den Bahnsteigen stehen Massen von Menschen. Es ist uns klar, wir müssen uns in zwei Gruppen teilen: Männer und Hund und Amu und ich. Irgendwann wollen wir uns in Halberstadt wieder treffen. Ein Zug fährt ein. Amu und ich kommen in einen Sog und landen in einem schmalen Gepäckabteil. Ich ersticke fast, weil ich klein bin und von den anderen Erwachsenen beinahe erdrückt werde. Ich beginne zu schreien. Da schnappt mich ein Mann und setzt mich ganz oben auf die Pakete. So gut fuhr ich lange nicht mehr! Trotzdem, die Fahrt wird aufregend. Wir hören hinter der Tür Schreie. Plünderer sind aufgesprungen. Sie bedrohen die Flüchtlinge mit Revolvern und schmeißen deren letzte Habseligkeiten auf die Strecke. Wir

verhalten uns still. Wenn sie die Tür zum Paketabteil entdecken, sind wir verloren. Aber es geht alles gut. In Halberstadt treffen wir unsere Beiden mit Hund wieder. Sie waren im selben Zug. Aufgeregt erzählen sie ihre Erlebnisse. Der Zugschaffner hatte in Magdeburg unseren Hund entdeckt und ihn zum Hundeabteil geführt. Es befand sich im ersten Wagen, gleich hinter der Lok. Es war sehr niedrig, fünfzig Zentimeter hoch, fünfzig Zentimeter breit und so lang, wie die Waggonbreite. Zuerst schoben Papa und Unser-Junge den Hund hinein, dann das Gepäck. Zum Schluß krochen beide auch noch hinein. Dann zog Unser-Junge das Gittertürchen zu. Das Schloß schnappte ein. Der Zug fuhr noch nicht. Die Lok qualmte. Beide rüttelten wie wild am Gitter. Eine Dame fragte: „Ist da drinnen noch Platz?“ „Ganz verrückt geworden“! schrieen beide. „Holen Sie schnell den Schaffner, daß er die Tür wieder öffnet! Sonst ersticken wir!“ Gott sei Dank! Er kam. Während der Fahrt steckten sie abwechselnd ein Bein hinaus, damit die Tür nicht wieder zufallen konnte. Manchmal auch den Kopf, um Luft zu holen.

Seit einer Woche sind wir unterwegs, ohne die Kleider zu wechseln. Heute übernachten wir in einem Kloster. Papa und Unser-Junge haben es sich im Vorraum in einem Luftschutzschrank einigermaßen bequem gemacht. Amu und ich könnten uns diese Nacht sogar in ein doppelstöckiges Bett legen. Aber die Matratzen sehen schmutzig aus. Wir fürchten, daß wir in den Betten Läuse bekommen könnten. Deshalb setzen wir uns lieber vor die Betten auf unsere Rucksäcke.
Ich habe wunderbar geschlafen. Über Nacht ist der Raum mit Menschen voll geworden. Amu krabbelt auf allen Vieren auf dem Fußboden. „Was ist los?“ frage ich. „Mir ist mein Trauring weggerollt. Ich hatte ihn mit dem Strumpfband festgeknöpft.“ Wir suchen jetzt beide und finden ihn wieder.

Eine Asphaltstraße führt durch den Wald zur Grenze. Unzählige Menschen gehen diesen Weg. Wir kommen zu einer ausgeholzten Schlucht. Dort ist schon der Schlagbaum zu sehen. Auf der einen Seite stehen russische Wachposten, auf der anderen englische. Letztere sagen: “Yes, you can come!“ Der Russe schreit: „Zurüüüük!“ Nach einer Weile sind die Menschen wieder an den Schlagbaum vorgerückt. So geht es seit Stunden, ein Vor und Zurück, wie bei einer Polonaise. Wenn es dem Russen gefällt, öffnet er den Schlagbaum und läßt ein paar Leute durch. Heute scheint er nicht viel Lust dazu zu haben.

Es ist bereits Nachmittag. Im Wald treiben sich unheimliche Typen herum. Wir haben gehört, daß sie bei Dunkelheit die Grenzgänger überfallen. Zwei unterhalten sich über unsere Hutpaudel. Dabei haben wir darin nur unser Essen verstaut. Drei Krankenschwestern kommen mit Verwundeten zum Schlagbaum. Sie verhandeln mit den Posten. Wir nutzen die Ablenkung und schlagen uns seitwärts in den Wald. Ab und zu hören wir Schüsse. Auf dem Po rutschen wir, möglichst flach am Boden, die ausgeholzte Schlucht hinunter. Dann rennen wir im Niemandsland geduckt durch niedriges Gestrüpp. Wir sehen ein Schild. Hier beginnt die englische Zone. Hurra! Es ist geschafft! Wir fallen uns um den Hals und küssen uns. Busse nehmen die Grenzüberläufer nach Bad Harzburg mit. Dort werden wir im Lager registriert und bekommen etwas zu essen.

Jetzt leben wir im Harz in Herzog Juliushütte. Es ist ein ehemaliges Hüttendorf. Papa ist froh, daß er zur Überbrückung eine Anstellung bei der Karpaten-Öl-Aktiengesellschaft gefunden hat. So kann er ohne Verdienstausfall warten, für welche Stadt er eine Konzession zur Wiedereröffnung des Geschäftes bekommt. Er arbeitet hier als eine Art „Tagwächter". Vier - bis fünfmal täglich muß er eine Runde über den großen Maschinenlagerplatz machen. Trotzdem wird viel geklaut.

Während des Krieges ist in Herzog Juliushütte keine Bombe gefallen. Wir sind hier die ersten Flüchtlinge. Wenn ich mit meiner mit Fell besetzten Ledermütze ins Nachbardorf Astfeld zur Schule gehe, schreien die Kinder mir nach: „Russe! Russe!" Manchmal werfen sie auch mit Steinen nach mir oder spucken mir ins Gesicht. Ich gehe meinen Weg dann weiter, als wären sie gar nicht da. Ich glaube, mein Bruder hat ähnliche Erlebnisse, obwohl wir nicht darüber sprechen. Aber wenn es ihm zu bunt wird, holt er aus.
In der Dorfschule werden zwei Klassen gleichzeitig in einem Raum unterrichtet. Oft ist mir der Lehrstoff aus Posen bekannt. Die Kinder ärgern sich, wenn ich gute Zensuren bekomme. Die Jungen machen Blödsinn im Unterricht. Wenn bei ihnen zu Hause geschlachtet wurde, bringen sie Schweineringelschwänzchen mit. Die versuchen sie jemandem anzustecken, sogar dem Lehrer. Ein Glück, das haben sie bei mir nicht versucht!

Der Winter 1945/46 ist streng. Wir bewohnen zur Untermiete eine winzige Wohnküche und eine kleine, unbeheizbare Schlafkammer mit zwei Betten. Sie ist jetzt im Winter eiskalt. Dafür ist die Wohnküche um so heißer. Papa

und Unser-Junge sorgen dafür, daß im Herd immer ein Feuerchen bollert. Wenn es dunkel wird, ziehen sie mit Rucksäcken auf die Schienengleise und sammeln, was die Bahn an Kohlen verloren hat.
Bald ist Weihnachten. Auf den Spaziergängen durch den Wald haben wir uns ein kleines Edeltännchen „vorgemerkt". Nun haben es unsere beiden Männer organisiert. Es steht vor uns auf dem Eßtisch, ist höchstens vierzig Zentimeter hoch. Wir sitzen um das Bäumchen und basteln Weihnachtsschmuck. Alten Draht drehen wir über Dreikantfeilen zu Eiszapfen. Papa schneidet aus gefundenen Dosendeckeln Sterne, die auf einer Seite silbern und auf der anderen golden glänzen. Unser-Junge gießt aus gefundenen Kerzenstummeln Weihnachtslichter. Es ist gemütlich.

Seit Ostern besuche ich in Goslar die Oberschule. Morgens fahren Unser-Junge und ich gemeinsam mit dem Zug zur Stadt. Nach Hause laufe ich gerne durch den Wald.
Die Gegend ist hier wunderschön. Oft machen wir große Spaziergänge mit unserem Hund. Eine kleine Entschädigung dafür, daß er nachts nicht bei uns sein darf. Anfänglich mußte er im Stall schlafen, wahrscheinlich um die Schweine des Bauern zu bewachen, damit sie nicht geklaut werden. Dort heulte und kratzte er die ganze Nacht, hat sich zwei Eckzähne abgebrochen. Jetzt haben wir eine andere Lösung gefunden. Papa bringt Dicki zur Nacht ins Büro seiner Arbeitsstelle, mit Erlaubnis des Chefs. Leider wird dort schon um zwanzig Uhr die Tür geschlossen. Deshalb geht Papa morgens eine halbe Stunde früher hin, um eventuelle Pfützen aufzuwischen.
Neulich wurde beim Bürgermeister eingebrochen. Dicki wurde von der Polizei als Fährtenhund geholt, um die Diebe ausfindig zu machen. Aber unser Hund führte stattdessen die Beamten in eine kleine Kammer zu Hamstervorräten.

Wir sind im Dorf umgezogen. Jetzt wohnen wir in zwei größeren Zimmern. Unser-Junge und ich suchen mit Begeisterung auf Müllhalden nach brauchbaren Gegenständen. Aus einer Kiste haben wir ein Schränkchen zur Aufbewahrung der Lebensmittel gebaut. Als Türen davor dienen zwei Holzschilder mit der Aufschrift „Männer" und „Frauen". Braun gebeizt, die Beschriftung nach innen angebracht, sieht es recht gut aus. Wir haben auch schon einen runden Speisetisch. Die Platte besteht aus einem Teil einer großen Kabelrolle, der Fuß ist eine hochgestellte Kiste. Neulich hat uns Herr

Rosenberg besucht. Wir schrieen auf, als er sich, ins Gespräch vertieft, auf den Tisch lehnte. Die Platte ist nämlich nicht festgenagelt.
Allmählich kommen immer mehr Flüchtlingsfamilien in unsere Gegend. Wir Vertriebenen halten zusammen. Amu benäht verschiedene Familien, die im Schloß einquartiert sind. Dafür bekommt sie „Fressalien".

Frühjahr 1946 bekommt Papa eine Konzession für Hannover. Er und Unser-Junge ziehen dort zunächst in ein möblierten Zimmer. Hannover ist stark zerbombt. Es gleicht einem Trümmerhaufen. Es ist schwer, eine Wohnung zu finden. Papa war auf dem Rathaus. Sehr zögernd haben sie ihm zwei Klassenzimmer in einer ehemaligen Schule angeboten. In Hannover-Linden wird sie von manchen Leuten „Räuberburg" genannt, weil in dem Haus viele Asoziale Unterkunft gefunden haben. Papa und Unser-Junge sind bemüht, diese zwei ehemaligen Klassenräume für uns bewohnbar zu machen. Sie sichern die Wohnungstür mit Schloß und Verriegelungskette und bauen eine Toilette, Badezimmer und Küche ein.
Jetzt ist es so weit. Die Beiden führen uns in unser neues Heim. Über der offen stehenden, breiten Eingangstür befindet sich ein Steinschild. Darauf steht in Frakturbuchstaben eingehauen: „Gott segne Euern Ein- und Ausgang". Ein Nachbleibsel aus der Schulzeit. Auf den Stufen vor der Tür sitzen dicht gedrängt viele Bewohner. Sie machen uns keinen Platz zum Durchgehen. Wir steigen über sie hinweg. Im Parterre wohnen Zigeuner. Zwei bildschöne, junge Männer werfen Messer in eine Tür. Unser-Junge flüstert mir zu: „Neulich hatten sie ein Pferd in der Wohnung!" „Wohnung" kann man wohl kaum zu diesen Räumen sagen. Überall stehen – soweit vorhanden – Türen offen. Auf Stroh liegen schmutzige Kinder, manche nur im Hemd. Von irgendwo her schallt laut aus einem Radio der Schlager „Die Capri-Fischer". Ein junges Mädchen im Unterrock singt mit. Gleichzeitig rührt sie in einem Kessel, der auf dem Herd steht. Andere Frauen sitzen daneben und rauchen. Wir kommen in den zweiten Stock. An einer Tür steht das Namensschild „Konstantin Winkhardt". Wir treten in unsere Wohnung ein. Die Räume sind riesig, die Decke sehr hoch. Der hintere Raum ist durch eine halbe Wand nochmals aufgeteilt. Vor dem Fenster stehen ein Tisch und vier Stühle. Leider kann man durch das Notglas nicht auf die Straße schauen. Deshalb öffne ich einen Fensterflügel. Das Nachbarhaus wurde vollständig zerstört. Die Trümmer liegen noch bis zur ersten Etage. Ein kleines Mädchen krabbelt zwischen dem Schutt. Dann zieht es die

Schlüpfer herunter und hockt sich hin. „Oh", sage ich glücklich zu meinem Bruder, „dort wachsen sogar rosa Blumen zwischen den Steinen." Er schaut hinunter. „Ja", sagt er, „man nennt sie Trümmerblumen."

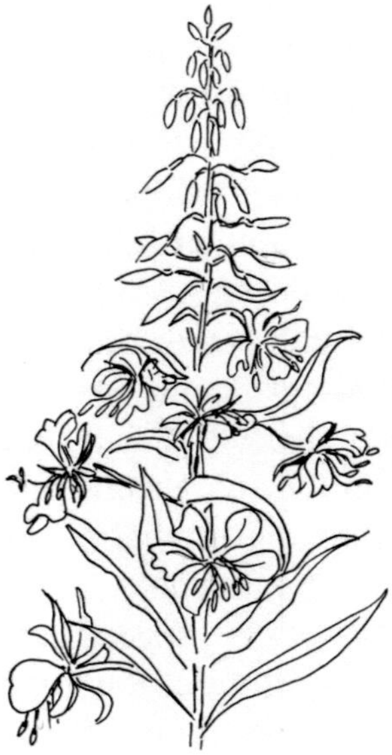

Ich schaue in die Welt

Ich schaue in die Welt;
In der die Sonne leuchtet,
In der die Sterne funkeln;
In der die Steine lagern,
Die Pflanzen lebend wachsen,
Die Tiere fühlend leben,
In der der Mensch beseelt
Dem Geiste Wohnung gibt;
Ich schaue in die Seele,
Die mir im Innern lebet.
Der Gottesgeist, er webt
Im Sonn'- und Seelenlicht,
Im Weltenraum, da draußen,
In Seelentiefen, drinnen. -,
Zu Dir, oh Gottesgeist,
Will bittend ich mich wenden,
Daß Kraft und Segen mir
Zum Lernen und zur Arbeit
In meinem Innern wachse.

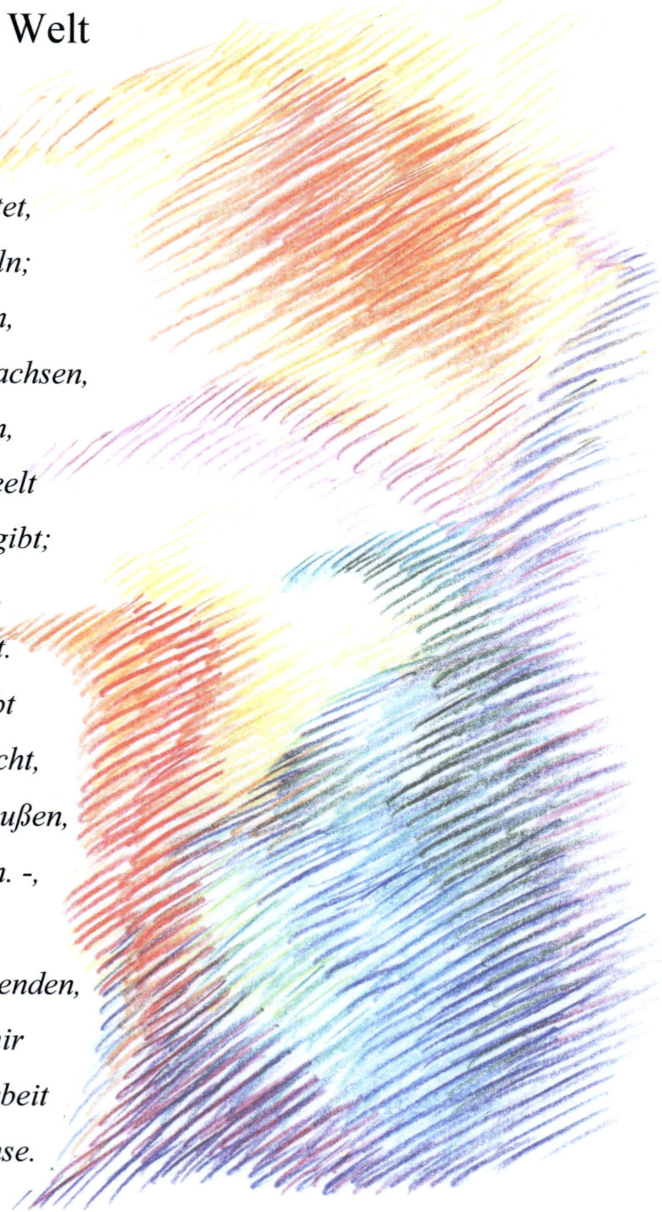

Vor Beginn des Unterrichtes sprechen wir diesen Morgenspruch gemeinsam im Klassenraum, stehend, mit gefalteten Händen. Währenddessen schaue ich aus dem Fenster auf den Maschsee. Bei jedem Wetter ändert sich das Wasser. Einmal sieht es farblos grau aus, wie der Himmel, dann, bei

leichtem Wind, kräuselt sich die Oberfläche. Wenn es gewittert, wird der See unheimlich. Hohe Wellen überschlagen sich. Heute leuchtet er blau, wie der Himmel. Die Sonne scheint.
Seit wir in Hannover wohnen, besuchen mein Bruder und ich gemeinsam die Freie Waldorfschule. Herr Reinfeldt, der Leiter der Baltengruppe, gab den Eltern den Rat. Er schickt ebenfalls seine Kinder dort hin. Die staatlichen Oberschulen sind alle überlaufen. Das Schulgeld für die Freie Waldorfschule ist zwar nicht billig, aber für die Reichsmark kann man sowieso nicht mehr viel kaufen. Außerdem bekommen Geschwister Schulgeldermäßigung. Seitdem wir auf dieselbe Schule gehen, rufe ich meinen Bruder nicht mehr „Unser-Junge", sondern bei seinem Namen „Hjalmar". Sonst würde er sicherlich von den Klassenkameraden gehänselt werden.
Die Freie Waldorfschule ist eine durchgehende Volks- und Oberschule für Mädchen und Jungen. Während der nationalsozialistischen Zeit war sie in Deutschland verboten. Die Unterrichtsmethoden sind anders als an den staatlichen Schulen. Hier werden die musischen Talente der Schüler besonders gefördert. Der geistige Vater der Freien Waldorfschule ist Rudolf Steiner. Sein Photo hängt in jedem Klassenraum. In langweiligen Unterrichtsstunden schaue ich es mir genau an. Anfänglich wollte ich nicht glauben, daß es wirklich das Photo eines Mannes ist. Seine glatten Haare fallen bis auf die Schultern. Unter dem weißen Bubikragen trägt er eine Schleife, wie ich sie als kleines Mädchen auf dem Kopf hatte.
Eigenartig ist die Form des Bilderrahmens. Er hat keine harten Ecken, ist asymmetrisch aus Holz geschnitzt. Ich frage unseren Werklehrer, Herrn Riedel, warum das so ist. „Hat der Weltenraum Ecken? Wächst der Baum steif und kantig? Vieles in der Natur ist weich, fließend und harmonisch", gibt er mir zur Antwort.
Auch Goethes Dichtungen und Lehren werden an dieser Schule besonders verehrt und gelehrt.

Wir sind Wanderklasse. Immer wieder müssen wir in den Raum ziehen, aus dem eine andere Klasse während dieser Zeit zum Sport oder zur Eurhythmie geht. Auf unserer Wanderschaft kommen wir in den Keller. Ich stehe fassungslos vor der Wandtafel. „Wer hat das gemalt?" stammele ich. „Herr Zimmer", sagt ein Mädchen neben mir. „Er hat im Krieg den rechten Arm verloren. Deshalb malt er die Schraffuren von links oben nach rechts unten mit der linken Hand." Das Bild ist ein Flimmern und Farbenleuchten.

„Herr Riedel sagt“, fährt das Mädchen fort, „kein Gegenstand ist in Wirklichkeit durch eine Linie begrenzt. Er schwebt und schwingt frei. Wir dürfen nicht mit Bleistift vorzeichnen, nur schräg schraffieren.“ Ich kann auf dem Bild einen Regenbogen über einem Haus mit Garten erkennen. Das muß ich auch versuchen, gleich in der Englischstunde. Die Lehrerin merkt bestimmt nicht, wenn ich male. Wir sind fünfundfünfzig Kinder in der Klasse. Einige sind sehr unruhig während des Unterrichtes.
Heute haben wir in der fünften Stunde Eurhythmie. Wer keine Eurhythmieschuhe hat, wird nur auf Strümpfen oder barfuß in den Saal gelassen. Wir stellen uns hintereinander auf, die Hände über der Brust gekreuzt. Am Klavier sitzt ein winziges Dämchen, lächelt uns freundlich zu und spielt Chopin. Es ist unsere Französischlehrerin. Früher soll sie am Theater gewesen sein. Ihr Gesicht wirkt maskenhaft. Haare und Augenbrauen sehen aus, wie mit lila Tintenstift gefärbt. Hintereinander gehen wir dreimal im Kreis, mit gekreuzten Armen über der Brust. Plötzlich rennen alle, angeführt von Herrn Reipert, unserem Lehrer, zum Mittelpunkt des Raumes und rufen laut: „Wir“ oder „Wieder“. Dabei werfen wir den rechten Arm schräg nach vorn. Dann laufen alle wieder auseinander, heben dabei den linken Arm hoch und rufen dasselbe undefinierbare Wort. Diese „Zeremonie“ wiederholt sich noch zweimal. So beginnt immer die Eurhythmiestunde.
Weiter geht es mit Toneurhythmie nach Melodien von Mozart. Die Kinder heben beidseitig die Arme in verschiedene Höhen über und neben den Körper. Ich schaue nach rechts, dann nach links, begreife nichts. Es kümmert sich keiner um mich. Danach kommt die Worteurhythmie. Herr Reipert liest ein Gedicht von Goethe vor: *„Ich ging im Walde so für mich hin, und nichts zu suchen, das war mein Sinn…“* Jeder soll sich zu diesen Worten bewegen. Jetzt komme ich dran. „Ich kann das nicht“, sage ich. „Ich bin neu“. „Das macht nichts. Denke Dir Bewegungen zu den Worten aus“, fordert mich Herr Reipert auf. Amu hat mir aus ihrem grün-weiß gestreiften Pyjama ein Kleid mit weißem Bubikragen genäht. Wenn ich die Arme hebe, geht das Röckchen mit. Die Jungen sitzen hinter mir, tuscheln und kichern.

Unsere Klassenlehrerin heißt Fräulein Baumann. Sie hat ihre Haare oben zum Dutt zusammengesteckt. Er erinnert an den Zwiebelturm einer russischen Kirche. Meistens trägt sie eine ungarische, gestickte Bluse. Da wir viele in der Klasse sind, ist es oft sehr laut. Fräulein Baumann ist dann verzweifelt. Manchmal schreit sie laut: „Ruhe!“ Die Tränen kullern ihr über das Gesicht. Danach ist es mäuschenstill. Einige Schüler müssen aufpassen, daß sie nicht vor Lachen rausprusten. Zu jenen gehöre auch ich.

Im Oktober ist Michaelis. Wir haben eine Monatsfeier. Die Eltern werden dazu eingeladen. Jede Klasse führt etwas aus dem Unterricht auf.
Fräulein Baumann kann sehr gut dichten. Sie hat ein Stück geschrieben: „Herakles am Scheidewege." Zwei Göttinnen versuchen, den Held auf ihre Bahn zu locken. Hermann Stumme soll Herakles sein. Heute wollen wir mit den Proben beginnen.
„Caritas, Du hast eine klare Aussprache. Komm vor die Klasse. Du könntest die eine Göttin spielen. Dabei mußt Du versuchen, den Herakles mit Deinen Armen zu locken." Ich gehe nach vorne und sage*: „Herakles, Herakles, junger Mann, schau' mich doch einmal richtig an! Ich bin so schön und tugendreich! Ich bin wohl einer Göttin gleich!"* Abwechselnd schiebe ich den rechten und linken Arm unter Hermanns Kinn. Weiter komme ich nicht. Die Klasse tobt vor Lachen. Fräulein Baumann kullern die Tränen. Dieses Mal aber nicht aus Wut. Sie winkt ab. Annemarie soll es probieren.

1946 ist ein heißer Sommer. Amu nimmt tagsüber die Laken von den Betten und tunkt sie in kaltes Wasser. Sie wringt sie aus und hängt sie vor die hohen Fenster. Dann ist die Luft besser zum Atmen.
Nur gut, daß jetzt wieder jeder ein eigenes Bett hat. Die Eltern bekamen auf Bezugscheinen weiße Metallbettgestelle zugeteilt. Hjalmar und ich schlafen auf hölzernen Luftschutzbetten. An Stelle von Matratzen haben wir Strohsäcke. Papa erzählt immer wieder von seinen Kriegserlebnissen. Einmal hatte er im Feld eine Maus in seinem Strohsack. Sie soll so geraschelt haben, daß er nicht schlafen konnte.

Ich habe in der „Räuberburg" einen Raum für mich allein zum Schlafen. Die Zwischenmauer zur Nachbarwohnung haben Hjalmar und Papa hoch gemauert, da sie völlig zerstört war. Amu schlug die Hände über dem Kopf zusammen, als sie die Wand sah. „Mein Gott", rief sie, „Ihr habt die Steine nicht versetzt! An dieser Mauer darf das Kind nicht schlafen!" Doch die Wand steht noch immer.

Oft haben wir Hunger und können kaum die nächste Mahlzeit erwarten. Am Herrenhäuser Pavillon gibt es markenfrei Buttermilch zu kaufen.

Manchmal fahren wir deshalb extra dort hin. Wenn Amu das Brot nimmt, in gleichmäßigen Abständen die Markierungen für die Scheiben auf den glänzenden Laib ritzt und sie zählt, schauen wir gebannt zu. Papa erzählt, seine Mutter habe immer erst ein Kreuz mit dem Messer auf das Brot gezeichnet, ehe sie es anschnitt.
Beim Bäcker „Wucherpfennig“ gibt es für die doppelte Menge an Weißbrotmarken „Amibrötchen“. Sie sind fast weiß und schmecken himmlisch. In den Läden, in denen man Kunde ist, erhält man manchmal auf Kundenkarten Extrazuteilungen. Deshalb hat Amu zwei Familienmitglieder in einem Geschäft, die zwei anderen beim nächsten Kaufmann anschreiben lassen. Manchmal gibt es auf der Kundenkarte ein Päckchen kochfertige Suppe oder ein Heißgetränk. „Stell Dir vor“, sagt mein Bruder zu mir, „Tengelmann hat Bananenheißgetränk! Weißt Du überhaupt, wie Bananen schmecken?“ „Nein“, sage ich. „Aber ich erinnere mich, daß ich in Riga auf dem Bahnhof an einem Stand welche gesehen habe.“ Amu ist einverstanden, daß wir das Getränk an Stelle einer kochfertigen Suppe kaufen. Hjalmar öffnet die Flasche. Er riecht zuerst daran und seufzt: „Wunderbar! Ganz echt!“ Dann schiebt er sie mir unter die Nase. Wir holen uns Löffel und probieren das Getränk. Wirklich einmalig!

Unser Hund ist so hungrig, daß er jeden Dreck fressen will, den er auf der Straße findet. Zwar bekommt er auf Hundelebensmittelkarten eine Zuteilung Futter, aber das ist zu wenig für das große Tier. Manchmal steht Papa sehr früh am Morgen auf, um sich beim Schlachthof für Fleischabfälle für Dicki anzustellen. Amu geht ihn einige Stunden später ablösen. In der Reihe steht auch immer ein „Katzenvater“, der für seine neun Lieblinge Futter holt. Schlangestehen gehört zur Alltäglichkeit, ob für ein Tier oder den Menschen. Es wird höllisch aufgepaßt, daß sich keiner vordrängelt. Manche Frauen stricken im Stehen. Die neuesten Nachrichten werden ausgetauscht. Flüchtlinge treffen sich zufällig, die aus derselben Gegend kommen. Sie haben das Gefühl, ein Stück Heimat wiedergefunden zu haben.

Papa hat seine Werkstatt im Keller eingerichtet. Einige Kunden kommen schon. Es sind keine großen Aufträge, die er bekommt, aber er nimmt jede Arbeit an. Zurzeit gibt es keine Kochtöpfe zu kaufen. Viele Hausfrauen bringen ihre alten, die manchmal wie ein Sieb aussehen. Papa muß sie löten. Früher war er Chef, jetzt muß er alles selber tun. Er stellt die Familie an,

ihm zu helfen. Einer muß die Lötlampe immer wieder aufpumpen, damit sie nicht erlischt. Die Flamme fasziniert mich: zartes Violett, helles Gelb, Grün, Orange… Zwei von uns halten den Topf. Papa lötet. Danach kommt die Wasserprobe. Amu hält den Topf hoch. „Halt!“ schreien wir. „Schnell ausgießen!“ Es leckt. Papa geht leise lachend daran, die Lötstelle wieder bis zum Loch abzufeilen. Die Prozedur beginnt von vorne. Manche Töpfe haben fünf, ja wir hatten schon welche mit vierzehn Löchern! Amu meint, das kommt davon, daß die Frauen in Deutschland zu viel scheuern.
Am meisten verdient Papa, wenn er reinigen geht. Er sieht dann fast wie ein Schornsteinfeger aus. Über den Arm hängt er eine meterlange, zusammengerollte Spirale, die vorne drei Klauen hat. Manchmal muß Hjalmar assistieren, wenn irgendwo ein Klo oder Waschbecken verstopft ist. Sobald sie zu Hause sind, ziehen sie sich sofort die stinkenden Arbeitskleider aus und waschen sich tüchtig. Lachend erzählen sie dann, was sie alles herausgeholt haben. Amu ist unglücklich, daß wir diese Arbeiten bekommen. Manchmal ruft sie verzweifelt aus: „Mit diesem Dreck kommen sie zu uns! Die Aufbauarbeiten lassen sie von ihren einheimischen Handwerkern machen.“

„Hilf uns hier kämpfen, die Feinde dämpfen, St. Michael!“
Das ist der Refrain aus dem Michaelislied. Morgen werden es alle Klassen gemeinsam bei der Monatsfeier singen. Die letzten Tage haben wir immer wieder diesen Kampf gemalt. Nicht, wie Michael den Drachen tötet, nein, Hell und Dunkel mußten miteinander kämpfen. Jeder bekam drei Näpfchen mit den Farben rot, gelb und blau. Ein Blatt Papier wurde in einen Eimer getaucht und naß über den Tisch geklatscht. Es ist erstaunlich, wie die Farben auf dem feuchten Papier ineinander laufen und sich mischen. Ich bin hier lange nicht die Beste im Malen. Bei manchen werden die Bilder so farbig, wie Ausschnitte aus einem Regenbogen. Wenn meine Farben auftrocknen, sind sie zart. Außerdem ist bei mir das Licht durch Gelb viel stärker vertreten, als die Finsternis durch Blau.

Hjalmar graust es vor morgen. Am liebsten würde er schwänzen. Seine Klasse führt Eurhythmie auf. Er findet dieses „Rumgehopse“ in Nachthemden für Jungen albern. Die Aufführungen finden immer auf der Bühne in der Pädagogischen Hochschule statt.
Ich komme allmählich hinter die Geheimnisse dieses Faches. Für jeden Buchstaben gibt es eine entsprechende Arm- und Handhaltung. So kann

man die Worte durch verschiedene Bewegungen buchstabieren, dadurch Gedichte darstellen. Es gibt mehrere Ausdrucksmöglichkeiten für ein und denselben Buchstaben. Es richtet sich danach, welche Bedeutung im Wort liegt. Beim „traurigen E“ läßt man die Hände gekreuzt nach unten hängen. Abwehr drückt man aus, wenn man die Hände scharfkantig mit Abstand vor dem Körper kreuzt. Bei Ehrfurcht oder Demut legt man sie gekreuzt auf die Brust. „W“ wie „Wasser“ und „Welle“ stellt man mit wellenförmigen Bewegungen dar. Bei „F“ wie „Flamme“ flattern die Hände hoch. „O“ ist immer rund, einmal über dem Kopf, vor dem Bauch, sogar hinter dem Rücken. In der Toneurhythmie stellen wir die Tonhöhen durch verschiedene Armhöhen dar. Dazu kommt noch eine Choreographie. Die Dornacher Eurhythmiegruppe ist sehr berühmt. Wenn sie einmal nach Hannover kommen wird, werde ich sie mir anschauen.

Lehrer, Schüler und Familienangehörige haben sich im Bühnensaal der Pädagogischen Hochschule zur Monatsfeier versammelt. Die Erstkläßler singen ein französisches Lied: „Les petites marionettes“. Dazu drehen sie ihre ausgestreckten Ärmchen hin und her, als hätten sie Kasperlepuppen auf den Händen. Frau Baldschun hat es mit ihnen eingeübt. In dieser Schule lernen auch die Kleinen Fremdsprachen. Wir haben schon Latein und Griechisch bei Fräulein Baumann. Aber wir können leider noch keine Vokabeln. Die griechischen Buchstaben malen wir sorgfältig von der Tafel ab und lernen den Klang der Worte auswendig.

Jetzt ist die dritte Klasse mit einer Aufführung dran. Die Kinder führen in Eurhythmie das Gedicht auf: *„Abends, wenn ich schlafen gehe, vierzehn Englein bei mir stehen…“* Großer Beifall.

Nun müssen wir hinter die Bühne. Fräulein Baumann wickelt Hermann in ein weißes Laken. Er grinst ironisch zu mir herüber. Auch wir anderen, der Chor, sollten uns Laken oder weiße Nachthemden mitbringen. Ich bekomme eines geliehen. Um die Brust werden uns farbige Halstücher geschlungen. „Klasse 5 b zeigt aus dem Geschichtsunterricht ‚Herakles am Scheidewege'.“ Es klappt gut.

Wir sind schon lange wieder im Zuschauerraum, als Hjalmars Klasse auf die Bühne geht. Sie führen in Eurhythmie „Der Zauberlehrling“ auf. Die besten Schüler in den Hauptrollen. Die anderen sind nur Statisten. Doch halt! Mein Bruder hat auch eine Solonummer. Während der Zauberlehrling *„Walle, walle, manche Strecke, daß zum Zwecke Wasser fließe…“* hin- und herläuft, guckt er zur Seite, was die anderen für Bewegungen machen. Dann ahmt er sie nach, während die Gruppe schon wieder bei den nächsten ist. Ein Mädchen, das hinter mir sitzt, stupst mich mit ihrem Finger auf die Schulter: „Dein Bruder verdirbt die Aufführung!“

Winter 1946/47. Im alten Schulhof der „Räuberburg“ steht eine Linde. Lautlos fielen im Herbst die gelben Blätter zu Boden. Es ist kalt geworden. Wir rücken wieder dichter zusammen, bewohnen nur noch einen Raum. Die Zimmerdecke ist hoch, der Ofen heizt schlecht, Brennmaterial ist knapp. Mich friert. Aber Alpenveilchen gedeihen hier prächtig. Ich beobachte ihr Wachsen und freue mich an jeder Blüte.

Unter dem Dach in der „Räuberburg“ wohnt Herr Adler mit seinem Sohn. Beide sind auch Deutschbalten. Im „Adlerhorst“ ist es noch viel kälter als bei uns. So sind Vater und Sohn jeden Abend in unserer Wohnung, um sich aufzuwärmen und sich mit uns zu unterhalten. Obwohl Herr Adler senior einen Sprachfehler hat, kann er wunderbar singen. Er kündigt sein Erscheinen bereits durch lauten Gesang im Treppenhaus an. Jetzt zur Winterszeit singt er aus voller Kehle: *„Holder Frühling, kehr' bald wieder...“* In einer Pappschachtel bringt er seine „Schätze“ mit, die er tagsüber auf der Straße gefunden hat. Meistens handelt es sich dabei um Knöpfe und bunte Wollfäden. Ich beneide Herrn Adler um seine roten und blauen Wollfäden. So schöne finde ich nie.
Sein Sohn Hans-Fred, zurzeit Praktikant, hat den Reißverschluß von seinem Marine-Pullover bis zum Kinn hochgezogen. Zu später Stunde unterhält er sich mit Amu über Rilkes Dichtung. Währenddessen stopft sie meine Strümpfe. Ich liege schon im Bett. Zwischendurch stöhnt Amu auf und jammert: „Ei, jei, jei! Mein Gott! Womit soll ich die Löcher in Carys Strümpfen stopfen?“ Ich rolle mich möglichst klein im Bett zusammen und drehe mich auf die andere Seite.

Amus Motto lautet: „Wenn wir schon nicht genug zum Essen haben, wollen wir wenigstens etwas für den Geist und die Seele.“ Sie hat angestanden nach Eintrittskarten für „Tannhäuser“. Das Opernhaus ist zerbombt. Die Aufführungen finden im ungeheizten Galeriegebäude in Herrenhausen statt. Adlers kommen auch mit. Wir wickeln unsere mitgebrachten Wolldecken um die Beine und Füße und lassen die Aufführung auf uns wirken. Zum

ersten Mal höre ich Wagner und bin von der Musik beeindruckt. Das Bühnenbild vom Venusberg und die Gestalt der Heiligen Elisabeth beschäftigen mich noch lange nach der Aufführung.
In der Pause heißt es „Schlangestehen“ an dem Toilettenhäuschen. Kochfertige Suppen schlagen auf die Blase.

In der Schule gibt es Quakerspeisung. Hjalmar und Giselher von Schwanenflügel sind in der 9. Klasse als die größten Esser bekannt. Wenn es möglich ist, bringen wir in unseren Wehrmachtskochgeschirren etwas von der Speise nach Hause. Papa wartet immer darauf. Er fragt schon morgens: „Gibt es heute weiße Suppe mit Aprikosen und Rosinen oder Erbsensuppe?“ Zu dumm, daß die Straßenbahnen überfüllt sind. Unterwegs verkleckert sich manchmal die Hälfte der Suppe.

Unsere Lehrer bereiten uns Schülern eine Weihnachtsfreude auf besondere Art. Sie spielen die Oberufer Weihnachtsspiele: das Paradeis-, Christgeburt- und Dreikönigsspiel.
Wir stehen ehrfurchtsvoll auf, wenn die verkleideten Lehrer den Saal betreten. *„Unsern Eingang segne Gott, unsern Ausgang gleichermaßen...“* singen sie zur Bühne schreitend. Als Erster geht Herr Dr. Rudolf. Er ist trotz seines blauen Mantels, Bart und Krone durch seine majestätische Ausstrahlung zu erkennen. Herr Kischnik, der Turnlehrer, spielt meistens den Teufel. Schon beim Einzug läßt er keinen Spaß aus. Er springt umher, kitzelt die Kinder mit seinem Schwanz unter der Nase, umarmt junge Mädchen. Fräulein Baumann ist schwer zu erkennen. Vielleicht spielt sie einen Hirten oder auch im Dreikönigsspiel den Mohren. Keine Kulissen, keine Schlange, kein Christkind, das Maria wiegt... Und doch scheint nichts zu fehlen. Wenn Herr Dr. Rudolf als Herodes vom Thron stürzt, starren alle wie gebannt.

Unser Speisetisch steht vor einem Fenster mit sechs kleinen Scheiben aus undurchsichtigem Kunstglas. Heute hat Herr Kahlert, Glasermeister und Balte, eine kleine Scheibe davon durch echtes Glas ersetzt. Welch eine Freude! Jetzt tauschen wir abwechselnd unsere Plätze bei den Mahlzeiten. So kommt jeder einmal in den Genuß hinauszuschauen, was auf der Straße passiert.
Mit Herrn Kahlerts Tochter Evi habe ich mich angefreundet. Wir sind fast gleichaltrig, beide können wir weder Rad fahren noch schwimmen. Als wir

das feststellten, mußten wir lachen und fühlten uns gleich miteinander verbunden. Sie wohnt mit ihrem Vater bei der Großmutter. Ihre Mutter und Geschwister kommen erst nach Hannover nach, wenn ihr Vater eine eigene Wohnung ausgebaut hat. Evi erzählt mir von ihrer Großmutter: „Weißt Du, Cary, meine Großmutter ist sehr streng und ermahnt mich, meine Schularbeiten ordentlich zu machen. Immer wieder bekomme ich von ihr zu hören: „Mein Kind, wenn Du nicht lernen willst, kannst Du nur 00-Tante werden!" Ab jetzt sehen wir uns so oft wie möglich. Samstags darf sie bei uns übernachten. Wir liegen dicht beieinander in einem Bett und flüstern bis in die Nacht.

Heute ist ein heißer Sommertag. Die hohen Steinhäuser und asphaltierten Straßen haben die Hitze gespeichert. Man fühlt sich wie in einem Backofen. Wir entfliehen über die Leinebrücke in den Georgengarten. Manche Wege sind noch durch Stacheldraht von den Besatzungstruppen versperrt. Dahinter stehen Jeeps. Aber teilweise ist der Park schon für Deutsche freigegeben. Wir kommen gerne hier her. Die Bäume sind verwildert. Dichte Heckenrosenmauern, als schliefe hier Dornröschen schon seit hundert Jahren.
Am Tümpel lassen wir uns nieder. Evi und ich streifen die Kleider ab, legen uns im Unterrock in das Gras. Wir beobachten die Libellen über dem Wasser. Amu guckt sehnsüchtig auf das Wilhelm-Busch-Museum am gegenüberliegenden Ufer. Es wirkt ziemlich unbewohnt. Dann meint sie: „Wäre das nicht ein Haus für uns?" „Schön wäre es!", stimmt Papa ihr schmunzelnd zu.

Papa und ich leiden an derselben Krankheit. Wir haben Furunkel. Meistens befinden sie sich im Nacken oder am Po. In letzterem Falle kann man dann nur auf einer Backe sitzen. Herr Dr. Engelbrecht sagt: „Furunkel sind Folgen von Unterernährung." Aber morgen wollen wir auf Klassenfahrt in den Harz. Ausgerechnet jetzt habe ich eins in der Kniebeuge. Trotzdem, ich will mit und fahre auch.
In Scharzfeld wird mein Bein dick und steif wie ein Pfahl. Sigrid begleitet mich zum Arzt. Der Doktor vereist die Stelle und greift zum Messer. Nun bin ich für einige Tage „lahm gelegt" und kann nicht an Ausflügen teilnehmen. Ich sitze in der Nähe der Jugendherberge und schreibe Tagebuch oder skizziere die Landschaft.

Über allen Gipfeln
Ist Ruh,
In allen Wipfeln
Spürest du
Kaum einen Hauch;
Die Vögelein schweigen im Walde.
Warte nur, balde
Ruhest du auch.

Ich mag dieses Gedicht von Goethe, das wir hier gelernt haben. Abends, bei Sonnenuntergang, spüre ich die Ruhe, die in die Natur einzieht. Manchmal stelle ich mich an den Abhang, schließe die Augen und atme tief die Luft ein. Dann öffne ich sie wieder, um den farbigen Abendhimmel, die Berge und das Dorf im Tal zu sehen.

Sonntag ist unser letzter Tag in Scharzfeld. Zu einer Abschlußfeier in der alten Steinkirche sind Bürgermeister, Pfarrer, Lehrer und die Herbergseltern als Ehrengäste eingeladen. Fräulein Baumann hat wieder ein Stück geschrieben, das wir aufführen wollen. Dieses Mal wurde ich nicht als Göttin, sondern als Hexe darin vorgesehen. Ausschlaggebend war dafür mein Humpelbein.

Das Spiel hat begonnen. Ich habe mich in eine graue Wehrmachtsdecke gehüllt und hinke am Stock in den Raum. Die Kinder brüllen vor Lachen. Das steckt an. Fräulein Baumann stürzt auf mich zu und rüttelt mich durch. Ich ziehe die Decke über den Kopf, kann nichts mehr sehen und stolpere. Wütend stößt sie mich zum Ausgang der Steinkirche.

Beim Abendbrot sagt keiner, daß ich die Aufführung verdorben habe. Im Gegenteil, die Klassenkameraden sind alle riesig nett zu mir. Nur Fräulein Baumann dreht den Kopf fort, wenn ich zu ihr hinüberschaue.

Morgen ist Heiligabend. Ich habe meinen Stuhl dicht an den Kohleherd gerückt und stricke aus aufgeräufelten Wollresten Fausthandschuhe für Amu. Bis zum Fest muß ich sie noch fertig bekommen. Komisch, daß der zweite Handschuh bei mir immer eine andere Form bekommt als der erste. Er sieht viel breiter aus. Auch Papa hat seinen Stuhl an den Herd geschoben. Er liest den Hannoverschen Anzeiger. Eine Hand hält er dicht über der Herdplatte, um sie etwas zu wärmen. Plötzlich kommt Amu ins Zimmer. Schnell schiebe ich meine Strickarbeit unter den Po.

„Wie ich sehe, hast Du nichts zu tun“, sagt sie zu mir. „Das Silber muß noch zum Fest geputzt werden.“ Sie holt unsere Löffel, die große Schöpfkelle und den Pokal.
Unlustig verstaue ich mein Strickzeug, hole mir Putzmittel und Lappen. Beginne mit der Arbeit. Wenn ich mir vorstelle, daß wir diese schweren Silberlöffel beim Grenzgang in den Mantelsäumen hatten! Jetzt ist die große Kelle dran. In Erinnerung an ihr Versteck muß ich lachen. Je länger ich putze, desto mehr macht es mir Spaß. Nun putze ich unser bestes Stück, den Pokal. Auf dem Deckel ist ein silbernes Krönchen. Wie ein Abendmahlskelch sieht er aus, innen sogar vergoldet. In eingravierter Schreibschrift ist auf der einen Seite des Bechers zu lesen:

Zum Andenken an 17. Januar 1891 von der Rigaschen Kupferschmiede-Gesellschaft

Auf der anderen Seite des Bechers befindet sich ein Wappen mit einem Kupferkessel, umkränzt von Eichenlaub. Zwei Löwen halten dieses Wappen, über dem eine Krone eingraviert ist.

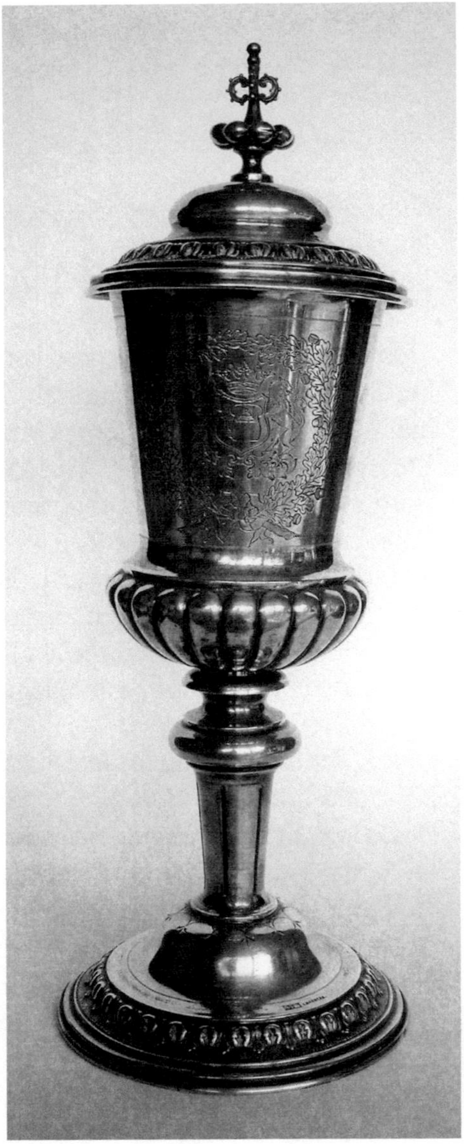

Silberpokal,
Geschenk der Rigaschen
Kupferschmiedegesellschaft, 1891

Wappen der Kupferschmiede

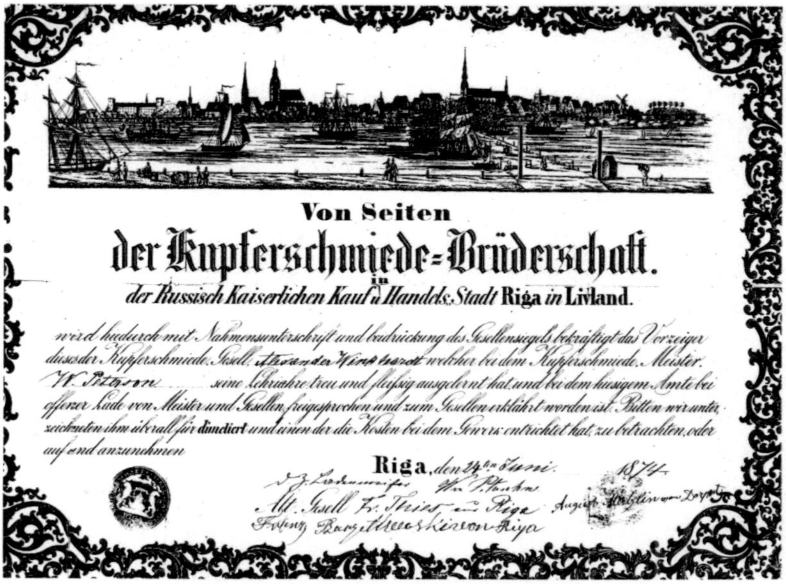

Von Seiten
der Kupferschmiede-Brüderschaft.
in
der Russisch Kaiserlichen Kauf u. Handels-Stadt Riga in Livland.

wird hiedurch mit Nahmensunterschrift und beidrückung des Gesellensiegels bekräftigt das Vorzeiger dieser der Kupferschmiede Gesell Alexander Winkhardt welcher bei dem Kupferschmiede Meister W. Peterson seine Lehrjahre treu und fleissig ausgelernt hat, und bei dem hiesigem Amte bei offener Lade von Meister und Gesellen freigesprochen und zum Gesellen erklährt worden ist. Bitten wir unterzeichneten ihm überall für dimediert und einen der die Kosten bei dem Gewerk entrichtet hat, zu betrachten, oder auf und anzunehmen

Riga, den 24ten Juni 1874.

Gesellenbrief von Alexander Winkhardt 1874

Ich wende mich an Papa. „Warum drehen die Löwen die Köpfe von dem Kupferkessel fort?“ will ich wissen. Er faltet die Zeitung zusammen, kommt zum Tisch, an dem ich putze. Schmunzelnd sagt er: „Die Löwen wenden die Köpfe ab, weil nur Tee im Kessel ist. Ein echter Kupferschmied liebt aber den Schnaps.“ Ich muß lachen. Dann meint er: „Ich finde es toll, daß Mamachen das alles gerettet hat. Trotz aller Sorgen und Not hat sie auch an die Dinge gedacht, die für uns durch die Erinnerung besondere Werte haben. Wenn ich an die alten Filmnegative denke, die sie im Rucksack mitgenommen hat, die Dokumente vom Haus und der Firma... Warte, ich will Dir zwei ganz alte Urkunden zeigen.“ Er geht ins Schlafzimmer und holt aus dem Koffer unter seinem Bett ein kleines Mäppchen. Jetzt komme ich aus dem Staunen nicht mehr heraus.

Papa breitet vor mir zwei vergilbte Urkunden aus. Sie sind mit blauen, ornamentalen Rahmen versehen. Über die Breite des Blattes zieht sich eine Panoramaansicht von Riga mit seinen typischen Türmen. Auf der Düna viele Segelboote, große Dreimaster, sogar ein Raddampfer. Eine breite Brücke führt über den Fluß. Auf ihr und am Ufer Menschen in altmodischer Kleidung. Beides sind Urkunden, die dem Opa Alexander Winkhardt gehörten. Bei der älteren von 1873 [hier nicht abgebildet] steht in verzierter, gotischer Schrift groß geschrieben:

Wir geschworene Aeltermann, Beisitzer und sämmtliche Meister eines löblichen Amtes der Kupferschmiede, Glockengießer, Messerschmiede (Rudler?) in der Kaiserlichen Stadt Riga
thun kund und bekennen hiermit, durch diesen offenen Lehrbrief, daß Inhaber dieses zum Kupferschmiedegesell Alexander Winkhardt welcher bei dem Kupferschmiedemeister Petersohn seine Lehrjahre treu und fleißig ausgelernt hat, bei unserem Amte, bei offener Lade, von Meister und Gesellen freigesprochen und zum Gesellen erklärt worden ist. Zur Urkund dessen, haben wir Aeltermann und Beisitzer diesen offenen Lehrbrief eigenhändig unterschrieben und mit unserm gewöhnlichen Amts-Siegel untersiegelt.
So geschehen zu Riga, den 30. Juni 1873
Aeltermann J. O. Schwenn. *Beisitzer W. J. Taube.*
Beisitzer J. R. Teichmann.

Links neben den Unterschriften prangt ein dickes, rotes Siegel.

Ich bin tief beeindruckt. „Das ist ja der Lehrbrief vom Opa“, sage ich staunend. Schade, daß ich ihn nicht kennengelernt habe. Ich habe überhaupt keinen Opa kennengelernt. Auch an eine Oma kann ich mich nicht erinnern. Amus Mutter starb, als ich zwei Jahre alt war.
„Wenn es Dich interessiert“, sagt Papa, „kann ich Dir noch etwas von meinem Vater zeigen. Jedes Jahr am Silvesterabend zog er sich für einige Zeit in eine ruhige Ecke im Hause zurück und nahm die Hausbibel hervor. Dort trug er auf den letzten Seiten die familiären Ereignisse ein. Hier hat er über mich geschrieben.“
Ich bin fasziniert davon und rücke meinen Stuhl so an den Tisch, daß ich die alte Schrift möglichst gut lesen kann.

Das walte Gott
Am Sonnabend, den 11. Oktober 1903, um 1 Uhr 50 Minuten, wurde uns das sechste Kind, ein Sohn, geboren, Kleine Münzstr. 16, parterre, in der Wohnung neben dem Geschäft. Er wog 8 Pfund. Planet Schütze, Mondphase: der 4. Tag nach dem Neumond.

„Wieso am 11. Oktober?“ will ich wissen. „Du hast doch am 24. Oktober Geburtstag.“
„Bei uns wurde damals nach dem Gregorianischen Kalender gerechnet. Später wurde der Kalender nach dem Julianischen umgestellt.“

Ich lese weiter:

Das walte Gott
Am 16. Nov. 1903, also am 24. Sonntag nach Trinitatis, wurde er um ¾ 2 Uhr nachmittags in der Sacristei der Gertrudkirche von Pastor O. Schabert getauft, welcher zum Thema seiner Taufrede ‚Richtet nicht, damit ihr nicht gerichtet werdet' gewählt hatte...

Das walte Gott
Am 31. Decbr. 1904.
Habe zu verzeichnen, daß Costa ein ganz außergewöhnlich reges und starkes Kind ist. Er hat schon 5 Zähne. Den ersten Zahn bekam er im October. Er hat einen flechtenartigen Ausschlag auf der Stirn, der nicht weichen will. War auch in der Woche vor Weihnachten recht krank mit Durchfall und Erbrechen, das nach Aussage von Dr. Rolle vom verdorbenen Magen herrühren soll, da der Jüngste aber, was er fest bekommt, herunterschluckt.

Hilf lieber Gott in Jesu Namen. Dieses, mein jüngstes Kind, lasse es wachsen und gedeihen Dir zur Ehre und uns zur Freude. Amen.

...Am 5. Oktober 1905 fing Costa alleine an zu gehen...“

Ich bin vertieft in die Aufzeichnungen. Hjalmar kommt ins Zimmer. „Was hast Du denn da für Blätter?“ will er wissen. „Hier“, sage ich, „soll ich Dir vorlesen, wie Papa als Kind war?“ Ich beginne:

31. XII. 1913.
Unser lieber Costa ist ein kräftiger, guter Junge geworden. Er ist im August in die Börsen-Commerzschule in die Vorbereitungsklasse hingekommen, ist zwar etwas faul, aber hat sich zum Schluß des Semesters gebessert.

Wir müssen beide lachen. Aber auch Papa schmunzelt. „Gib her“, sagt Hjalmar, „das interessiert mich. Hier hat der Opa etwas in den ersten Weltkriegsjahren eingetragen.“

1. 1. 1916
Infolge des Krieges wurden die meisten Schulen nicht geöffnet. So bummelte er das letzte Jahr so herum. Abgesehen von kleinem Unwohlsein ist er gesund gewesen. Wohl aber muß ich hier anmerken, daß das Lernen für ihn keine angenehme Beschäftigung ist. Hoffentlich wird er mit Gottes Hilfe erkennen, daß gelernt werden muß, um ein Mann zu werden...

Die letzte Eintragung, die Papa von seinem Vater besitzt, ist von 1918.

..Der Schulunterricht war unter den obwaltenden Verhältnissen auch nicht normal. Jedoch kann ich zu meiner Freude heute eintragen, daß Costa erwacht ist und begreift, daß er für sich zu lernen hat, denn er widmet jetzt den Schulaufgaben größere Sorgfalt... Das walte Gott.

Wir sind tief beeindruckt. „Der Opa muß schon ein besonderer Mann gewesen sein und sehr fromm“, meine ich. „Das war er“, sagt Papa. „Aber er hatte auch sehr viel Sinn für Humor. In seinem Büro hielt er eine zahme Ratte, genannt „Eichhörnchen“. Täglich fütterte er sie mit Zuckerstücken. Wenn zufällig eine Dame in das Kontor kam und die Ratte sah, kreischte sie laut auf. Als Tante Thea schwanger war, fiel sie in Ohnmacht, wenn sich die Ratte blicken ließ. Kurzerhand brachte Onkel Arved Opas Lieblingstier eines Tages um, damit seine Frau vor Schreck keine Fehlgeburt bekäme. Der Opa war so traurig und böse auf Onkel Arved, daß er mindestens sechs Wochen nicht mehr mit ihm sprach."

Weihnachten 1946. Mein Wunsch hat sich erfüllt. Ich habe ein Poesiealbum bekommen. Zuerst gebe ich es Olaf, Hjalmars bestem Freund. Er malt einen Zwerg hinein, der eine Glockenblume läutet. Dann bekommt es Papa. Mit farbigen Tuschen zeichnet er ein Pfefferkuchenhäuschen und schreibt dazu: „Knusper Knäuschen, wer knuspert an meinem Häuschen? Zur Erinnerung an das Knusperjahr 1947 an Deinen Papa." Er reicht es mir und sagt: „Damit Du nie vergißt, wie wenig wir jetzt zu essen haben." Amu zeichnet mit schwarzer Tusche einen Zwerg und eine Elfe in das Buch. Sie sitzen unter einer Distel.

Ich lasse die Mitschülerinnen einschreiben. Manche malen Farben zu Gedichten von Rudolf Steiner oder Goethe. Christa nimmt mein Album in die Hand, dreht es von vorne nach hinten, klappt es auf und sagt schnippisch: „Das ist kein Poesiealbum, sondern ein rotes Notizbuch mit blau kariertem Papier!" Am liebsten möchte ich es ihr aus der Hand reißen!
Auch ich muß bei Klassenkameradinnen einschreiben und malen. „Flöhchen" gibt mir ihr Buch: „Bitte klebe mir auch eine Liebesmarke ein." Ich habe aber keine. Amu hat mir nie diese Glanzbildchen gekauft, mit Engelsköpfchen, Kätzchen, Vergißmeinnicht oder Rosen. Immer hieß es: „Das bekommst Du nicht! Das ist Kitsch."
Emsig suche ich nach einem Stück weißem, glänzenden Papier. Ich male eine Katze darauf und versuche die Konturen mit einer Nadel zu prägen. Am nächsten Tag gebe ich das Poesiealbum „Flöhchen" zurück. Sie schlägt es auf und führt es dann dicht unter die Augen. „Das ist keine Liebesmarke. Aber es gefällt mir." Das Buch geht reihum. Danach kommen andere Schülerinnen zu mir und betteln: „Malst Du mir bitte Postkarten oder einen Kalender?" Ich bekomme viel zu tun. Die Zwillinge Gisela und Ruth Knoll bringen mir täglich einen Apfel mit als Lohn. Von Gisela Maranke bekomme ich für gemalte Karten hauchdünne Fallschirmseide. Amu näht mir daraus ein Kleidchen für Evas Hochzeit.

Es sind lausige Zeiten. Nicht etwa, daß wir diese Tierchen hätten, aber Kämme gibt es nur auf dem „Schwarzen Markt“. Jetzt male ich einen Kalender für Annemarie. Ihr Vater hat ein Friseurgeschäft. Von ihr bekomme ich für meine Arbeit die schönsten Hornkämme. Zum Glück wird das Zeichenpapier geliefert. Keinen Zeichenblock und kein Schulheft bekommt man im Laden zu kaufen, ohne etliche Kilo Altpapier abzuliefern. Und selbst das haben wir kaum. Neulich fand Hjalmar einen leeren Zementsack aus dickem Papier auf der Straße. Der wiegt viel. Dafür bekommt man vielleicht ein neues Heft. Amu schaut selten in meinen Ranzen. Sie hat genügend andere Sorgen durch den Wiederaufbau des Geschäftes. Aber wenn sie einmal in meine Hefte sieht, gibt es Krach. Sie wiegt sie in der Hand, holt Hjalmars zum Vergleich herbei. Dann zählt sie die Seiten nach. „Acht Doppelseiten müssen es sein! Und wie viele sind in Deinen Heften? Höchstens vier! Das ist eine große Schlamperei“, fährt sie streng fort. „Was hast Du mit dem Papier gemacht? Wohl wieder alles bekritzelt?“ Ich ziehe mich wortlos auf den Stuhl vor der echten Fensterscheibe zurück und beginne zu stricken. Die gerebbelte, graue Wehrmachtswolle hakt an den rauhen Holzstricknadeln.

Der Winter ist lang. Es gibt kaum Heizmaterial. Wir sitzen in den Klassenräumen in Mänteln. Manche Kinder behalten sogar die Mützen auf.
Fast täglich werden wir in der Schule gewarnt, keine Geschenke von Fremden anzunehmen. Erst gestern war die Polizei wieder da und hat einige Schülerinnen vernommen. Es sollen sich angeblich Männer in den alten Familiengruften auf dem Engesohder Friedhof aufhalten. Sie locken mit Schokolade und Süßigkeiten Kinder zu sich. Unser Schulweg führt direkt an der Mauer des Friedhofes entlang. Manche Jungen singen herausfordernd das Lied: *„Warte nur ein Weilchen, bald kommt Hamann auch zu Dir, mit dem kleinen Hackebeilchen macht er Leberwurst aus Dir!“* Mich schaudert, wenn ich das höre. Wir kommen am ehemaligen Leichenhäuschen vorbei. Sigrid flüstert mir zu: „Weißt Du, daß dort eine Familie zum Wohnen einzieht? Sie richten sich das Gebäude.“ Was bin ich froh, daß wir in der „Räuberburg“ wohnen!
Auf die Friedhofsmauer haben Kinder mit Kreide gekritzelt. Es ist immer wieder dasselbe Wort. Manche Schüler lachen, wenn sie daran vorbei kommen. Andere schauen weg. Einige wissen damit nichts anzufangen. Zu jenen gehöre ich. Gerlinde hakt mich unter, deutet auf das Geschmiere und fragt

zwinkernd: „Du weißt doch, was das bedeutet?“ Ich schwindele: „Ich habe es schon einmal gewußt, aber wieder vergessen.“ Gerlindes Schwester geht an der anderen Seite von mir. Sie legt ihre Hände um meine Ohrmuschel und haucht mir warm hinein, wie Kinder entstehen. Mir fällt das Herz in die Hose.

Im Epochenunterricht haben wir jetzt die Antike. Fräulein Baumann ist vor dem Krieg in Italien und Griechenland gewesen. Sie kann sehr lebendig und spannend von diesen Reisen erzählen. „Merkt Euch eins“, sagt sie, „in Italien gibt es zusammengeklappte und aufgespannte Regenschirme. Die zusammengeklappten sind die Zypressen. Die aufgespannten sind die Pinien.“ Fräulein Baumann war in Rom und Pompeji und hat den Vesuv gesehen. Auch Venedig schildert sie uns bildhaft. Es muß dort traumhaft schön sein. An Stelle der asphaltierten Straßen ziehen sich Kanäle durch die Stadt. Gondeln fahren unter unzähligen Brücken hindurch. Ich habe mir von einer Klassenkameradin ein Kunstbuch entliehen und zeichne daraus die Seufzerbrücke ab. Jetzt glaube ich, sie genau zu kennen und fahre in Gedanken unter ihr durch.
In Griechenland hatte Fräulein Baumann neben den hohen Tempelsäulen gestanden und beobachtet, wie die Sonne im Meer versinkt. Ich schaue sie beim Erzählen immerzu an und suche nach Spuren, die diese Reisen auf ihrem Gesicht oder ihren Augen hinterlassen haben müssen. Aber äußerlich ist nichts davon sichtbar.

Hjalmar wird kommenden Sonntag konfirmiert. Helgas Vater ist Schneider und hat für Hjalmar aus einer Wehrmachtsdecke einen Wintermantel genäht. Ein neues Jackett wird auf Bezugschein im ehemaligen Bunker gekauft. Leider ist es dunkelgrün. Andere Farben waren in seiner Größe nicht vorhanden.
Samstagabend ist Beichte. Mein Bruder kommt ernst zurück. Am nächsten Tag führt Pastor Brüdern seine Konfirmanden in der Bethlehemkirche zum Altar. Die Gemeinde hat sich von den Sitzen erhoben. Ein Posaunenchor bläst „Lobe den Herren.“ Es ist sehr feierlich in der Kirche. Hjalmar wirkt fremd und von mir weit entrückt.
Nach der Kirche bringt Papas Geselle den bestellten Festtagsbraten: ein geschlachtetes Karnickel. Amu hatte ihm dafür als Gegenleistung eine Joppe aus einer alten Wehrmachtsdecke genäht. Außerdem bekommt er noch Geld

und Zigaretten. Er läßt sich gemütlich im Wohnzimmer nieder. Mit Papa beginnt er seine Kriegserlebnisse auszutauschen. Der Braten duftet schon. Wir haben Hunger. Bald kommen die Gäste. Amu erinnert ihn: „Herr Henning, wartet nicht Ihre Frau mit dem Essen auf Sie?“ Er nimmt sein Gebiß aus dem Munde, wischt es im Taschentuch ab, steckt es wieder ein und meint: „Ich habe Zeit.“ Nach einigen Minuten versucht es Papa auf andere Art, seinen Gesellen zum Gehen zu bewegen. „Unser Hund muß ‚Gassi gehen’, Herr Henning. Dann kann ich Sie gleich zur Haltestelle begleiten.“ Geschafft! Herr Henning greift nach seiner Joppe und der Schiebermütze und verläßt mit Papa und Dicki das Haus.
Die Eltern sagen: „In unserer Heimat war die Konfirmation ein fröhliches Fest. Die Mädchen trugen weiße Kleider, nicht schwarze, wie hier. Es wurde gesungen und gelacht.“ In diesem Sinne feiern wir auch Hjalmars Konfirmation. Seine Freunde sind gekommen. Hartmuth hat sein Akkordeon mitgebracht, auf dem er und Hjalmar abwechselnd Volkslieder spielen. Wir anderen singen fröhlich dazu; „Das Heideröslein“, „Horch was kommt von draußen rein…“, „Drei Lilien“ und vieles mehr.

Jetzt hat es Amu erwischt. Sie hat am Rücken einen riesigen Karbunkel, der operiert werden muß. Dr. Engelbrecht tut das in unserer Wohnung. Ich stehe hinter der provisorischen Wand, die den vorderen Klassenraum in Wohnzimmer, Flur und Bad teilt, und bete. Der Äthergeruch dringt durch die Ritzen. Zum Glück geht alles gut, trotz der primitiven Wohnverhältnisse.
Amu ist schon wieder aktiv. Die Wohnzimmerdecke soll tiefer gelegt werden, damit wir im Winter auch diesen Raum beheizen können. Über Holzleisten, die ein Tischler eingesetzt hat, befestigen Papa und Hjalmar Drahtnetze. Dann gießen beide von oben Gips darauf. Amu steht auf dem Tisch, hält ein Brett über dem Kopf, das sie gegen die Netze drückt. Wenn der Gips hart ist, streicht sie von unten schwungvoll neuen Gips an die Netze.
Es ist üblich, daß unsere Lehrer ihre Schüler zu Hause besuchen. Zu uns kommt Herr von Radecki. „Was haben Sie für eine interessante Decke?“ sagt er bewundernd, blickt nach oben und dreht den Kopf in alle Richtungen, als sei er in der „Sixtinischen Kapelle“.

Evi und ich freuen uns riesig. Ihr Vater hat erlaubt, daß sie auch auf die Freie Waldorfschule wechseln kann. Leider kommt sie in die Parallelklasse, da unsere überfüllt ist. Aber in den Schulferien sind wir täglich zusammen.

Ich arbeite sehr gerne mit Ton. Heute haben wir bei Herrn Riedel Modellieren. Zuerst formen wir ein Ei. Er geht reihum, schaut sich die Eier an, streichelt über sie und sagt: „Alles Leben kommt aus dem Ei.“ Er scheint mich besonders zu mögen und ist sehr nett zu mir.
Morgen ist erster Advent. Ich will heute länger in der Schule bleiben und mit Sigrid und Gabi Krippenfiguren aus Ton formen. Als wir damit fertig sind, gehen wir in das Wäldchen hinter den Friedhof, um dort nach Moospolstern für die Krippe zu suchen. Unter den Tannen und Birken schleichen wir herum und finden schönes Moos. Wir graben es mit den Händen aus. Offiziell dürfen wir nicht hierher gehen. Plötzlich stehen zwei Männer an der Friedhofsmauer. Sie rufen und winken uns zu sich. Sigrid flüstert: „Schnell, kommt weg!“ Wir laufen und verlieren dabei die Hälfte. Ich habe Angst, daß uns die Männer bei den Lehrern anzeigen. Aber meine Freundinnen meinen: „Das waren bestimmt die Kerle, die die Polizei sucht.“

Es gibt eine Neuigkeit: Der Schularzt ist da! Wir werden untersucht. Splitternackt muß man sich ausziehen. Die Klassenlehrerin oder der Klassenlehrer ist dabei. Bei uns also Fräulein Baumann. Aber in Evis Klasse ist es Herr von Radecki. Einige Mädchen haben schon einen Busen und weigern sich, alle Kleidung vor den Lehrern abzulegen. Aus jeder Klasse werden drei oder vier unterernährte Kinder für einen vierteljährigen Aufenthalt in der Schweiz vorgeschlagen. Ich gehöre dazu, obwohl ich seit einiger Zeit kostenlos in der großen Pause Kakao und Zwieback bekomme. Evi wird auch für die Verschickung vorgesehen. Ich bringe den Eltern lange Fragebögen nach Hause, die sie ausfüllen sollen. Erstaunt fragen sie mich: „Aber Du willst doch nicht etwa fahren?“ „Doch! Ich möchte gerne in die Schweiz. Dort soll es Milch, Butter, Brot, Käse und alles zum Essen ohne Lebensmittelmarken geben. Außerdem möchte ich die hohen Berge sehen.“ Nach langer Beratung erlauben die Eltern, daß ich fahre.

Im Februar 1948 ist es so weit. Abends begleitet mich die Familie zum Zuge. Alle Kinder, die verschickt werden, haben ein großes Schild um den

Hals hängen. Darauf ist ein rotes Kreuz gedruckt. Darunter stehen der Name und die Heimatadresse.
Die Nacht über bleibt der Zug auf dem Kölner Bahnhof stehen. Wir Kinder sind lustig, können noch nicht schlafen. Es wetterleuchtet. Für Sekunden erscheint die Silhouette des zerstörten Kölner Domes vor dem hellen Himmel. Am nächsten Morgen geht die Fahrt weiter. Kurz vor der Grenze sagt eine Rote-Kreuz-Schwester: „Nehmt Abschied von Eurer Heimat. Gleich kommen wir in ein anderes Land.“ Nachdenklich singen wir: *„Nun ade, Du mein lieb Heimatland...“*
Wir sind in Basel. Zuerst kommen wir in eine Badeanstalt und werden von unten bis oben abgescheuert. Die Größeren dürfen sich allein duschen. Eine Schwester, mit riesiger Spritze, bläst weißes Pulver in unsere Kleider. Das überlebt kein Floh! Danach werden wir gekämmt. Wer Zöpfe hat, bekommt farbige Haarschleifen eingebunden. Ich ärgere mich über meinen Bubikopf. In einem großen Saal essen wir alle gemeinsam Mittag. Anschließend werden die Kinder aufgerufen und von ihren Pflegeeltern in Empfang genommen. Auch Evi. Außer mir werden alle abgeholt. Hat man mich vergessen? Zwei Schwestern unterhalten sich miteinander. Dann kommt die eine auf mich zu, gibt mir die Hand, sagt: „Salü! Wir beide fahren jetzt zusammen nach Solothurn.“
Wir sitzen im Zuge. Uns gegenüber ein Herr mit einem Netz voll großer Apfelsinen. Ich kann meine Augen nicht von den Früchten wenden. Der Herr lächelt mich an. Er fragt mich, wie alt ich bin. Ich antworte: „Dreizehn Jahre.“ Dann greift er in das Netz und schenkt mir eine Apfelsine. Ich halte sie während der Weiterfahrt in meinen Händen. In Solothurn geht die Schwester mit mir in die Bahnhofsgaststätte. Ich bekomme eine Tasse Kakao. Außerdem stellt die Bedienung einen großen Teller mit verschiedenen Kuchen auf unseren Tisch. Ich werde aufgefordert, zuzugreifen. Allmählich wird es dunkel. Die Schwester begleitet mich zu einem Bus und unterhält sich dann mit dem Fahrer auf „Schwyzerdütsch“. Ich verstehe kein Wort. Dann sagt sie zu mir: „Du fährst jetzt allein weiter. Der Busfahrer weiß, wo Du aussteigen mußt. Deine Pflegeeltern kommen Dich an der Post abholen.“ Sie verabschiedet sich. Außer mir sitzt noch eine Bauersfrau mit einem kleinen Kind im Bus. Der Junge hat dicke Tücher um den Kopf gewickelt und brüllt unerträglich. Ich frage: „Ist der Kleine krank?“ Aber ich kann nicht verstehen, was sie mir antwortet, denn auch sie spricht Dialekt. Die Fahrt geht weiter in unbekannte Dunkelheit.

Endlich ein Halt in einem kleinen, verschneiten Dorf. Der Fahrer greift mein Gepäck, stellt es in den Schnee und fordert mich auf, auszusteigen. Ein junger Mann kommt auf mich zu. Er fragt nach meinem Namen. Dann reicht er mir die Hand. Schweigend geht er neben mir und trägt meinen Koffer. Nach einer Weile deutet er auf ein außerhalb des Ortes liegendes Haus mit erleuchteten Fenstern. „Dorthin müssen wir“, sagt er.
Meine Pflegemutter begrüßt mich herzlich. Im Zimmer steht ein Korb auf einem Rädergestell. Sie nimmt die Gardine, die am Kopfende des Stubenwagens hängt, zur Seite.
„Das ist unser Hansli“, sagt sie liebevoll. „Er ist erst sechs Wochen alt. Das Rosmarie ist zwei Jahre, aber schläft jetzt schon. Außerdem haben wir draußen im Stall Kühe und Pferde.“ Ein alter Mann in Arbeitskleidern sitzt auf dem Ofen. Er staunt mich mit offenem Munde an. Auch er heißt Hans.
Plötzlich bekomme ich Heimweh. Meine Pflegemutter legt den Arm um mich, fragt, ob ich Hunger habe. Ich schüttle den Kopf. Sie sagt: „Du bist müde. Morgen sieht alles anders aus.“ Durch eine lange Küche und ein kleines Zimmer führt sie mich in einen großen Raum. „Das ist Dein Zimmer.“ Ich möchte die Apfelsine essen. Frau Reusser-Bleuer zeigt mir, daß man sie zuerst pellen muß. „Gute Nacht. Du kannst schlafen, so lange Du willst.“ Dann geht sie.
Ich ziehe mich schnell aus und krieche in das hohe, dunkle Holzbett. Zwischen dem weichen Federbett und den vielen Kissen versinke ich bald in einen traumlosen Schlaf.

Als ich erwache, erscheint mir der Raum in einem warmen Licht. Ich stehe auf, schiebe die rostroten Vorhänge zur Seite. Aus den Fenstern blicke ich auf eine große Obstbaumwiese im Schnee. Am Horizont ist ein verschneiter Bergkamm zu sehen. Stille. Nirgends ein Laut zu hören. Ich suche nach einem Badezimmer. Meine Pflegemutter kommt aus dem Wohnzimmer. „Nein“, sagt sie, „wir haben kein Bad. Wasch Dich bitte in der Küche über dem großen Spülstein.“ Sie reicht mir ein grobes Handtuch aus Leinen. Das Wasser ist eiskalt. Aber die Seife schäumt und riecht nach Seife. Sie ist nicht nur ein Klotz aus Lehm und Sand, wie bei uns in Deutschland. Das Frühstück steht für mich bereit auf dem sauber gescheuerten Holztisch, gleich neben dem Spülstein. Meine Pflegemutter gießt Milch in ein Schüsselchen mit zwei Henkeln. Ich wundere mich über diese seltsame Tasse. „Das ist ein Kachali“, erklärt sie mir. „Hier ist Quittengelee, Butter und

selbstgebackenes Brot." Ich greife zu. Das Brot ist in keilförmigen Stücken geschnitten. Es sind keine „Magenblättchen", wie Papa Brotscheiben bezeichnet, wenn sie sehr dünn ausfallen.
„Wo hast Du Dein Fürtali?" fragt mich Frau Reusser-Bleuer. „Mein bitte was?" „Dein Fürtali. Jedes Mädi trägt ein Fürtali." Sie streift mit der Hand über ihre karierte Schürze. „Ich habe keins. Wozu brauche ich das?" Sie belehrt mich: „In der Großstadt gehen schon manche Mädchen und Frauen ohne Schürzen. Das ist modern. Aber hier nicht."
Das Klo ist urgemütlich. Allerdings befindet es sich draußen im Stall. Aber während der Sitzung kann man den Schweinen direkt in die Augen schauen.
Ich darf mir aus einer Kiste Wolle zum Stricken suchen. Mein Herz lacht beim Anblick der vielen bunten Garne. Ich wähle eine leuchtend blaue mit gelbem Seidenfaden. Dann setze ich mich auf die warme Ofenbank und beginne Handschuhe zu stricken. Ab und zu kommt der Stallknecht Hans herein und hockt sich neben mich. Ich verstehe kein Wort, wenn er sich mit meiner Pflegemutter unterhält.
Nach dem Mittagessen darf ich das Geschirr abwaschen und die Küche fegen. Später nehme ich die kleine Rosmarie vom Schlafen auf und gehe mit ihr Schlittenfahren. „Ihr habt beide rote Wangen", sagt Frau Reusser-Bleuer, als wir kurz vor dem Dunkelwerden in das Haus kommen. Ich laufe zum Spiegel. Tatsächlich! Aber fünf Minuten später bin ich wieder blaß.

In meinem Zimmer steht ein hoher Schrank. Auf seiner Vorderseite ist ein Gemälde: Wölfe überfallen im verschneiten Wald einen Pferdeschlitten. An der Seite des Schrankes befindet sich ein Automat. Wenn man in den ein paar Rappen einwirft, ertönt Musik aus dem Inneren. Mein Pflegevater hat mir aber gezeigt, wie ich auch ohne Münzen Musik hören kann. Wenn man die bemalte Tür öffnet, kann man die riesigen, gezahnten Metallplatten mit der Hand in Bewegung setzen. Es gibt verschiedene Melodien. Am liebsten höre ich den Einzugsmarsch aus Wagners „Tannhäuser". Sonntags spiele ich ihn oft, da ich dann weder schreiben, zeichnen noch stricken darf. Die Wochentage sind mir lieber. Dann begleite ich Herrn Reusser mit dem Milchmauchterli (Melkschemel) in den Stall und darf auch bei der Arbeit zupacken.

..Eines Abends besucht uns Fräulein Kircher. Sie ist Anthroposophin und die Vermittlerin zwischen der Freien Waldorfschule und meinen Pflegeel-

tern. Wie ein Weihnachtsmann zieht sie aus einem großen Karton eine Überraschung nach der anderen: Zwei neue Wäschegarnituren aus Baumwolle für mich, ein wollenes Kopftuch und eine Bluse. Danach folgen gebrauchte Kleidungsstücke, die im Dorf gespendet wurden: lange, handgestrickte Wollstrümpfe, dicke Flanellunterröcke, Unterhosen, riesig groß. Meine Pflegeeltern stehen daneben und lachen, als Fräulein Kircher die Schlüpfer an zwei Fingern hochhebt und zeigt. Zum Schluß zaubert Fräulein Kircher noch zwei Fürtalis an das Licht. Das eine ist für wochentags, das andere für sonntags. Ich frage mich, wozu man dann noch hübsche Kleider trägt? Mein kurzes Faltenröckchen, das Amu mir extra für den Aufenthalt genäht hat, betrachtet sie kopfschüttelnd. Fräulein Kircher hält die Hand bis unter die Knie und bespricht sich auf Schwyzerdütsch mit meinen Pflegeeltern. Nachdem der praktische Teil ihres Besuches abgeschlossen ist, muß ich von Deutschland und unserer Schule erzählen. Bevor sie geht, fragt sie nach meinen Wünschen. „Ich möchte hier zur Schule gehen“, sage ich. Sie wird still und schüttelt den Kopf. „Das geht nicht“, antwortet sie. „Warum nicht?“ „Du bist sehr schwach und sollst Dich nur erholen. Wünsch Dir etwas anderes.“ Also gut. Ich denke kurz nach und sage dann: „Bitte Buntstifte, einen Zeichenblock, ein Tagebuch und, falls möglich, eine Flöte.“
Als Fräulein Kircher gegangen ist, frage ich meine Pflegeeltern, weshalb ich hier nicht in die Schule darf. Sie schauen sich an und lachen. Meine Pflegemutter sagt: „Fräulein Kircher hat Angst, Du könntest Dich in den Lehrer verlieben.“

Werner, mit dem ich während unserer Flucht täglich zusammen war, hat auf einer Karte mit gelben Nelken geschrieben. Den Text kann ich schon auswendig: „Liebe Caritas! Als wir erfuhren, daß Du in der Schweiz bist, wollten mein Vater und ich Dich gleich besuchen. Aber die Schweizerische Bundesbahn ist leider sehr teuer, und Winterthur, wo wir jetzt leben, weit entfernt von Solothurn. Es grüßt Dich Dein Werner.“
Auch von Zuhause habe ich Post und von Evi eine Karte. Sie ist mit noch einem jüngeren Mädchen zu einem Millionär gekommen, der eine Uhrenfabrik besitzt. Sie werden mich hier einmal besuchen kommen.

Unser großer Mischlingshund Bärry folgt mir auf Schritt und Tritt. An einem Samstagvormittag werde ich in die Dorfschule eingeladen. Bärry begleitet mich, darf aber nicht in den Raum. Hier werden vier Klassen im sel-

ben Zimmer unterrichtet. Die Schüler flöten zur Begrüßung ein Lied. Plötzlich ein Bums - die Klinke wird heruntergedrückt - Bärry geht schwanzwedelnd durch die Reihen und sucht mich. Dann legt er sich zufrieden zu meinen Füßen nieder. Fräulein Kircher versucht verzweifelt, ihn hinaus zu schicken. Er dreht den Kopf zur Seite, als höre er nichts. Die Kinder lachen. Fräulein Kircher gibt auf.
Die Schüler sind nett zu mir. Leider verstehe ich nicht, was sie sagen. In Biezwiel gehen die Kinder vormittags und nachmittags zur Schule. Außerdem bekommen sie noch Hausaufgaben auf. Ich freunde mich mit Marlen an. Sie ist die Beste in Schriftdütsch. Wir gehen oft zusammen spazieren. Der Schnee ist geschmolzen. Unten im Tal schlängelt sich der Bach durch grüne Wiesen. Am Ufer blühen Himmelschlüsselchen.
Mein Lieblingsplatz ist auf der alten Steinmauer unter einem lila Fliederbusch. Er duftet betörend. Von hier hat man einen Ausblick bis in das Tal. Ich spiele auf meiner Flöte. Neben mir liegt der schwarz-weiß gefleckte Kater unserer Nachbarin. Für Augenblicke habe ich das Gefühl, als hätte ich hier immer gelebt.

Sonntag ist Ostern. Auf einer Wiese habe ich kleine, gezackte Blätter gepflückt. Frau Reusser bindet sie mit Fäden um Hühnereier und kocht sie dann. Die Blättchen hinterlassen rotbraune Abdrücke.
Ostersamstag fragt mich Herr Reusser: „Wo hast Du Dein Nest gebaut?“ Ich verstehe nicht, was er meint. Er schaut mich fragend an: „Wo soll der Hase die Eier reinlegen?“ Nach dem Abendbrot gehen wir gemeinsam auf die Wiese. Zuerst bauen wir für Rosmarie ein Nest, dann für mich. Herr Reusser gräbt mit den Händen eine Kuhle in die Erde. Wir holen Moos, Leberblümchen, Veilchen und Himmelschlüsselblumen. Damit schmücken wir das Nest.
Am Ostersonntag kommt Rosmarie, im weißen Fürtali über dem neuen Kleid, auf mich zugelaufen. Aufgeregt ruft sie: „Luk, Mäti!“ Glücklich streckt sie mir ihr Körbchen mit Eiern und einem Osterhasen entgegen. Wir laufen zu meinem Nest. Zwischen Blumen und Moos liegen zwölf echte Hühnereier und ein Schokoladenhase.
Zum Frühstück gibt es, wie immer sonntags, dicke Stücke Schweizer Käse zum Brot und Kakao. Danach gehe ich mit meinem Pflegevater ins Nachbardorf in die Kirche. Ich setze mich neben ihn auf die Empore. Dort sitzen

nur Männer und Jungen. Die Frauen haben unten im Kirchenschiff ihre Plätze.

Mit meinem Tagebuch bin ich im Rückstand. Ich brauche viel Zeit, um das Datum zu verzieren. Auf die erste Seite des Zeichenblockes habe ich mich gemalt. Ich stehe in meinem kurzen Faltenrock auf einem Hügel und winke. Darüber habe ich geschrieben: *„Wem Gott will rechte Gunst erweisen, den schickt er in die weite Welt!“* Wirklich, ich hatte Glück, daß ich hierher kommen durfte.
Manchmal zeichne ich den alten Stallknecht Hans oder die dicke Frau Huetter, unsere Nachbarin. Sie lachen, wenn sie sich abgebildet sehen. Wenn Reussers Besuch bekommen, muß ich den Leuten meine Bilder zeigen.

Ein vornehmes, dunkelblaues Auto kommt auf den Hof zu und hält. Evi steigt aus. Wir fallen uns um den Hals. Ich zeige ihr schnell, wo ich wohne. Währenddessen begrüßen Herr Gunzinger und seine Haushälterin, Frau Hausmann, meine Pflegeeltern. Im Nu sind meine Sachen gepackt. Ich darf für fünf Tage zu Evi.
Rorschach liegt hinter dem Jura. Wir haben einen weiten Weg. Kommen an Wiesen vorbei, auf denen Unmengen von Osterglocken blühen. In der Ferne sehen wir die Berge ‚Eiger’, ‚Mönch’ und ‚Jungfrau’.
Meine Freundin sieht elegant aus. Sie trägt ein blaues Jerseykostüm und eine rote Bluse. Herr Gunzinger hat sie und ihre Pflegeschwester von Kopf bis Fuß neu eingekleidet.
Abends gehen wir zusammen in das riesige, gekachelte Badezimmer. Die Badewanne ist vertieft in den Fußboden eingelassen. Sehr vornehm.
Evi führt ihren ersten Strumpfbandgürtel vor. Ich darf ihn auch anprobieren. Ich versuche, mich damit auf den Klodeckel zu setzen. Das Ding ist steif und unbequem. Ebenfalls der neue Büstenhalter. Wie einengend, eine Frau zu werden!
Nachts schlafen wir zusammen in einem Bett. Ich liege noch lange wach. Evi ist mondsüchtig und redet im Traum.

Unser dreimonatiger Aufenthalt ist auf vier Monate verlängert worden. Die Bäume blühen. Ich sitze im Gras und winde aus Butterblumen Kränze, setze sie Rosmarie und mir auf das Haar. Die Sonnenuntergänge sind prächtig. Der Himmel glüht orange-rot, die Berge erscheinen violett.

Wir haben einen Knecht zur Aushilfe bekommen. Er heißt Paul und ist mit Herrn Reusser verwandt. Paul schläft im kleinen Zimmer neben meinem. Er ist lustig. Manchmal spielen wir Fangen. Ich rase durch die hohen Wiesen, damit er mich nicht erwischt. Wenn das der alte Hans sieht, ist er auch hinter mir her, aber schimpfend. Hans muß immer hinter irgend etwas herjagen. Neulich ist ihm die alte Sau aus dem Stall entwischt. Das war ein Spektakel! Er raste wie wild geworden hinter dem Tier her, forderte alle auf, ihm beim Einfangen zu helfen.

In Bühren ist Markt. Großmutter fährt mit dem Pferdewagen hin. Ich darf sie begleiten. Fräulein Kircher und meine Pflegeeltern schenken mir ein paar Fränkli. „Was willst Du Dir dafür kaufen?“ fragen sie. „Samtbänder für mein Haar“, antworte ich.
Ich sitze neben der Großmutter auf dem Kutschbock. Sie ist wortkarg und mürrisch. In Bühren angekommen, ist dichtes Gedränge auf dem Markt. Hier gibt es alles: Kleider, Hüte, Schuhe, Wurst, Käse, Obst, Hühner, Hasen, lebendige Schafe und Schweine…An einem Stand kaufe ich die farbigen Samtbänder. Großmutter geht mit mir in eine Wirtschaft. An rohen Holztischen essen wir Suppe. Sie scheint alle Leute zu kennen, lacht und feixt mit den Frauen und Männern. Ich fühle mich einsam.
Auf der Rückfahrt ist der Wagen bis oben voll geladen. Die Pferde schaffen es nicht, ihn berauf zu ziehen. Die Alte knallt mit der Peitsche, schaut zurück auf die Fuhre. Ihr neuer Strohhut ist weg! Er lag oben auf. Sie stößt mich vom Kutschbock, schimpft und schreit. Ich verstehe nicht, was sie ruft, nur daß ich zurücklaufen muß und den Hut suchen. Sie wartet, bis ich ihn habe. Den Rest des Weges gehe ich schweigend neben dem Wagen her. Es ist dunkel, als wir endlich zu Hause ankommen.
„War es schön?“ wollen meine Pflegeeltern wissen. Ich sage: „Großmutter war böse auf mich, weil der neue Hut vom Wagen geflogen war. Sie hat mich „vertracktes Rackabiest“ und „Saumori“ genannt. Beide können vor Lachen kaum sprechen. Schließlich sagen sie: „Das sind schlimme Ausdrücke. Wir können sie Dir nicht übersetzen.“ Ich habe Großmutter nie wieder gesehen.

Die Maikäfer sind da. Abends kommen sie wie dunkle Wolken aus dem Tal und fliegen in die Wälder. Ich halte mir die Hände zum Schutz vor das Gesicht. Dann laufe ich in das Haus und hole eine Tüte. Da hinein sammle ich zehn Käfer und verstecke sie in Pauls Bett. Er geht später schlafen als ich. Vergnügt steige ich abends in mein hohes Holzbett. Aber was ist das? Es krabbelt an meinen Füßen! Ich schlage das Federbett zurück und finde zehn Maikäfer. Schnell sammle ich sie wieder ein und zurück mit ihnen unter Pauls Decke. Gespannt lausche ich auf jedes Geräusch. Endlich ist es so weit. Ich höre schwere Schritte im Nebenzimmer. Paul geht zu Bett. Er schaltet das Licht an. Ein Strahl fällt durch die breite Ritze zwischen Tür und Fußboden in meinen Raum. Plötzlich krabbeln zehn Käfer nacheinander durch die Ritze. Ich gebe es auf und setze sie aus dem Fenster in die kühle Abendluft.

Jetzt ist es so weit. Ich sitze zur Abfahrt bereit im Bus. Frauen und Kinder stehen an der Haltestelle vor der Post. Manche trocknen sich mit den Fürtalizipfeln die Augen. Auch Frau Reusser-Bleuer weint. „Danke“, sage ich, „es war sehr schön.“ „Schreib’ uns“, ruft ein Mädchen. Ein anderes sagt zu seiner Mutter: „Das Cary war viel lieber als das Barbara aus Hamburg.“ In den letzten Tagen bin ich mit alten Schlüpfern, Röcken, Pullis und Schürzen überschüttet worden. Jeder wollte mir etwas Gutes tun.
Der Bus fährt ab. Alle winken. Ich winke zurück. In Basel werden wir wieder gewogen. Die Schwestern stellen staunend fest, daß ich sechzehn Pfund zugenommen habe. Das ist Rekord!

Alle sind sie in Hannover am Bahnhof: Die Eltern, Hjalmar und Dicki. Amu nimmt mich in den Arm und meint: „Ich habe Dich fast nicht wieder erkannt, so dick bist Du geworden.“ Papa will wissen: „Wie bist Du allein mit den Furunkeln fertig geworden?“ Ich lache: „Ich habe keine mehr gehabt.“ Dicki bleibt die ganze Nacht vor meinem Bett liegen. Am nächsten Tag erzählt Amu: „Ich bin nachts aufgestanden und habe in Dein Bett geguckt, ob Du auch wirklich da bist und wie Du Dich verändert hast.“

Der Alltag nimmt seinen Lauf. Ich besuche wieder die Schule. Annemarie, Anke und ich müssen von unseren Schweizer Erlebnissen berichten. Ich erzähle vom verlorenen Hut, der Schweinejagd und den Maikäfern. Alle lachen, auch Fräulein Baumann.
Wir haben viele Neue in der Klasse. Irgend etwas hat sich geändert. Ich fühle mich jetzt in die Gemeinschaft aufgenommen. Sogar die hochmütige Vera richtet in der Pause ein Wort an mich: „Du siehst wie ein nettes Bauernmäd-

chen aus." Eurhythmie haben wir heute bei Fräulein Mendel. Ich mag sie gern. Ihre dunklen Haare trägt sie im Nacken zusammengenommen, wie eine Ballettänzerin. Ihr Gesicht ist ebenmäßig, die Figur schlank. Sie ist Schweizerin und fragt mich, ob ich Schwyzerdütsch gelernt habe. Ich erzähle ihr, daß meine Eltern nicht wußten, was ein „Münschali" ist. Sie kommt auf mich zu, nimmt mich in die Arme und drückt ein „Münschali" auf meine Wange. Lachen und Bewunderung in der Klasse.
Am Maschseeufer blühen „Schneebälle". Die Schüler der oberen Klassen wandeln in den Freistunden als Pärchen durch die „Seufzerallee", auf der anderen Seite des Sees. Wir Kleineren gehen zu den Bronzelöwen. Es ist schwierig, auf den glatten Körpern bis zum Kopf nach oben zu rutschen. Nur Flöhchen schafft es.
Heute ist es so warm, daß statt der Turn- eine Badestunde am Maschsee eingelegt wird. Wer einen Badeanzug besitzt, kann ins Wasser. Wir anderen setzen uns auf die Mauer bei den Bronzelöwen, baumeln mit den Beinen über dem Wasser, schauen zu. Da passiert es! Mein rechter Schuh rutscht vom Fuß, fällt in den See. Mir wird vor Aufregung ganz heiß. Erst vorige Woche habe ich die Schuhe neu auf Bezugschein bekommen. Amu riet, sie eine Nummer größer zu kaufen, damit ich sie noch eine Weile tragen kann. Ich rufe um Hilfe. Im Nu sind alle da und tauchen um die Wette. „Mond" reicht mir meinen triefend nassen Schuh. Das werde ich ihm nie vergessen!

In der Schule singen die Kinder nach der Melodie der „Caprifischer" *„Hast Du Schieber Maxe nicht geseh'n? Ach, ich konnte mich so gut mit ihm versteh'n! Sechs bis sieben Mark ne Zigarett', war das nicht nett?"* Tabakwaren, Schnaps, Kaffee stehen hoch im Kurs. Für viel Geld oder besondere Tauschgegenstände ist fast alles auf dem „Schwarzen Markt" zu haben. Am Steintor und Hauptbahnhof ist das Tauschviertel. Männer spazieren herum, einige Schätze unter dem Mantel verborgen. Sie murmeln vor sich hin, was sie anbieten und dafür verlangen. In einem Trümmerwinkel wird das Geschäft abgewickelt. Die Polizei macht unerwartete Razzien. Wen sie beim Schieben erwischt, nimmt sie auf die Wache mit. Auch Kinder sind unter ihnen.
Amu und Papa sind Nichtraucher. Sie tauschen ihre Raucherkarten gegen andere Werte ein; einmal ist es Lötbenzin, ein anderes Mal etwas zum Essen. Meinen Schulranzen haben wir gegen Zuckerrübensaft eingetauscht. Man kann wohl „Stips" selber kochen, wenn man ein paar Zuckerrüben von

irgendwo bekommt, aber es ist eine wahnsinnige Arbeit. Einmal hatte Hjalmar einige Rüben in Groß-Munzel gefunden, als er bei Olaf zu Besuch war. Sie waren einem Bauern vom Wagen auf die Straße gerollt. Zuerst haben wir die Rüben gewaschen, dann geputzt, klein geschnitten und stundenlang gekocht. Die ganze Familie wurde zum Rühren angestellt, damit der Saft nicht anbrannte. Es dauerte ewig, bis er endlich dick wurde. Zum Schluß war sehr wenig übrig, weil viel Flüssigkeit verdampfte und auch jeder Rührer immer wieder genascht hatte.
Tauschen ist offiziell erlaubt, wenn dabei nicht der andere „über das Ohr gehauen“ wird. Überall werden Tauschgeschäfte eröffnet. Die Schaufensterscheiben, die im Krieg zerstört wurden, sind zum größten Teil mit Brettern und Pappen vernagelt. Nur kleine Glasgucklöcher geben den Blick frei auf die Waren, die zum Tausch angeboten werden. Neben ihnen liegt jeweils ein Zettel, was dafür gewünscht wird. In diesen Läden findet man alles: altes Silber, Kristallschalen, Ferngläser, Schuhe, Kleider, Nachtgeschirre...

Hjalmar tauscht seine aus Posen gerettete Märklin-Eisenbahn gegen ein Akkordeon ein. Seine Klasse trifft sich nachmittags im Eurhythmiesaal zur Tanzstunde. Hartmuth erklärt den Klassenkameraden die Schritte. Hjalmar spielt dazu Schlager auf seiner Quetsche. Begleitet wird er von Hänschen Müller. Dieser klappert mit zwei Blechtellern den Rhythmus dazu. Die Lehrer dürfen davon nichts erfahren. Tanzen, Radio und Kino sind bei den Anthroposophen verpönt. Diese weltlichen Vergnügen verderben den Menschen.
Olaf kann sich die Schritte nicht merken. Hjalmar legt für ihn zu Hause Nachhilfe-Tanzstunden ein. Ich soll Olafs Tanzpartnerin sein. Mein Bruder spielt auf dem Akkordeon: *„Ich tanze mit Dir in den Himmel hinein, in den siebenten Himmel der Liebe...“* Ich zähle „eins, zwei, drei...eins, zwei, drei...“ und stoße dabei jeweils an das Bein, das er wegziehen muß. Olaf hält mich fest, lacht mich mit seinen strahlend blauen Augen an und singt mit. Hjalmar stöhnt: „Olaf! Du bist unmusikalisch!“ Wir unterbrechen kurz die Drehungen. Dann zieht Olaf mich wieder an sich und sagt: „Komm, ich möchte es noch einmal versuchen *‚in den siebenten Himmel der Liebe'*...eins, zwei, drei...“

20. Juni 1948. Wir haben eine Währungsreform. Die Reichsmark verliert ihren Wert. Schon lange wurde über diesen Tag geflüstert. Ab jetzt soll es wieder aufwärts gehen. In Schlangen stehen die Menschen vor den Polizeirevieren. Jeder bekommt vierzig Deutsche Mark. Heute sind alle gleich. Man spricht zwar davon, daß eventuell später die noch vorhandene Reichsmark im Verhältnis zehn zu eins umgetauscht werden wird.
Über Nacht ist alles wieder in den Läden zu haben. Wo hatten die Händler die Waren gehortet? Kleider, Schuhe, Geschirr kann jetzt jeder ohne Bezugschein kaufen, wenn er mit DM zahlt. Die Ladeninhaber grüßen ihre Kunden freundlich.
Hjalmar summt den Schlager *„Oma trägt Kreppschuhe, Opa trägt Kreppschuhe, Mama trägt Kreppschuhe, Papa trägt Kreppschuhe…*“ Dann sagt er zu mir: „Kommst Du mit zum ‚Schwarzen Bären’? Ich will mir bei ‚Salamander’ die Schuhe mit den dicken Käsesohlen anschauen. Wenn sie nur nicht so teuer wären…“

Sonnabends oder sonntags geht unsere Familie zusammen ins Kino. Wir genießen das. Gemütlich lehnen wir uns in den Sesseln zurück. Papa läßt ein Tütchen mit „Goldkugeln“ reihum gehen. Die mögen wir besonders gern, weil sie einen Schokoladenkern haben. Zuerst werden Reklamedias gezeigt. Es folgt ein Kulturfilm. Danach beginnt die Wochenschau und erst dann der Spielfilm. Vereinzelt gibt es schon Farbfilme im Kino.
In vielen Filmen werden die Kriegs- und Nachkriegserlebnisse verarbeitet. Sehr beeindrucken mich „Der Dritte Mann“, „Die Nachtwache“, „Der Engel mit der Posaune“ oder „ Wen die Götter lieben“.
Auch Heimatfilme, in Farbe gedreht, sind ein Renner. In den Hauptrollen Sonja Ziemann und Rudolf Prack.

Eine Klassenfahrt steht wieder auf dem Programm. Dieses Jahr geht es nach Steinhude in die Jugendherberge. Auf der Hinfahrt stecken wir die Köpfe aus den Zugfenstern und singen: *„Von den blauen Bergen kommen wir! Unsre Pauker sind genau so doof wie wir. Mit der Brille auf der Nase sehn sie aus wie’n Osterhase! Von den blauen Bergen kommen wir! Juppi jeh, juppi* jeh…“ Fräulein Baumann ist ärgerlich. Warum eigentlich? Sie trägt doch keine Brille? Also braucht sie sich nicht angesprochen zu fühlen. Sie zieht die Fenster im Eisenbahnwaggon wieder hoch und ermahnt uns zur Ruhe.

In Steinhude gibt es zwei große Schlafsäle: einen für die Mädchen, den anderen für die Jungen. Bei den Jungen schläft unser neuer Turnlehrer, Herr Abel. Viele Mädchen schwärmen für ihn.

Heute Abend will uns Fräulein Baumann eine Ballade vorlesen: „Die Füße im Feuer." Gebannt hören wir zu. Sie kommt an die Stelle *„Zwei Füße zucken in der Glut*". Ihr Gesicht verzerrt sich grotesk. Wir können das Lachen nicht länger unterdrücken. Sie hört auf zu lesen. Schweigend schaut sie in die Runde und beginnt von vorne. Achtung! Gleich kommt wieder die Stelle *„Zwei Füße zucken in der Glut…*" Eine Lachsalve geht durch den Raum. Fräulein Baumann ist den Tränen nahe. Sie sagt: „Ich versuche es noch einmal. Wenn Ihr wieder lacht, fahren wir morgen zurück." Ich schließe die Augen, um keinen anzuschauen. Gleich kommt die gefährliche Stelle… Mein Mund bleibt geschlossen, aber mein Körper schüttelt sich vor unterdrücktem Lachen. Einige platzen laut los. Fräulein Baumann klappt das Buch zu und fordert uns auf, schlafen zu gehen. Wir bleiben sitzen. Schweigen. Unheimliche Stille. Jetzt schickt uns Herr Abel in die Schlafsäle. Wir folgen seiner Aufforderung. Einige ziehen sich ihr Nachtzeug an und legen sich schon ins Bett. Plötzlich steht Herr Abel mitten im Raum. Wir hatten ihn nicht kommen gehört. Ernst sagt er: „Wer gelacht hat, muß sich bei Fräulein Baumann entschuldigen gehen." Ich fühle mich angesprochen, gehe hinunter. Außer mir kommen noch zwei Schüler. Ich bin sicher, es waren mehrere, die gelacht haben. Fräulein Baumann nimmt schweigend die Entschuldigungen entgegen.
Eine Stunde später müssen alle in den Aufenthaltsraum kommen. Fräulein Baumann sagt: „Ich will es noch einmal mit Euch versuchen. Wir machen einen Schweigemarsch durch Steinhude. Wenn auch nur einer von Euch lacht oder mit jemandem flüstert, fahren wir morgen nach Hause."
Zu zweit stellen wir uns auf. Fräulein Baumann führt die Kolonne an. Herr Abel geht am Schluß. Wie Gespenster geistern wir durch Steinhude. Einige tragen lange Nachthemden unter Strickjacken. Wir kommen an den Gärten vorbei, aus denen wir tagsüber Äpfel stehlen. Sigrid stupst mich an und zeigt auf die Bäume. Ich will nicht hinschauen, blicke krampfhaft auf den Weg. Fast wäre Gisela über ihr Nachthemd gestolpert. Ein Herr bleibt stehen, schüttelt den Kopf: „Was soll denn das? Spielt Ihr Gespenster?" Gaby zuckt mit den Schultern. Sie hält den Mund mit der Hand zu und deutet auf Fräulein Baumann.

Wir haben die „Prüfung“ bestanden und dürfen bleiben.

Heute ist unser letzter Abend. Aus dem Walde haben wir Äste und Reisig zusammengetragen. Alle stehen nun um das Lagerfeuer. Wir haken uns unter. Die Mädchen streiten, wer neben Herrn Abel stehen darf, lösen sich gegenseitig ab. Wir singen: *„Kein schöner Land in dieser Zeit“, „Hohe Tannen weisen die Sterne“* und zum Schluß *„Ade nun zur guten Nacht“.* Die Flammen lodern. Das Holz knistert. Manche Mädchen weinen, weil es so schön ist.

Ende März 1949 werde ich konfirmiert. Ich fühle mich fremd in unserer Gruppe. Die anderen Mädchen sind schon sehr damenhaft. Sie tragen Perlonstrümpfe, malen sich die Lippen an und ziehen die Augenbrauen nach. Alle kennen sich untereinander und haben viel zu tuscheln. Die Jungen sind laut und denken sich immer neue Streiche aus. Pastor Brüdern weiß manchmal nicht, wie er sich durchsetzen soll. Er schreit die Konfirmanden an oder schickt sie vor die Tür. Mich scheint er zu mögen. Er möchte, daß ich zur Konfirmation allein ein Gebet spreche.
Alle Mädchen unterhalten sich über ihre schwarzen Kleider, die sie zur Konfirmation tragen werden. Meine Eltern wollen, daß ich in Weiß gehe, weil das in Riga üblich war. Ich rebelliere und setze mich durch. Amu näht mir das Kleid aus schwarzem Moiré-Taft. Der Stoff ist gemustert wie Furnierholz. Auf die Myrtenkrone muß ich verzichten. Die Eltern sagen: „Myrte trägt man nur als Braut.“
Die Glocken der Bethlehemkirche läuten. Wir haben uns zu zweit aufgestellt. Das Mädchen, mit dem ich gehen soll, fragt: „Was hast Du da?“ Es zeigt auf meinen Glockenrock. Mich durchfährt ein Schrecken. Weiß! Weiß ist mein schwarzes Kleid! Amu hat vorige Woche die Türen in der Wohnung gestrichen. Die Farbe hat keine Friedensqualität. Scheinbar ist sie noch immer nicht trocken. Ich muß mit dem Kleid an die Tür gekommen sein.
Die Posaunen blasen *„Lobe den Herren“.* Alle haben sich erhoben. Pastor Brüdern führt uns durch den Mittelgang. Ich versuche, mit der linken Hand den Rock so zusammenzuhalten, daß man die weiße Stelle nicht sieht. Wir knien vor dem Altar nieder. Pastor Brüdern legt die Hand auf meinen Kopf: *„Sehet, welch eine Liebe hat uns der Vater erzeiget, daß wir Gottes Kinder sollen heißen“.* Ich denke: Hoffentlich habe ich die Flecken gut verdeckt.

Wir bekommen den Wein im vergoldeten Pokal gereicht. Der Geschmack bleibt herb auf der Zunge. Hinter dem Altar gehen wir durch einen schmalen Gang, kommen wieder in den Kirchenraum, knien abermals nieder. Jetzt bekommen wir die Oblate. Sie teilt sich im Munde, bleibt am Obergaumen kleben. Ich fühle mich seltsam, als wenn ich schwebe. Pastor Brüdern sagt: „Euch sind Eure Sünden vergeben." Wir kehren auf unsere Plätze zurück. Mein Gabentisch ist reich. Viele Kunden von Papa haben Blumen geschickt. Die Eltern haben mir ein wunderhübsches Filigranarmband geschenkt. Olaf hat mir einen Hasen geschnitzt, mit dickem, rundem Kopf und großen Nagezähnen. Der Hase sitzt auf einer Holzplatte mit einem Ständer für Briefe. Von Evi bekomme ich ein Bild aus unserer gemeinsamen Heimat: Die Düna mit Stadtansicht von Riga.

Etwas damenhafter bin ich doch seit der Konfirmation. Ich habe Dauerwellen. Es ist eine Tortur, bis man sie hat. Nach dem Waschen werden die Haare mit Chemikalien behandelt und auf Metallwickler gerollt. Diese werden mit Drähten an einen elektrischen Apparat angeschlossen. Schon das Aussehen, das man in diesem Zustand hat, ist beängstigend. Zudem sackt der Kopf tief und tiefer durch die Last der schweren Wickler. Allmählich spürt man, daß sie durch Strom warm werden. Schließlich sind sie so unerträglich heiß, daß man um Hilfe rufen muß. Noch Tage nach der neuen Dauerwelle brennt die Kopfhaut wie Feuer. Wehe, wenn man mit dem Lockenkopf in den Regen kommt! Dann gibt es eine Negerkrause. Schön sieht die Frisur erst aus, wenn die Welle fast ausgewachsen ist. Doch dann beginnt die Tortur von neuem.

Hjalmar hat einen neuen Freund. Er heißt Erhard Putzig. Ist das nicht putzig? So sieht er auch aus. Alles ist bei ihm wohl proportioniert. Er besucht uns jeden Donnerstag. Ich lege dann immer die Schallplatte auf den Plattenteller: *„Ich freu mich so auf Donnerstag, wenn wir uns wieder sehn..."* Ich weiß nicht, ob er den „Wink mit dem Zaunpfahl" versteht! Amu kocht ein baltisches Gericht: *„Komm-morgen-wieder*". Das sind Pfannkuchen mit einer Fleischfüllung. Dazu gibt es eine klare Bouillon.

Ich liebe die Sommerabende, besonders, wenn wir im Herrenhäuser Gartentheater sind. Zuerst ist es noch lebhaft im großen Garten, bis die Wärter die Pforten schließen. Wir sitzen auf den billigsten Plätzen in der letzten

Reihe. Aber von hier hat man die beste Aussicht. Das Orchester spielt die Ouvertüre. Langsam senkt sich die Dämmerung herab. Scheinwerfer strahlen die goldenen Figuren auf der Bühne an. Ich muß daran denken, daß in einer von ihnen bei Restaurationsarbeiten Menschenknochen gefunden wurden. Waren es vielleicht die des Grafen Königsmarck? Mich schaudert. Amu fragt: „Frierst Du?" Ich schüttele den Kopf. Große Motten flattern im Scheinwerferlicht vor den Bäumen. Aus den dunklen Hecken tanzen leichtfüßig Mädchen auf die Bühne. Das Stück beginnt. Im Hintergrund erstirbt der Strahl der großen Fontäne. Über uns der Sternenhimmel.

Hannover verändert sich stark. Immer mehr Trümmer werden fortgeräumt, auch neben unserer „Räuberburg". Wenn wir jetzt aus meinem Fenster schauen, sehen wir „Barneckes Würstchenecke". Das Geschäft blüht.
Papa arbeitet für die „Tempowerke" und hat sich einen alten Dreiradwagen gekauft. Den braucht er dringend, denn er muß schwere Rohre und Klosetttöpfe usw. transportieren. Sonntags dient das Auto für Familienausflüge. Manchmal geht es zur Porta Westfalica oder in den Deister. Wenn der Tacho vierzig anzeigt, ist es in der Kabine so laut, daß Papa Amu dreimal fragen muß, was sie gesagt hat. Endlich versteht er: „Fahr nicht so schnell!" Bergauf fängt der Kühler an zu dampfen. Dann fährt man wie im Nebel. Amu ruft: „Anhalten, Papen! Man kann schon wieder Würstchen kochen!" Wir nehmen immer eine mit Wasser gefüllte, riesige Wehrmachts-Kaffeekanne mit. So können wir bei Bedarf das Kühlerwasser nachfüllen.
Der Tempowagen ist praktisch, weil hinten auf der Ladefläche auch viele Menschen mitfahren können. Wenn wir zu einem Baltentreffen in die Stadthalle oder gar nach Lüneburg wollen, sind wir immer eine große Gesellschaft. Wir legen als Sitze Matratzen auf die Ladefläche, und los geht die Fahrt.

In der Klasse haben wir eine Neue. Christiane heißt sie, wird Jane gerufen. Sie ist hübsch, hat dunkle Haare und große, braune Augen. Ich freue mich, daß endlich eine in der Klasse ist, die auch mit der Linie 1 nach Limmer fahren muß. Der Schaffner hat vergessen, den Bimmelknopf der Straßenbahn am Boden zu entfernen, als er an der Endstation die Richtung wechselte. „Wollen wir?" frage ich und halte meinen Fuß über dem Knopf. Jane nickt. Ich trete drauf. Es bimmelt. Dann versucht es Jane. Der Schaffner kommt aus dem Wagen in den Vorraum. „Wer war das? Wißt Ihr nicht, daß

es Unbefugten verboten ist, zu klingeln?“ Wir stupsen uns an und gucken aus dem Fenster.
Unvermittelt beginnt Jane: „Eurhythmie ist komisch. Weißt Du, was wir heute machen mußten? Wir sollten aufrecht stehen, die Hände dabei auf die eigenen Schultern legen. Dann sollten die Schultern klingen!“ Sie schaut mich fragend an. Jane ist nicht in meiner Eurhythmiegruppe. Ich lege die Hände auf meine Schultern, horche in mich. Dann schüttele ich den Kopf. Wir lachen beide. Seit diesem Augenblick verstehen wir uns.
Jane ist eine waschechte Berlinerin. Sie schwört auf diese Stadt. Außerdem schwärmt sie für „echte“ Männer, mit Muskeln und Tapferkeit. Ihr Patenonkel ist Harry Piel. Sie demonstriert mit ihren dunklen Augen, wie er Tiger und Löwen dressieren kann. Entfernt ist sie auch mit Münchhausen verwandt.
Jane findet die Jungen in unserer Klasse nett, aber nicht zum Verlieben. Sie bewundert Peters schöne Beine. Aber flirten tut sie höchstens mit unserem Französischlehrer. Er gibt ihr Nachhilfestunden.
Jane ist beliebt in der Klasse. Erstens ist sie zu allen freundlich, zweitens hat ihr Vater die erste Fabrik mit „Eis am Stiel“ eröffnet. „Matsch am Paddel“, wie wir es nennen. Neulich fuhr Herr Brenning Jane mit dem Auto zur Schule und gab ihr eine Kiste „Eis am Stiel“ für die Klassenkameraden mit.
Ich besuche Jane täglich. Unsere Schularbeiten machen wir im Hochsitz auf einem Ahornbaum. Schwierig ist es, die steile Leiter hochzuklettern, wenn man die Hände voll „Eis am Stiel“ hat. Wir dürfen davon so viel essen, wie wir wollen.
Jane hat eine fünf Jahre jüngere Schwester Moni. Die ist, im Gegensatz zu ihr, blond und zierlich. Beide verstehen sich sehr gut. Manchmal nimmt Jane Monis Kopf zwischen beide Hände, drückt ihre Backen flach. Dann sagt sie zärtlich: „Ach Moni! Du mein Arschi, Arschi.“
Für Jane gibt es nur die Musik. Sie will Opernsängerin werden. In einigen öffentlichen Konzerten ist sie schon aufgetreten. Ich habe die Programme und Kritiken gesehen.
Abends, wenn die Fabrikarbeiter gegangen sind, beginnt für uns die schönste Zeit. Wir gehen in die leere Halle. Jane klettert über ein Treppchen auf einen Balkon und beginnt zu singen. Bei einem Operettenduett muß ich als Partner einspringen, zum Beispiel beim „Zigeunerbaron“. Meine Stimme klingt nicht besonders gut. Ich habe Mühe, ernst zu bleiben. Wir beginnen immer wieder neu.

Jetzt will Jane allein singen. Ich soll nur Zuhörer sein. Sie erklärt die Szenerie, deutet nach unten und sagt: „Dort kommt mein Geliebter." In diesem Augenblick geht die Tür der Fabrikhalle auf. Der Kompagnon ihres Vaters betritt die Halle. „Sigi, Du?" ruft sie verwundert. „Du bist doch nicht mein Geliebter!" Sigi wird rot und ist verwirrt. Er weiß nicht, worum es geht.
Papa mag Jane sehr gerne. Er behauptet: „Die hat Temperament wie ein Ungarmädel."
Für den Frühling planen wir eine öffentliche Aufführung: „Die singenden Kakteen." Moni möchte auch mitmachen. Aus bunten Kreppapieren fertigen wir Röckchen und Blüten an. Die Plakate muß ich malen. Jane sitzt mir Modell. Sie hält geduldig still. Ich zeichne sie als Karikatur mit vielen Kaktusblüten am Körper. Mit der Vorzeichnung bin ich fertig und reiche sie Jane zur Begutachtung. Sie holt Luft, lacht, daß ihr die Tränen runterkullern. „Moni!" ruft sie, „Moni , komm schnell!" Moni klemmt die Beine zusammen und ruft: „Ich mache mir vor Lachen gleich in die Hose!" Dann rast sie raus…

Neulich habe ich von unserer Englischlehrerin, total unberechtigt, eine Ohrfeige bekommen. Sie behauptete, ich hätte im Englischunterricht meiner Nachbarin vorgesagt. Ich hatte das wirklich nicht getan und sagte ihr das. Bums, hatte ich eine sitzen. Das habe ich ihr nie vergessen. Später kam sie immer wieder auf mich zu und wollte freundlich mit mir reden.
In der Französischstunde ist auch immer etwas los. Oft sind wir so laut, daß wir seitenlange Strafarbeiten aufbekommen. Unser Französischlehrer kann charmant sein, aber wehe, wenn er wütend wird. Dann brüllt er wie ein Löwe.
„Mond" versucht im Französischunterricht, den Federhalter auf dem Nasenrücken zu balancieren. Der Lehrer bemerkt das. Er schreit: „Mond! Komm nach vorne! Nimm den Halter mit! Jetzt balancierst Du das Ding fünf Minuten auf der Nase! Hier vor der Klasse! Wehe, der Halter rollt runter. Dann mußt Du zwei Stunden nachsitzen." Wir halten den Atem an. Es fehlt nur der Trommelwirbel. „Mond" legt den Federhalter quer auf die Nase, pendelt das Gewicht aus, läßt langsam die Hände los und schaut himmelwärts. Unser Lehrer auf die Uhr. Dann ruft er: „Ende!" Alle applaudieren. „Mond" und Dr. Remé strahlen. Wir sind glücklich, daß die Stunde gleich um ist.
Es ist spät am Abend. Ich muß noch Französisch lernen. Wir lesen in diesem Fach die „Jungfrau von Orleans". Unser Französischlehrer hat an alle eine

Broschüre verteilt, die aus zusammengehefteten, photokopierten Blättern besteht. Ich hole sie aus meiner Mappe. Mich durchfährt es heiß. Ich halte nur noch das halbe Manuskript in der Hand. Der Rest sind kleine, weiße Papierschnitzel in meiner Mappe. Waren doch wieder einmal die Mäuse in meiner Schultasche! Sie werden immer dreister. Zu gerne setzen sie sich auch in die Bratpfannen, die an der Wand hängen. Amu nimmt sie immer vorsichtig ab, wenn aus ihnen Mäuseschwänze hängen. Sie zählte neulich sechs Schwänze zur gleichen Zeit!
Den nächsten Tag bin ich unruhig in der Französischstunde. Endlich heißt es: „Nehmt die Jeanne d' Arc heraus!“ Ich melde mich. „Was willst Du, *‚Caritas, drrrei harrrt gekochte Eierrr'?“* Dr. Remé hat mir diesen Spitznamen gegeben. Er behauptet, wir Balten sprechen so hart wie „drrrei harrrt gekochte Eierrr“. Die Klasse hat den Namen begeistert aufgenommen. Ich sage: „Entschuldigen Sie, Herr Dr. Remé, ich konnte die Hausaufgaben nicht machen. Die Mäuse haben meine ‚Heilige Johanna' gefressen.“ Die Klasse brüllt vor Lachen. Er guckt amüsiert, sagt: „Komm her! Bring mir das Manuskript!“ Ich gehe nach vorne, gebe es ihm. Er hebt das zur Hälfte aufgefressene Bündel Papier hoch, kann vor Lachen nicht sprechen. Schließlich sagt er: „Gut, Du bekommst von mir eine neue ‚Jungfrau'.“

Eines Tages steht plötzlich Britta mit ihrer Freundin vor der Tür. Beide sind aus der Ostzone „schwarz“ über die „Grüne Grenze“ gekommen. Es ist, als käme ein Stück Kindheit zu uns zurück. Hjalmar hat sich mit ihr seit der Flucht geschrieben. Das Wiedersehen wird gefeiert. Papa füllt dunkelroten Wein in dickwandige Gläser. Britta hebt ihr Glas hoch und fragt: „War hier einmal Senf drin?“ Papa nickt. Leider muß Britta wieder zurück in die Ostzone. Ihr Vater hat im Kriege ein Bein verloren. Er ist dankbar, daß er in Erfurt als Prokurist in einer berühmten Samenhandlung wieder eine Anstellung gefunden hat. Britta möchte nicht von ihrer Familie getrennt leben. Oder ob sie vielleicht später doch „für ganz“ in den Westen kommt? Im Augenblick ist es noch möglich, über die Grenze zu gehen. Aber was passiert, wenn das „Mauseloch“ eines Tages zugemauert wird?

Dieses Jahr findet an der Freien Waldorfschule kein Abitur statt. Es wird das dreizehnte Schuljahr eingeführt. Das Wissen der letzten Klasse ist nicht auf demselben Stand mit dem der staatlichen Schulen. Amu will Hjalmar umschulen, selbst wenn er die letzte Klasse wiederholen müßte. Aber er will

nicht. Außerdem möchte Hjalmar endlich Geld verdienen und den Eltern nicht mehr zur Last fallen. Schließlich findet er eine Lehrstelle bei einem Elektriker.
Olaf geht auch ab. Er will eine Tischlerlehre machen. Danach hat er die Zusage, daß er in Oberammergau beim „Judas“ das Schnitzen lernen kann.
Hartmuth hat schon lange eine Drehung um 180 Grad gemacht. Er hat sich von seiner Freundin getrennt, spielt keine Tanzmusik mehr, nur noch klassische und lernt ernsthaft. Er möchte an der Freien Waldorfschule das Abitur machen.
Mit mir wollen die Eltern nicht denselben Reinfall erleben wie mit meinem Bruder. Deshalb soll ich sofort die Schule wechseln. Ich bin darüber unglücklich, heule und bettele, damit ich bleiben darf. Also gut. Sie lassen sich ein wenig erweichen. Ich bekomme ein Jahr Galgenfrist. Während dieses Jahres muß ich mich seelisch und arbeitsmäßig auf den „neuen Wind“ umstellen.
Das Jahr vergeht schnell. Im Februar machen wir noch eine Klassenfahrt nach Goslar. Es soll eine Abschiedsfahrt sein. Die Hälfte der Schüler aus unserer Klasse geht ab. Viele wählen die Berufs- und Handelsschulen zur weiteren Ausbildung.

Amu versucht, mich wach zu bekommen: „Aufstehen!“ ruft sie, „Der ‚Benno' bimmelt!“ Der „Benno“ ist das katholische Stift in Hannover-Linden. Ich rühre mich nicht. Nach zehn Minuten: „Jetzt aber raus mit Dir! Der ‚Benno' hat ausgebimmelt!“ Ich setze mich auf im Bett, die Augen halb geöffnet, gähne. Ich weiß, ich bin ein Morgenmuffel. Plötzlich fällt mir ein, daß ich heute zum letzten Mal in die Freie Waldorfschule gehe. Im Nu bin ich wach.

Die achten Klassen versammeln sich im Eurhythmiesaal zur Abschlußfeier. Vorne sitzt das Orchester.
Wie sagt Papa immer? „Wenn es am schönsten ist, muß man aufhören.“ Die Klassenlehrer halten eine Ansprache. Zum Schluß stehen wir alle auf und singen gemeinsam ein Lied.

Magnetische Felder

Frühjahr 1950. Im Sekretariat der Elisabeth-Granier-Schule sitzt ein etwa dreizehnjähriges Mädchen. Es sieht wie Schneewittchen aus: lange, dunkle Zöpfe, rote Wangen. Ich denke: „Schade, es ist noch zu jung für die 9. Klasse. Wir werden nicht zusammenkommen." Es lächelt mir zu und fragt: „Kommst Du auch in die 9., in die Matheklasse?" Ehe ich antworten kann, öffnet sich die Tür des Rektorats. Ein Lehrer im weißen Kittel kommt auf uns zu. „Mariana Schmidt-Stein? Caritas Winkhardt?" fragt er. Wir sollen ihm folgen. Über Flure und Treppen gelangen wir zum Chemiesaal. Dort übergibt er uns einem anderen Herrn im weißen Kittel. Es ist Herr Apelt, unser Klassenlehrer. Freundlich reicht er uns die Hand. Irgendwo im Chemieraum sollen wir uns einen Platz suchen. Die Bänke steigen nach hinten hin stufenweise an, wie in einem Studentenhörsaal. Rechts und links vom Mittelgang sind alle Plätze belegt. Oben, direkt in der Mitte, steht eine einzige Bank. Sie ist noch nicht besetzt. Also gehen wir dort hin.
„Von welcher Schule kommst Du?" will ich von Mariana wissen. „Aus Berlin", sagt sie. Dort sind die Versetzungen zu anderen Zeiten als in Hannover. Wir sind oft umgezogen. Manche Klasse habe ich daher kein volles Jahr besucht. Deshalb bin ich noch sehr jung für die Neunte."
Ein blondes Mädchen steht zögernd an der Tür. Herr Apelt schickt es zu uns. „Darf ich mich zu Euch setzen? Ich bin Marianne Langerbein." „Ha", denke ich, „das kann lustig werden! Links von mir Mariana, rechts Marianne!" Sie kommt aus Lehrte. Marianne ist, wie viele aus ihrer Klasse, wegen einer 5 in Französisch und Geschichte sitzengeblieben. Der Lehrer soll einfach unmöglich gewesen sein. Deshalb wechselt sie die Schule.
Die Glocke schrillt. Das Murmeln verebbt. Der Unterricht beginnt. Jeder muß sich mit Namen vorstellen und sagen, woher er kommt. Auch die anderen dreißig Mädchen im Raum kennen sich nicht alle untereinander. Sie sind aus der a-, b- und c- Klasse zusammengewürfelt. Wir sind die erste mathematisch-naturwissenschaftliche Klasse an dieser Schule. Sozusagen ein „Versuchskaninchen". Herr Apelt fragt einige Schülerinnen, weshalb sie diesen Zweig gewählt haben. Viele meinen, Mathe und Naturwissenschaften seien ihre Lieblingsfächer. Eine bekennt offen: „In Sprachen bin ich

schwach." Alle lachen. Herr Apelt schmunzelt: „Ich hoffe, die Matheklasse dient Euch nicht als Notlösung, auf diese Weise das Abi zu schaffen. Ihr werdet hier mathematisch – das heißt ‚logisch' – denken lernen. Das braucht Ihr für das Leben. Ihr sollt Einblick in die Gesetzmäßigkeiten der Natur, den Aufbau von Atomen, Molekülen und deren Verbindungen bekommen. Es ist nicht wichtig, chemische Formeln auswendig zu pauken, sondern zu verstehen, wie in der Natur ein Gesetz in das andere greift." Er hält die dicken Hände zusammen auf dem Rücken. Schreitet zwischen der Tafel und dem Experimentiertisch auf und ab. Lustig schauen seine blauen Augen durch die vergrößernden Brillengläser. Er fährt fort: „Manchen von Euch wird dadurch das Großartige der Natur bewußt werden. Einige von Euch können vielleicht später in die Forschung gehen. Ja, vielleicht ist sogar eine zukünftige Frau Doktor oder Professor unter Euch?" Er schaut in die Runde. Alle lachen.

Der Stundenplan wird an die Tafel geschrieben, eine Klassensprecherin gewählt. Waltraud heißt sie, wird Wallau von uns genannt. Sie kann ungehemmt mit Lehrern und Schülern reden.

Biologie gibt Fräulein Albany, ein energisches, ältliches Fräulein. Sie betritt in straffer Haltung den Raum. Fräulein Albany war bis jetzt die Klassenlehrerin der c- Klasse. Zu ihren Ehemaligen hat sie daher ein besonderes Verhältnis. Den Neuen gegenüber ist sie skeptisch. Die müssen sich erst beweisen, ehe sie die akzeptiert.

Wir sprechen über die Befruchtung der Blume. Sie ruft mich auf: „Caritas, wo befindet sich der Fruchtknoten?" Ach du meine Güte! Darüber haben wir nie in der Freien Waldorfschule gesprochen. Ich stottere: „In der Mitte." Sie winkt ab. „Marianne?" „Mehr oben." Fräulein Albany ist zum Platzen geladen. Man sieht es ihrem gespannten Gesicht an. Scharf sagt sie: „Setzen. Was hast Du zu sagen, Mariana mit dem einen ‚n'?" Mariana wiegt den Kopf hin und her, meint vorsichtig: „Unten." Fräulein Albany explodiert: „Ihr drei Neuen habt von nichts eine Ahnung! Oben, Unten, Mitte! Alles geht bei Euch durcheinander!" Ich ahne, es wird lange dauern, in Bio auf einen grünen Zweig zu kommen.

Anders ist es in Latein. Hier beginnt man mit dieser Sprache erst in der 9. Klasse. Unser Lehrer heißt Wüstefeld. Wir nennen ihn mit Spitznamen „Wüstus". Er gibt uns auch andere Namen. Mich nennt er „Charité". Seitdem rufen mich fast alle so. Marianne Langerbein heißt, in Anlehnung an

die bekannte englische Erzählung, „Daddy Longlegs“. Mariana wird phonetisch verändert in „Marihuana“.
Wüstus ist immer gut aufgelegt. Die lateinische Sprache stellt er als puppenleicht hin. Nach jedem übersetzten Satz sagt er: „Seht Ihr, so einfach ist das.“ Wenn wir den Inhalt beim Übersetzen verdrehen, kann er sich vor Lachen kaum beruhigen. Am meisten gefällt ihm die Falschübersetzung: „Tugend ist Mangel an Gelegenheit“.
Französisch und Geschichte gibt Fräulein Dr. Müller. Wegen ihrer etwas molligen Figur heißt sie bei uns nur „Die Dicke Müller“. Gerne macht sie sich das Leben bequem. Zunächst fragt sie die Schülerinnen, was sie bisher in diesen Fächern für Noten hatten. Dann notiert sie sich die genannten Zensuren in ihrem Taschenbuch. Wer im letzten Zeugnis eine 4 hatte, hat bei ihr keine Aussicht auf eine 2. Sind die Kenntnisse in Französisch mangelhaft, so müssen sie das auch in Geschichte sein.
Der Geschichtsunterricht ist langweilig. Wochenlang hören wir von den Griechen und Römern. Ab und zu diktiert sie Texte. Wenn sie keine Lust dazu hat, läßt sie uns eine Geschichtsarbeit schreiben. Fast alle legen sich das Heft auf die Knie. Schreiben wörtlich den diktierten Text ab. Die Benotung für dieselben Worte fällt jedoch unterschiedlich aus, entsprechend der Zensur im letzten Zeugnis.
Einmal bekommen wir die Zettelarbeiten nicht wieder. Angeblich sollen sie in einer Blindenanstalt verlorengegangen sein. Wir schauen uns verwundert an. Was suchen unsere Arbeiten in einer Blindenanstalt? Aber zensiert sind sie. Fräulein Dr. Müller schlägt ihr Notizbuch auf und liest die Noten vor. Sie stimmen mit denen vom letzten Zeugnis überein.
Herr Dr. Steigerwald ist unser Deutschlehrer. Oft findet er unsere Aussprüche noch sehr unreif. Er sagt das nicht mit Worten. Dazu fühlt er sich uns gegenüber zu überlegen. Er gibt das auf andere Art zu verstehen. Dann nimmt er seine Brille ab, kaut ironisch lächelnd an den Hornbügeln. Setzt sie nach einem vielsagenden Schweigen wieder auf die Nase. Fährt im Unterricht fort, als sei nichts gewesen.
Heute schreiben wir bei ihm zum ersten Mal einen Deutschaufsatz über vier Stunden. Thema: „Die Jungfrau von Orleans“. Natürlich kann Herr Dr. Steigerwald nicht während der vier Stunden bei uns sein. Die Aufsicht übernehmen jeweils die Lehrer, die regulär bei uns Unterricht hätten. In der letzten Stunde ist Fräulein Dr. Müller dran. Aber wir wollen unsere „Dicke Müller“ heute „reizen“, etwas ärgern. Haben uns alle verabredet, in langen

Hosen zu kommen. Uns ist bekannt, sie mag es nicht, wenn Mädchen oder Frauen lange Hosen tragen. (Vielleicht, weil sie nicht die Figur dafür hat!)
Vierte Stunde. Fräulein Dr. Müller sitzt vorne am Lehrertisch, die Arme verschränkt. Sie mustert uns. Ihr enger Rock spannt sich über die runden Knie. Wir beginnen mit unserem „Spiel“. Eine nach der anderen bittet um Erlaubnis, austreten gehen zu dürfen. Herausfordernd spazieren die Schülerinnen am Lehrertisch vorbei, schwenken ihre Hüften. Fräulein Dr. Müller folgt den Mädchen kopfschüttelnd mit dem Blick. Kurz vor Ende der Stunde kann sie nicht mehr an sich halten. „Nein“, fährt es aus ihr raus, „Hosen sind häßlich für Mädchen und Frauen. Es sollte verboten werden, sie an Mädchenschulen zu tragen.“ Das Stichwort ist gefallen. Heiße Gegenrufe aus der Klasse. Diskussion. Die „Heilige Jungfrau“ ist vergessen. Ich stehe auf und sage: „Ich habe Rheuma und darf nicht ohne Hosen gehen.“ Die Klasse tobt vor Lachen. Herr Dr. Steigerwald steht schmunzelnd in der Tür. Er hat die letzten Worte mitgehört. Wir sollen die Aufsätze abgeben. Die „Dicke Müller“ wird puterrot. Sie wendet sich zu ihm: „Ich weiß nicht, wie das Mädchen auf das Thema kommt!“ Währenddessen betone ich immer wieder: „Ich darf nicht ohne Hosen gehen!“
Was habe ich riskiert? In Franz und Geschichte stehe ich auf „knapp ausreichend“. Was passiert, wenn ich in diesen Fächern wegen „ungehörigen Benehmens“ auf eine 5 absinke? Die „Dicke Müller“ legt großen Wert auf gutes Verhalten. In der Mathestunde trägt unsere Klassensprecherin mein Problem Herrn Apelt vor. Er runzelt die Stirn. Dann rät er schmunzelnd: „Besser, Du gehst Dich morgen bei ihr entschuldigen.“
Die Nacht ist lang. Ich mache mir Gedanken. Außerdem haben wir morgen erst nachmittags Schule. Pünktlich um ein Uhr stehe ich vor dem Lehrerzimmer, frage nach Fräulein Dr. Müller. Sie kommt heraus, nimmt die Entschuldigung an. Dann sagt sie: „Du siehst also ein, daß Du Dich gestern falsch benommen hast.“ Ich nicke. Was tut man nicht alles, nur um „knapp ausreichend“ in Geschichte und Franz zu halten?

Mariana und ich haben uns angefreundet. Manchmal besuche ich sie. Wir machen zusammen die Schularbeiten. Mariana wohnt sehr romantisch. Das Wohnhaus in der Zeppelinstraße wurde zum Teil im Kriege zerstört. Die Treppe zu ihrer Wohnung im ersten Stock liegt noch im Freien. Daher wirkt der Zugang zur Eingangstür kulissenhaft. Das paßt gut zum Inneren der Wohnung, denn Mariana kommt aus einer Künstlerfamilie. Ihr Vater war

Dirigent und verunglückte mit dem Auto tödlich, als sie noch ganz klein war. Ihre Mutter ist Opernsängerin und sehr lebhaft. Wenn sie von ihren Bühnenerlebnissen erzählt, höre ich ihr gebannt zu.
Ich sitze im alten Lehnstuhl und blättere im vergilbten Photoalbum. Frau Schmidt-Stein muß sehr schön gewesen sein. Hier ist ein Photo von ihr als „Violetta" in „La Traviata".
Nach einer Weile werde ich aus meinen Gedanken gerissen: „So, Fräulein Caritas, jetzt gehen Sie zur Mariana auf den Balkon und trinken gemeinsam ein Täßchen Tee." Frau Mainka sagt es zu mir, von Mariana und Frau Schmidt-Stein „Ilda" gerufen. Sie ist der liebe, sorgende Geist in diesem „Drei-Mäderl-Haus", schon seit vielen, vielen Jahren. Es ist eigenartig, wie die Musikalität in diesem Hause ansteckt. Wenn sich die drei Frauen unterhalten, klingt es manchmal wie ein Singspiel.
Ich schließe das Photoalbum und stelle es in den Schrank zurück. Über dem Flügel hängt eine riesige Kopie der „Sixtinischen Madonna" von Raffael. Lustig schauen die Engelchen vom Bild, als würden sie mir zulächeln.

Es ist Herbst. In der Tanzstunde beginnen die neuen Kurse. Die meisten aus unserer Klasse melden sich dazu an. Ich zögere. Der Unterricht ist nicht billig. Erstaunlicherweise raten die Eltern zu, teilzunehmen. Sie meinen, ein Mädchen solle tanzen können.
Tanzschule „Helga Meseke". Ein langer Saal mit spiegelglattem Parkett, an den Wänden kristallene Leuchter. Zur Straßenseite ein halbrunder Fenstererker mit Ausblick auf die Eilenriede. Wir „Damen" stehen an der einen langen Wand, nach Größen sortiert. Die Herren uns gegenüber. Eigentlich kann man sie noch nicht als solche betiteln, denn viele von ihnen sehen sehr jungenhaft aus. Die meisten von ihnen sind Schüler der zehnten Klasse des Humboldt-Gymnasiums.
Helga Meseke, unsere Tanzlehrerin, steht in der Mitte des Saales. Sie ist eine charmante, junge Frau mit gepflegtem Äußeren. Zur Begrüßung dreht sie sich auf ihren hohen Absätzen in alle Richtungen. Ihr Glockenrock schwingt mit. Es folgt ein kleiner Anstandsunterricht. Auch das gehört zur Tanzstunde. Als erstes lernen wir Mädchen den Hofknicks. Jede Dame muß drei Schritte vorgehen, den linken Fuß schräg zurücksetzen, tief knicksen. Dabei sollte sie den möglichst weiten Rock graziös in den Händen halten. Beim Hochkommen dem jungen Mann lächelnd in die Augen schauen. Dieser macht dann eine kleine Verbeugung und sagt: „Darf ich bitten?"

Ingund bückt sich beim Hofknicks zu tief. Der Partner kann in ihren Ausschnitt schauen. Das gilt als unanständig. Bei Ingund gibt es viel zu sehen! Sie muß den Hofknicks dreimal wiederholen.
Wir lernen langsamen und Wiener Walzer, danach Foxtrott. Helga Meseke klatscht in die Hände und ruft dazu: „Ziii-lin-der-hut, Ziii-lin-der-hut! Zunächst übt jeder für sich allein die Schritte nach diesem Rhythmus. Dann werden die Herren auf die Damen losgelassen. Die Haltung der Paare beim Tanzen wird beobachtet. Wehe, wenn einer seine Dame zu dicht an sich zieht, oder das Mädchen ihrem Partner den Arm um den Hals legt! Beim Tango sind extremere Haltungen erlaubt. Die Dame neigt den Oberkörper stark nach hinten. Der Mann folgt der Bewegung. Beide marschieren im Takt einige Schritte in dieselbe Richtung, ehe sie sich wieder zackig wenden. Der Lange, mit dem Wallau tanzt, summt die Melodie leise mit: „Florentinische Nächte, und auch Du, Klein-Isabella…" Plötzlich wird es dunkel im Saal. Jemand hat den Lichtschalter ausgedreht. Die Tanzlehrerin schaltet ihn wieder ein und hält die Schallplatte an. „Wer war das?" fragt sie. Keiner meldet sich. „Ich möchte es wissen! Vorher geht es nicht weiter." Schweigen. Endlich hebt ein kleiner Jüngling in viel zu weiten Hosen die Hand. Alle schauen auf ihn. Den hätten wir am wenigsten verdächtigt. Helga Meseke hält eine Standpauke: „Es ist ungehörig und zeugt von schlechtem Benehmen, das Licht beim Tanzen auszuschalten. Ich wünsche, daß es nie wieder vorkommt." Der Kleine errötet und entschuldigt sich. Die Platte dreht sich wieder. Aus dem Lautsprecher tönen die „Florentinischen Nächte". Wir tanzen im Hellen weiter.
Während der Pause gehe ich mich im Toilettenraum erfrischen. Ich spüle mir die erhitzten Hände ab. Ein kritischer Blick in den Spiegel. Das kalte Licht aus den Neonröhren ist grausam. Ich ziehe die Lippen nach. Komisch, obwohl ich mit Farbstiften gut male, fällt mir das Schminken schwer. Schnell noch einen Tupfer Parfum hinter die Ohren. Hier im Waschraum vor den Toiletten treffen sich fast alle Mädchen. Einige tuscheln über die „Knilche". Es herrscht eine gespannte Atmosphäre, wie vor Abfahrt eines Zuges. Wir „Damen" sind in der Überzahl. Jede hat insgeheim Angst, daß sie nicht zum Tanzen aufgefordert wird. Mich holt immer derselbe, ein großer, dunkelhaariger mit Brille: Reinhold Krull.
Die Zeit vergeht schnell. Sonntag in acht Tagen ist Abschlußball in der Stadthalle. Jeder Herr hat für den Abend eine Dame aufzufordern. Er soll sich nach der Farbe des Kleides erkundigen und dementsprechend die Blu-

men auswählen. Herr Krull kommt auf mich zu, verneigt sich: „Darf ich Sie zum Abschlußball einladen?“ „Danke, gerne.“ Er fragt nach dem Aussehen meines Ballkleides. „Rosa Unterrock, schwarzer Tüll“, antworte ich. Er lacht: „Nur gut, daß Frau Meseke das nicht gehört hat. Ich meine, das mit der Farbe des Unterrockes.“ Sonntagvormittag will er zum Anstandsbesuch kommen. Mein Bruder fiebert vor Neugierde. Wir haben ein Geheimzeichen abgesprochen: Wenn ihm mein Tanzpartner gefällt, wird er sich auf den Klavierhocker setzen.
Pünktlich um elf Uhr klingelt es. Ich öffne die Tür. Herr Krull macht eine Verbeugung. In der Hand hält er einen Strauß, ausgewickelt, so wie es sich gehört. Das zusammengeknüllte Papier guckt aus der Jackettasche. Die Blumen sind für meine Mutter. Wir laden ihn zu einem Glas Wein ein. Mein Bruder kommt in das Zimmer. Er reicht Herrn Krull die Hand. Dann dreht er sich im Kreise und läßt sich schmunzelnd auf dem Klavierhocker nieder. Bald unterhält er sich angeregt mit meinem Tanzstundenherrn über das Schachspielen. Herr Krull ist Jugendschachmeister von Niedersachsen.
Ein Mädchen in unserer Gruppe ist still und zurückhaltend. Es heißt Renate und trägt einen geflochtenen Mozartzopf. Renate hält den Kopf immer leicht gesenkt, sogar beim Sprechen. Nur der Blick geht dann von unten nach oben. „Woher kommst Du?“ will ich wissen. Sie spricht langsam und leise: „Aus Ostpreußen.“ Ich erfahre ihre Lebensgeschichte. Sie hat viel Schweres auf der Flucht erlebt. Die östliche Heimat verbindet uns. Wir wollen beim Abschlußball am gleichen Tisch sitzen. Renate wird bei uns übernachten. Sie ist Fahrschülerin aus Springe. Spät abends gibt es keine Zugverbindung mehr. So beginnt unsere Freundschaft.
Der Abschlußball wird ein Höhepunkt. Alle Damen erscheinen in langen Kleidern. Wir stellen uns hintereinander auf. Den linken Arm schieben wir leicht unter den des Herren. Im rechten tragen wir die Blumen. Herr Krull hat mir rote Nelken geschenkt. Hinter mir steht Renate mit ihrem Herrn im dunkelblauen Tüllkleid mit rotem Unterrock und rosa Nelken. Sie flüstert: „Cary, wollen wir die Sträuße wegen der Farben tauschen?“ Ich lache und schüttele den Kopf. Die ersten Takte der Polonaise erklingen. Frau Meseke führt mit einem Herrn die Kolonne an. Hinter uns Schülern folgen die Eltern, Verwandten und Lehrer. Sogar Herr Apelt ist mit seiner Frau dabei.
Nach der Polonaise bleiben zunächst nur die Tanzschüler auf dem Parkett. Jetzt heißt es, den Anwesenden zu zeigen, was wir gelernt haben, daß das Geld für die Tanzstunden nicht vergeblich war. Wer einen Fehler macht,

muß ausscheiden. Die Kapelle spielt den Kaiserwalzer. Mir dreht sich alles im Kopf vom Herumwirbeln. Dann kommt ein Foxtrott, danach Tango. Plötzlich beginne ich zu überlegen, wann ich welches Bein wie weit heben muß. Reinhold und ich kommen aus dem Takt. Er zieht mich vor Aufregung dichter an sich. Mit den Oberschenkeln gibt er mir einen Schubs, in welche Richtung wir müssen. Das bringt mich total durcheinander. Frau Meseke kommt auf uns zu. Wir müssen ausscheiden. Trotzdem war es ein herrlicher Ball.

Manche Freundschaften halten ein Leben lang, zum Beispiel die von Tante Paula und Amu. Während der Schulzeit waren die Beiden unzertrennlich. Jetzt, da sie selber eine Familie haben und in verschiedenen Städten wohnen, ist es ihr Herzenswunsch, sich wenigstens einmal jährlich wieder zu sehen. Dieses Treffen findet immer zu Pfingsten bei Tante Paula statt. Sie lebt mit ihrem Mann, drei Töchtern, ihrer Mutter und einigen Tieren in Bremen-Lesum. Nach Flucht und Lagerleben wurde ihrer Familie eine etwas verfallene, ehemalige Reedervilla zum Wohnen zugewiesen. Das Haus hat viele Zimmer, so daß wir dort gut übernachten können. Tante Paula ist meistens lustig. Ihre Brauen sitzen wie spitze Dachgiebel über den munteren Augen. Wir Kinder finden, unsere Mütter ähneln sich: beide sind schlank und lebhaft. Eigenartigerweise gleichen sich auch die Väter. Sie sind ruhig und sanft. Stundenlang können sie über Politik reden, über Konrad Adenauer und Theodor Heuss. Als könnten sie dadurch den Lauf der Welt ändern. Wir „Jugendlichen" kommen auch sehr gut miteinander aus. So freuen wir uns alle immer auf den mehrtägigen Pfingstausflug.
Es ist Pfingstsamstag und bereits dunkel, als wir mit dem Tempowagen in den Park fahren. Das Licht auf der Terrasse des großen Hauses geht an. Die Töchter laufen uns entgegen. Der Vater kommt zur Begrüßung. Als Letzte erscheint Tante Paula. Sie hält ihren grauen, strubbeligen Zwergschnauzer auf dem Arm. „Butzi, wie singt Caruso?" sagt sie zum Hund. Dieser spannt den Körper, streckt den Hals und die Nase senkrecht hoch und jault: „Uhhahh-uhhahh!" Alle lachen. Tante Paula setzt ihn auf den Rasen: „So, jetzt hast Du Dein Ständchen gebracht. Nun kannst Du laufen." Und zu Amu gewandt: „Unsere Oma ist schon schlafen gegangen. Sie konnte Euch nicht mehr erwarten."

Wir gehen in das Haus. Im großen Wohnzimmer ist der Abendbrottisch gedeckt. Zehn Stühle, keiner gleicht dem anderen, stehen um das große Oval. Hjalmar prüft mißtrauisch den Stuhl, bevor er sich setzt. Tante Paula lacht: „Der Stuhl wird Dich schon tragen, Hjalmar. Wenn nicht, mußt Du das Stuhlbein wieder hineinklopfen. Wir haben kein Geld für neue Möbel. Alle Gegenstände stammen aus dem Geschäft meines Mannes. Er kauft antike Möbel an, arbeitet sie auf und bietet sie wieder zum Verkauf an." Sie deutet auf das schwarze Büffet aus dem neunzehnten Jahrhundert und den Biedermeiersekretär. An den Wänden hängen nachgedunkelte Frauenporträts in barocken Goldrahmen.
Am nächsten Morgen setze ich mich auf die Stufen der Terrasse und schaue den Hühnern zu. Sie laufen frei im Park herum. Ortrud, Tante Paulas jüngste Tochter, zeigt auf zwei Hähne. Sie sagt: „Ihre Namen sind aktuell. Sie heißen Konrad und Theodor. Natürlich dürfen sie nie geschlachtet werden. Willst Du Tito sehen? Komm mit in die Küche!" Dort sitzt ein großer Kater mit rotem Rücken und weißem Bauch unter dem Tisch. Ab und zu kommt eine Pfote blitzschnell hoch und versucht, etwas Eßbares herunterzuangeln.
Papa ist heute unausgeschlafen. Er beklagt sich bei Tante Paula: „Ihr habt viele Tiere, und ich liebe Tiere. Aber die kleinen Prachtfinken, deren Käfig neben meinem Bett steht, haben mich nicht schlafen lassen. Wie eine alte Nähmaschine haben sie gequietscht. Schließlich habe ich mein Jackett über den Käfig gehängt. Dann gab es endlich Ruhe."
Bei Tante Paula kann man gut ausspannen, denn sie nimmt es mit der Ordnung nicht zu genau. Die Atmosphäre ist gelockert und gemütlich. Höchstens kommt es morgens vor dem „Örtchen" zu Streß und Aufregungen. Wir sind zehn Personen, und alle wollen dort hinein. Rena klopft schon zum dritten Mal an die Tür: „Hjalmar! Wann bist Du endlich fertig?" Er kommt heraus und sagt: „Tut mir leid. Ich habe mich schon beeilt."
Ein paar Stunden später haben wir die Bescherung der Hetze. Wir stehen in Bremen vor dem Völkerkundemuseum und wollen uns gemeinsam die Ausstellung anschauen. Plötzlich entdeckt Rena, daß unter Hjalmars Anzughose ein Stück seines gestreiften Pyjamas hervorschaut. Mein Bruder hatte in der Eile vergessen, die Schlafanzughose auszuziehen. Rosi wischt sich vor Lachen die Tränen. Passanten schauen belustigt zu uns herüber. Wir machen Hjalmar auf sein Mißgeschick aufmerksam. Ein Schrecken durchfährt ihn. Wir bilden einen Halbkreis um ihn, bis es ihm gelingt, die Pyjamahose in der Taille hochzuziehen.

Unsere Klasse ist in den „Musentempel“ umgezogen, ein Nebengebäude der Schule. Das hat einige Vorteile. Die Lehrer brauchen fünf bis sieben Minuten, um von ihrem Zimmer zu uns zu gelangen. Die Unterrichtsstunden sind kürzer. In den Pausen müssen wir nicht auf den Hof gehen. Wir sind ohne Aufsicht. Dadurch haben wir Zeit, uns Streiche auszudenken. Fräulein Dr. Müller kleben wir einen Harzer Käse unter den Tisch. Sie hält den Gestank nicht aus und läßt den Tisch auswechseln. Uns stinkt aber auch etwas: ihr Französischunterricht. Wir lernen nichts bei ihr. Die Zensuren verteilt sie noch immer willkürlich. Wir bitten Herrn Apelt, uns eine andere Lehrkraft für dieses Fach zu geben. Er lächelt verlegen: „So einfach geht das nicht. Ich schlage vor, wir berufen einen Elternabend ein.“ Das Ergebnis: Fräulein Dr. Müller bleibt zunächst weiterhin unsere Lehrerin. Sie will sogar beweisen, daß wir Besonderes in diesem Fach leisten können. Wir werden ein französisches Stück von einer Bauernhochzeit aufführen. Schülerinnen, die eine gute Aussprache haben, bekommen Hauptrollen zugeteilt. Mariana ist für den Halsschmuck der Braut verantwortlich. Sie bringt funkelnden Bühnenschmuck aus dem Schatzkästlein ihrer Mutter mit. Fräulein Dr. Müller ist vom Glitzern geblendet und begeistert. Mariana rückt prompt für diese Mitarbeit von einer 4 auf eine 2. Meine Aufgabe ist es, das Hochzeitsmahl zu richten. Ich fertige aus Pappmaché gebratene Hähnchen an. Sie sehen echten zum Verwechseln ähnlich. Außerdem darf ich die Bühnenbeleuchtung bedienen. Für dieses Quartal rücke ich auf eine glatte 3. Renate versetzt oft die Klasse in Staunen. Jetzt weigert sie sich, am Geräteturnen teilzunehmen. Manche von den Mitschülerinnen schütteln darüber verständnislos den Kopf. Anderen wiederum imponiert ihr Mut. Herr Apelt stellt sie zur Rede: „Renate, Sie bekommen eine 5 in Sport, wenn Sie nicht mitturnen.“ Sie darauf: „Es ist mein Körper. Keiner kann mich dazu zwingen, an den Geräten zu turnen. Glauben Sie etwa, ich will solche Muskeln wie unsere Sportlehrerin bekommen?“ Alle lachen. Diese ist nämlich ein älteres, resolutes, muskulöses Fräulein. Oft hat sie eine eigenartige Ausdrucksweise. Damit ist sie schon in der Parallelklasse angeeckt. Beim Bockspringen fordert sie die Mädchen auf: „Jungfrau! Kiste hoch!“ Renate muß zur Direx. Aber sie bleibt bei ihrem Grundsatz. Lieber steckt sie eine 5 ein, als daß sie nachgibt.

Renate schwärmt für Caesar. Die letzte Stunde vor Ferienbeginn liest uns „Wüstus“ aus einem dicken Buch über Caesar vor. Ab und zu stoppt er und schmunzelt, sagt: „Den nächsten Absatz muß ich überspringen. Den darf ich

in der Schule nicht vorlesen." Nach der Stunde geht Renate zu ihm, möchte sich das Buch über die Ferien ausleihen. Er gibt es ihr. Wir stöbern es durch. Renate radiert die Bleistiftklammern fort. Die Schülerinnen werden sich freuen, wenn „Wüstus" versehentlich erotische Absätze vorlesen wird...
„Wüstus" ist natürlich und kameradschaftlich. Früher war er Offizier. Oft schwärmt er noch von jener Zeit. Manchmal erzählt er auch vom Studium. Als Studenten durften sie sich nur lateinisch unterhalten. Er ist nicht nur Lateinlehrer, sondern auch Philosoph. Im Unterricht lesen wir Seneca. Wir sprechen über dessen Gedanken und Anschauungen. In seinen Schriften kommt immer wieder der Satz vor: *„Suche Dir eine Gelegenheit zu beweisen, wer Du bist."* Oder: *„Erst im Unglück zeigt sich Dein wahrer Charakter."* Auch von Ovid stehen Verse in unserem Lesebuch. Wir kennen sie auswendig, ehe wir sie im Unterricht lesen: *„Da mi basia mille, deinde centum, deinde secunda altera..."* Bei solchen Sätzen nimmt mich „Wüstus" gerne zum Übersetzen dran. Ich sage: *„Gib mir tausend Küsse, darauf noch hundert..."* Er schmunzelt: „So ist es richtig. „Marihuana, bitte weiter!" Mariana ist es peinlich. Sie wiegt den Kopf hin und her. Druckst leise die Übersetzung heraus.

Die Elisabeth-Granier-Schule ist in ihr eigenes Gebäude am Bonifatiusplatz zurückgezogen. Bis jetzt war die Leibniz-Schule dort untergebracht. Deren Haus wurde im Kriege zerstört. Dafür hat sie nun ein modernes Gebäude bekommen. Hier erscheinen mir die Gänge schmaler als in der Sophien-Schule, wo wir bis jetzt zu Gast waren. Die Klassenzimmer sind kleiner und intimer. Aber sonst hat sich nicht viel geändert. Herr Apelt ist zum Glück noch immer unser Klassenlehrer. Ich sitze weiterhin zwischen Renate und Mariana. Letztere ist nicht mehr das kleine Mädchen. Die Zöpfe sind ab, außerdem hat sie einen Verehrer.
Mariana und ich haben oft Gedankenübertragung. Die Lehrer wollen uns das nicht abnehmen. Sie behaupten, wir würden bei Klassenarbeiten voneinander abschreiben. Können sie denn nicht akzeptieren, daß es Gedankenübertragung gibt?

Sommer 1951. Fast alle reisen in dieser Zeit „per Anhalter" in die Ferien. Hjalmar war mit Erhard schon in den Alpen und am Königssee. Amu und ich wollen in den Schulferien nach Backnang, zu Familie Kluge. Wir ken-

nen die Familie von der Heimat her. Papa bringt uns morgens zur Ausfahrt der Autobahn Richtung Süden. Ich stehe am Straßenrand und winke. Manche Fahrer winken freundlich zurück. Endlich bleibt ein Laster stehen. Wir dürfen mitfahren. Amu und ich klettern in das hohe Führerhaus. Kurz vor Kassel setzt uns der Fahrer ab. Seit Stunden versuchen wir, von hier weiterzukommen. Schließlich geben wir es auf und fahren mit dem Bus nach Frankfurt zum Bahnhof. Dort übernachten wir im Wartesaal. Morgens versuchen wir noch einmal unser Glück. Wir fahren mit dem Bus an den Stadtrand. Kaum sind wir einige Meter gegangen, hält ein Personenwagen neben uns. Der Fahrer kurbelt die Scheibe herunter und fragt freundlich: „Darf ich Sie mitnehmen? Ich muß nach Stuttgart!“ Welch ein Glück! Wir steigen ein. Die Zeit vergeht wie im Fluge. Unser Fahrer ist Schwabe. Wir unterhalten uns mit ihm, verstehen aber wegen seines Dialektes nur die Hälfte von dem, was er sagt.
Wir nähern uns dem Ziel. Stuttgart liegt vor uns im Tal. In Kurven führt die Straße bergab in das Zentrum. Ich staune über die Weinberge mitten in der Stadt. Cousine Grace soll hier wohnen. Wir werden zum Einwohnermeldeamt gehen und nach ihrer Adresse fragen. Der nette Herr kennt sich hier aus. Er hält den Wagen an: „Am beschte, Se steiget do aus. No gangetse des Gäßle nuf und die Stäffele na…“ „Die Stäffele?“ unterbrechen ihn Amu und ich wie aus einem Munde. Er fährt fort: „In Stuagart hats viele Stäffele. Die müsset Se steige.“ Wir begreifen: Stäffele sind Treppen. Er spricht weiter: „Später kommet Sie uf die Königsstroß. Do isch der Schloßplatz mit dene Brünnele. Von dort aus goht Pieksenstraß ab. Da isch's Amt.“ Wir wiederholen „Pieksenstraße“. Ich pieke dabei mit meinem Fingernagel auf den Handrücken, um mir das Wort einzuprägen. Wir bedanken uns bei dem netten Herrn. Er reicht uns die Hand: „An schöne Tag no!“ und fährt davon. Wir können die „Pieksenstraße“ trotz der exakten Beschreibung nicht entdecken. Aber eine Dame weiß, wo sich das Einwohnermeldeamt befindet. Sie begleitet uns bis dort hin. Wie Schuppen fällt es uns von den Augen. Auf dem Straßenschild steht: „Büchsenstraße“. Wir haben ein schwäbisches Wort gelernt: „Büchsen“ heißen hier scheinbar „Pieksen“. Wir erfahren die Adresse und treffen uns nachmittags mit Grace in der Bahnhofswirtschaft.
Gegen Abend erreichen wir unser Reiseziel Backnang. Frau Kluge begrüßt uns herzlich. Papa Kluge ist wortkarg. Er hat eine Art, daß ich mich in seiner Gegenwart wie ein kleines Mädchen fühle. Ulf, zwei Jahre älter als ich,

ist ein Riese geworden. Er lernt bei Telefunken. Frieder geht noch zur Schule.
Wir erzählen Frau Kluge von unseren Sprachschwierigkeiten. Sie lacht: „Im Schwabenländle ist manches anders. ‚Heben' heißt ‚halten', ‚bäppen' bedeutet ‚kleben', an Stelle von ‚Guten Tag' sagt man ‚Grüß Gott'. Nachmittags um fünf Uhr sagen schon einige Schwaben beim Auseinandergehen ‚Gut's Nächtle!'"
In Backnang, einer alten Gerberstadt, stehen die Fachwerkhäuser oft dicht nebeneinander. Manche Gäßchen sind so schmal, daß man dem Gegenüber in das Zimmer schauen kann. Morgens hole ich beim Bäcker „Laugenbrezeln", eine schwäbische Spezialität. Abends essen Amu und ich Brot mit Schmelzkäse. Wir sparen, damit wir mit dem Zug nach Hause fahren können. Manchmal sagt Frau Kluge: „Ich kann nicht mehr mit ansehen, wie Sie nur Käse auf Brot essen. Bitte nehmen Sie auch von unserer Wurst."
Mit Ulf verstehe ich mich gut. Oft wandern wir abends zum Murrviadukt oder durch die Wiesen zum Wald. Es ist schon dunkel. Etwas leuchtet auf, schwebt sekundenlang wie eine Sternschnuppe vor meinem Gesicht und erlischt. Jetzt glimmt es neben mir. Drei, vier, fünf, sechs…unzählige Laternchen. Es sind Glühwürmchen. Ich will nach ihnen greifen. Aber sie erlöschen, ehe ich die Hand ausstrecke. Hinter mir höre ich Ulfs Stimme: „Glühwürmchen bringen Glück…"

Nach der zehnten Klasse gehen viele Schülerinnen ab. Die meisten wollen eine Handelsschule besuchen, um danach Sekretärin zu werden. Wir sind jetzt nur noch sechzehn Schülerinnen in der 11m.
Die Pfingstferien verbringe ich bei Renate in Springe. Im Garten steht eine Schaukel. Abwechselnd fliegen wir durch die Frühlingsluft, immer höher, auf und ab. Wir wandern im Deister. Durch das junge Buchenlaub fällt die Sonne. Renate empfindet wie ich die Schönheit der Natur; das helle Grün, die milde Luft, den Gesang der Vögel. Ich fühle mich mit ihr verbunden.
Wir kommen zu einem Turm, besteigen ihn. Von der Plattform kann man in die Weite schauen: „Zum Sehen geboren, zum Schauen bestellt, dem Turme geschworen gefällt mir die Welt…" Renate hält sich am Geländer fest. Plötzlich sagt sie: „Cary, was wäre, wenn ich hier hinunterspringen würde?"
„Komm, laß uns weiter wandern", sage ich, denn die Tiefe zieht. Im Deutschunterricht haben wir Goethes Turmbesteigung am Straßburger

Münster gelesen. Tagelang hat er den Aufstieg geübt, bis er endlich schwindelfrei auf der Plattform stehen konnte.

Wir haben einen neuen Gast in unserer Wohnung: Britta. Sie ist gelernte Gärtnerin und möchte für immer im Westen bleiben. Jetzt teile ich mit ihr mein Zimmer. Mir ist, als hätte ich eine ältere Schwester bekommen. Die Eltern müssen durch unseren Raum, wenn sie in ihr Schlafzimmer wollen. Deshalb wird ein Draht von einer Zimmerecke zur anderen gezogen. Darüber hängt Amu eine undurchsichtige Gardine. So haben wir Mädchen unser eigenes, kleines Refugium.

Sommer 1951. Britta ist für vierzehn Tage zu ihren Eltern in die Ostzone gefahren. Es ist ein strahlender Sonntagmorgen. „Ich will mit dem Fahrrad eine Runde um den Maschsee drehen", sagt mein Bruder zu mir. „Kommst Du mit?" Ich bin gleich dabei. In der „Seufzerallee" verlangsamt er das Tempo. Plötzlich beginnt er: „Zu Weihnachten will ich mich mit Britta verloben." Fast wäre ich auf einen Stein gefahren. Ich frage: „Was sagt sie dazu?" „Sie weiß es noch nicht!" ruft er und rast ein Stück voraus.

Vieles ändert sich jetzt. Olaf wandert nach Kanada aus. Vorher hat er sich mit Else von Lieven verlobt. Auch sie kennen wir noch aus der Heimat. In Riga war sie mit Hjalmar zusammen im Turnverein. Hjalmar sagt zu mir: „Siehst Du, jetzt ist der Olaf nicht mehr zu haben." Dann kommt Olaf sich verabschieden. Ist es für immer? Werden wir uns einmal wiedersehen?

Vorige Nacht habe ich kaum geschlafen. Unser Hund hat vor Schmerzen gewimmert. Zweimal bin ich aufgestanden und habe ihn mit meiner alten Jacke zugedeckt. Ich begreife, daß jedes Weiterleben für ihn nur Qual und Schmerzen bedeuten würde.
Beim Frühstück sagt Amu: „Wenn Du willst, komm mit in die Tierärztliche Hochschule. Wir müssen von Dicki Abschied nehmen." Der Bissen bleibt mir fast im Halse stecken. „Nein", sage ich. „Wir schreiben heute eine Mathearbeit." Ich kniee mich zum letzten Mal über unseren Hund, der mich dreizehn Jahre von der Kindheit bis jetzt begleitet hat. Er schaut mich an. Sein Blick ist grenzenlos. Heute verliere ich meinen besten Freund.

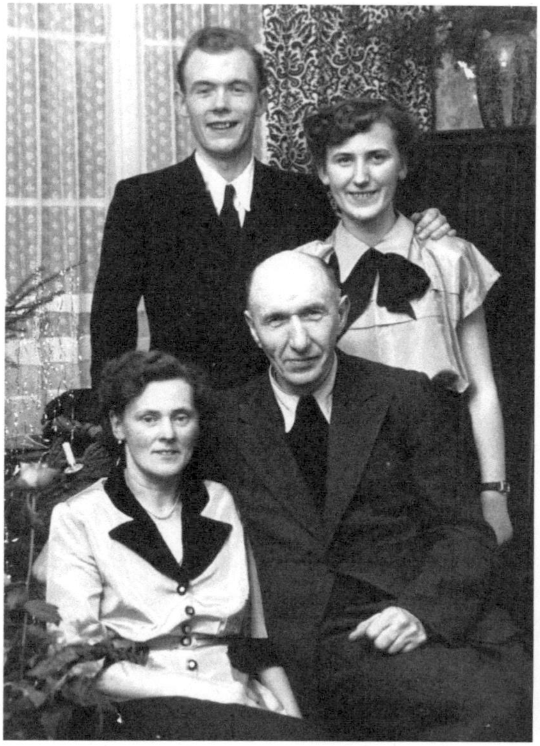

Familie Winkhardt 1951

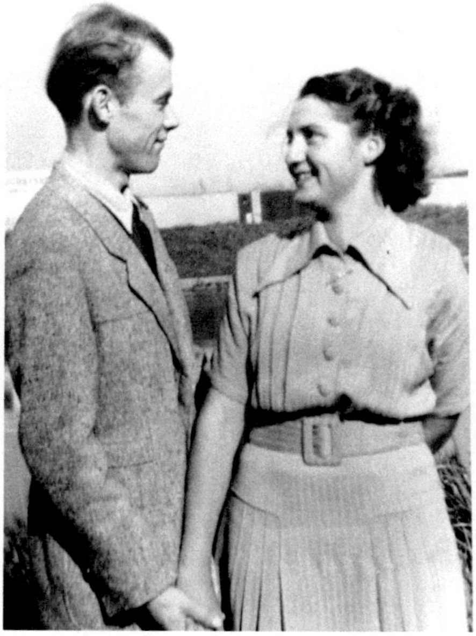

Verlobt: Hjalmar Winkhardt
und Britta Jurkowsky

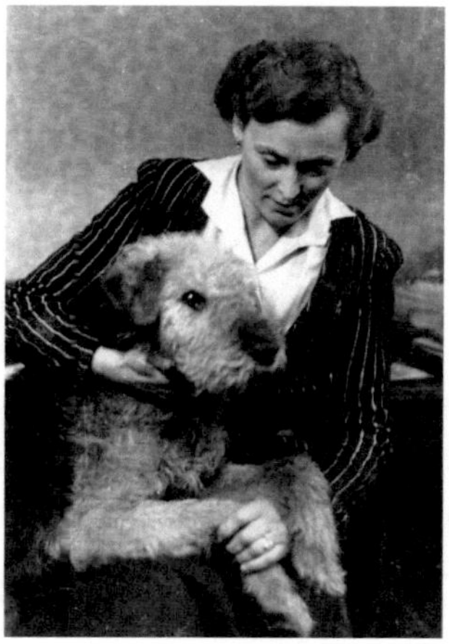

Helene Winkhardt mit Dicki

In den Weihnachtsferien fahre ich zu Renate nach Springe. Draußen liegt tiefer Schnee. Aber auch bei diesem Wetter zieht es uns in die Natur, genau wie im Frühling. Renate fragt: „Wohin wollen wir gehen, Cary?" Ich überlege: „Wie weit ist es von hier bis Bredenbeck? Dort wohnt Erhard. Ich will ihn nicht besuchen, nur in die Richtung gehen." Renate runzelt die Stirn. „Laß mich einmal überlegen… Eine Stunde hin, eine zurück… Mein Vater verlangt immer, daß ich vor Einbruch der Dunkelheit im Hause bin. Er ist sehr streng." Dann fährt sie fort: „ Ach, es ist gleich, uns wird schon eine Ausrede einfallen."
Die Sonne sinkt wie ein Feuerball. Wir stampfen durch den hohen Schnee bergauf. Im Deutschunterricht sprechen wir in diesen Wochen über die literarische Periode des Sturm- und Drang. Wir lernen Gedichte von Goethe und Schiller aus dieser Zeit. Sie beeindrucken uns stark. Bei manchen haben wir das Gefühl, als wären sie uns aus der Seele geschrieben. Ich frage Renate: „Kannst Du schon ‚Willkommen und Abschied' auswendig?" Dann beginne ich mit der ersten Strophe:

„Es schlug mein Herz; geschwind zu Pferde!

Es war getan fast eh gedacht.

Der Abend wiegte schon die Erde,

Und an den Bergen hing die Nacht:"

Renate fällt jetzt mit ein:

„Schon stand im Nebelkleid die Eiche,

Ein aufgetürmter Riese, da,

Wo Finsternis aus dem Gesträuche

Mit hundert schwarzen Augen sah."

Die Sonne ist versunken, das Abendrot verloschen. Wir gehen durch den Wald. Wie angewurzelt bleiben wir stehen. Das gibt es doch nicht! Erhard kommt uns im Lodenmantel mit aufgeschlagenem Kragen entgegen. Es gibt Gedankenübertragung! Mir schießt das Blut in die Wangen. Er fragt: „Was führt Euch in diese Gegend?" Renate schaltet schnell: „Ich habe in Physik ein Referat über Robert Mayer zu halten. Können Sie uns vielleicht ein

Buch leihen?" Er schmunzelt: „Über Robert Mayer, den Wärmemenschen? Kommt mit. Ich habe eins."

Erhards Vater ist beim Freiherrn von Knigge Chauffeur. Sie wohnen auf dem Gut. Ein warmer Mistgeruch schlägt uns entgegen, als wir in den Innenhof treten. Aus den Stallgebäuden muht und blökt es. Eine rundliche Frau, mit liebem Gesicht, kommt auf uns zu. Es ist Frau Putzig, Erhards Mutter. Sie lädt uns ein, ins Haus zu kommen. Wir lehnen aus Zeitmangel ab. Daraufhin holt sie eine Tüte Kekse als Stärkung für unseren Heimweg. Erhard gibt uns das Buch und begleitet uns noch bis zum Wald. Zum Abschied drückt er lange meine Hand. Auch Blicke können sprechen.

Inzwischen ist es finster geworden. Ich hake Renate unter. In der anderen Hand halte ich die Kekstüte. Ab und zu stecken wir uns ein Stückchen Gebäck in den Mund. Irgendwo knackt ein Ast. Ein Käuzchen schreit. Wir gehen ohne Weg durch den Wald. Schneebedeckte Zweige streifen uns. Renate meint: „Hoffentlich werden wir nicht überfallen." Gemeinsam sprechen wir wieder die Verse von „Willkommen und Abschied":

„...Die Nacht schuf tausend Ungeheuer,

Doch frisch und fröhlich war mein Mut:

In meinen Adern welches Feuer!

In meinem Herzen welche Glut!

Dich sah ich, und die milde Freude

Floß von dem süßen Blick auf mich;

Ganz war mein Herz an deiner Seite

Und jeder Atemzug für dich...

.....

Ich ging, du standst und sahst zur Erden,

Und sahst mir nach mit nassem Blick:

Und doch, welch Glück, geliebt zu werden!

Und lieben, Götter, welch ein Glück!"

Wir kommen aus dem Wald. Unten im Tal leuchten heimelig die Lichter in den Häusern. Ich frage Renate: „Was findest Du schöner, geliebt zu werden oder zu lieben?“ Sie zögert. Dann meint sie: „Am besten, wenn beides zusammenfällt.“

Eines Tages kommt Papa mit einem jungen Airedaleterrier nach Hause. Ihm folgen die Zigeuner aus der unteren Etage der „Räuberburg“. Sie wollen uns diesen Hund für nur 40 DM verkaufen. Er ist rasserein. Das sieht man auf den ersten Blick. Nur der Stammbaum fehlt. Aber Amu und ich wollen keinen neuen Airedaleterrier. Die Erinnerung ist noch zu frisch. Plötzlich hebt der Hund unaufgefordert die Pfote. Ich breche in Tränen aus. Papa zückt sein Portemonnaie. Wir wollen ihn „Maxi“ nennen.
Maxi ist ein lieber und gut erzogener Hund. Auch ohne Leine bleibt er bei Fuß. Nach der Schule gehe ich fast täglich mit ihm über die Leinebrücke in den Georgengarten. Ab und zu treffe ich im Park Erhard. Er wohnt jetzt dort im Studentenheim, seitdem er an der Ingenieurschule studiert.

Renates 18. Geburtstag fällt dieses Jahr auf den Pfingstsonntag. Sie darf eine Fete geben. Ihr Vater erlaubt sogar, daß sie auch Jungen einlädt. Aber wen? Vielleicht den Boxer mit den kurzen Stoppelhaaren, der auch Fahrschüler ist? Sein Portrait taucht immer wieder in ihrer Kladde auf. Ich schlage vor: „Erhard und Hans-Jochen“. Letzterer ist ein Bruder von Brittas bester Freundin. Manchmal spielen wir mit ihm Schach.

Es wird eine heiße Party. Wir trinken Bowle und tanzen. Der Boxer ist perfekt im Boogie-Woogie. Er macht die tollsten Verrenkungen. Da es spät wird und die Jungen Alkohol getrunken haben, dürfen sie nicht auf den Motorrädern nach Hause fahren. Sie können im Wohnzimmer übernachten. Ich werde mit Renate zusammen in ihrem Bett schlafen.
Bevor wir uns hinlegen, kommt Renates Mutter in das Zimmer. Sie zieht die Schublade der Kommode auf und kramt in der Wäsche. Dann schaut sie auf das Regal. „Suchst Du etwas, Mutti?“ fragt Renate. „Ja“, sagt sie, „den Schlüssel von Deinem Zimmer. Vater will, daß ich Euch einschließe.“ Ich traue meinen Ohren nicht. „Warum denn das?“ frage ich. „Wegen der jungen Männer im Wohnzimmer.“ Sie gibt die Suche auf und geht aus dem Raum. Dann kommt sie wieder: „Papa will, daß ihr die Kommode von innen

vor die Tür schiebt. Dann kann keiner zu Euch rein." Lachend verrammeln wir die Tür. Lange liegen wir noch wach. Renate muß auf die Toilette. Leise schieben wir die Kommode zur Seite. Der Fußboden knarrt. „Wenn mich jetzt mein Vater im Nachthemd auf dem Flur sieht..." flüstert Renate und verschwindet.
Die Wohnung liegt im Parterre. Das hat Renates Vater nicht bedacht. Am nächsten Morgen gucken Erhard und Hans-Jochen in unser Fenster hinein. Wir raten ihnen, bis zehn Uhr zu warten. Um die Uhrzeit wollen meine Eltern mit dem Tempowagen hier sein. Dann können wir zusammen einen Ausflug machen. Beide sind einverstanden.
Es wird ein herrlicher Tag. Die Eltern sitzen vorne im Tempowagen. Beide Jungen, Renate und ich hinten im offenen Laster auf einer Matratze. Die Fahrt geht zunächst an die Weser. Wir ziehen Strümpfe und Schuhe aus und plantschen mit den Füßen im Fluß. Abends kommen wir nach Bad Pyrmont. Hohe Büsche mit blühendem Jasmin. Er duftet betörend. Wir brechen uns Zweiglein ab und stecken sie ins Haar. Renate trägt jetzt die Haare kurz geschnitten, wie die Schauspielerin Ulla Jacobson. Alle Männer schwärmen von der Schwedin, seitdem der Film „Sie tanzte nur einen Sommer" in den Kinos läuft. Auf den Plakaten ist sie „oben ohne" zu sehen. Eine Sensation.

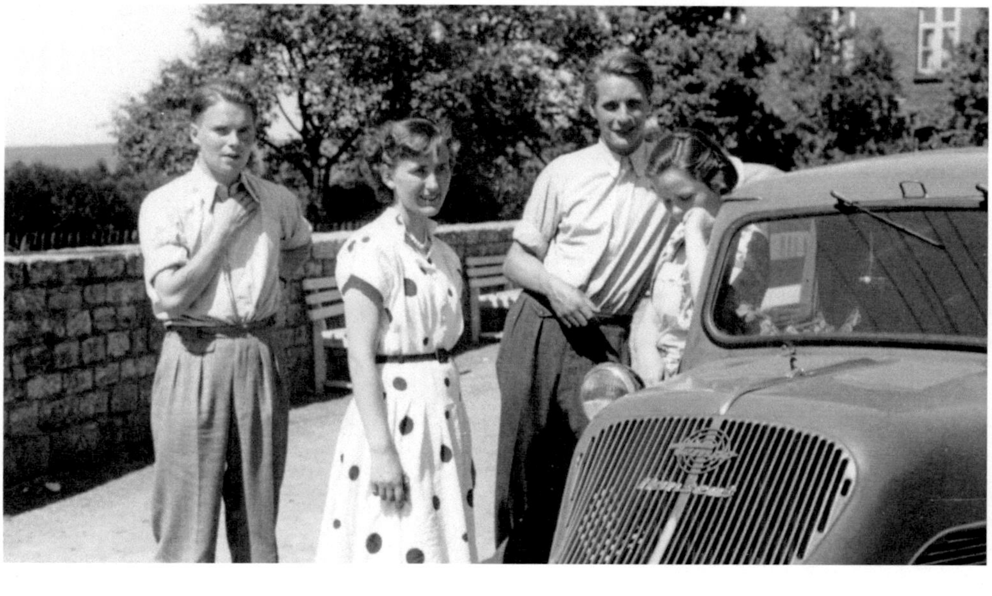

von links: Erhard, Caritas, Hans-Jochen und Renate vor unserem „Tempo Hanseat"

Auf der Heimfahrt werden wir still. Es ist dunkel geworden. Der Jasmin in unserem Haar duftet stark. Ich sehe, wie Erhard seinen Arm um Renate legt. Hans-Jochen will dasselbe bei mir versuchen. Doch ich wehre ab mit der Ausrede: „Mir ist warm. Du brauchst mich nicht zu wärmen.“

Nach den Pfingstferien begleite ich Renate nach dem Unterricht zum Bahnhof. Plötzlich fragt sie: „Cary, darf ich Erhard zum ‚Liebestrank‘ in die Oper einladen? Ich habe zwei Karten für die Vorstellung geschenkt bekommen.“ Meine Knie werden weich. Ich denke: „Ausgerechnet der ‚Liebestrank‘.“ Aber nach außen hin tue ich gleichgültig und zucke nur mit den Schultern…

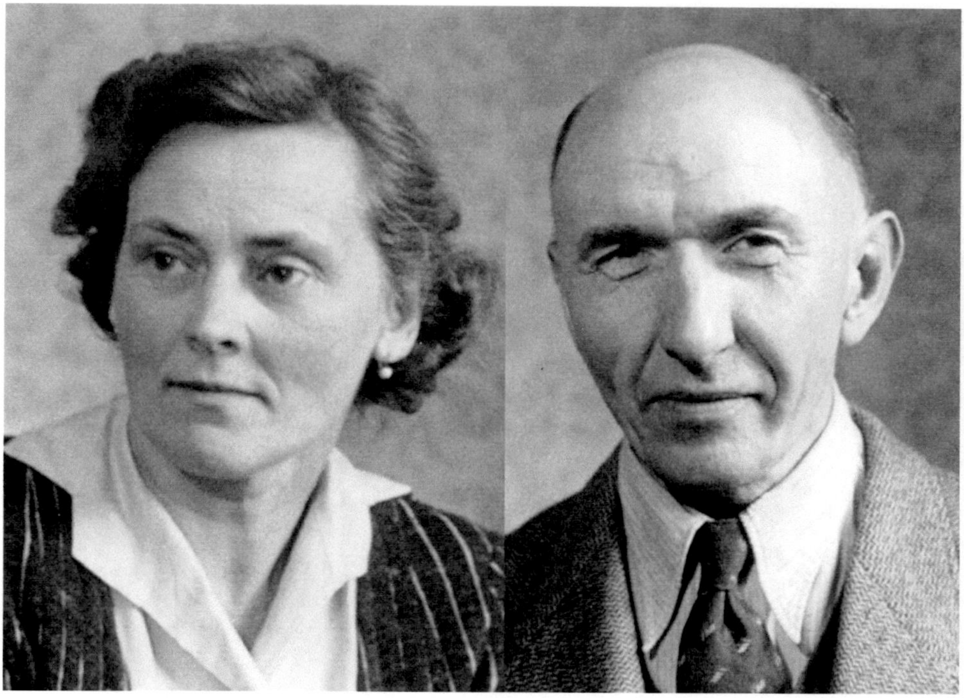

Meine Eltern, Helene und Konstantin Winkhardt, bauen ein Haus in Hannover 1954

Wir schreiben das Jahr 1954. Es ist etwas Umwälzendes passiert! Die Stadt hat uns mitgeteilt, daß in absehbarer Zeit die „Räuberburg“ abgerissen werden soll. Deshalb müssen wir uns nach einer neuen Wohnung umschauen. Papa geht zunächst ins Rathaus. Im Warteraum sitzt ein altes Frauchen neben ihm. Beide kommen miteinander ins Gespräch. Da stellt es sich heraus, daß sie ihr altes Haus zum Kauf anbieten will. Papa ist daran interessiert. Beide verlassen den Raum, ohne im Amtszimmer gewesen zu sein. Sie setzen ihr Gespräch in einem Café fort. Dann besichtigen sie, zusammen mit Amu, das Häuschen. Es liegt in Hannover-Buchholz. Der Handel wird perfekt.

Hier sieht es anders aus als in Hannover-Linden. Die Groß-Buchholzer Straße ist zum Teil von hohen Bäumen gesäumt. Hinter den Häusern liegen Getreidefelder mit Mohn- und Kornblumen. Die alten Fachwerkhäuser aus roten Klinkersteinen haben am Dachfirst die Silhouetten der Niedersachsenpferde. Fromme Sprüche sind auf dunkle Eichenbalken gemalt. Auf den Weiden grasen Pferde.

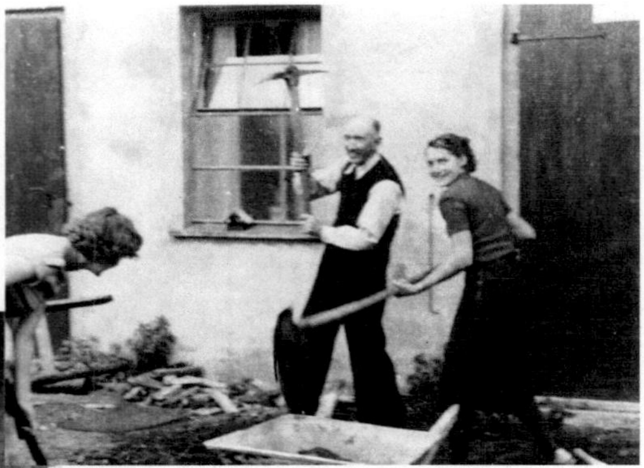

Alle helfen mit

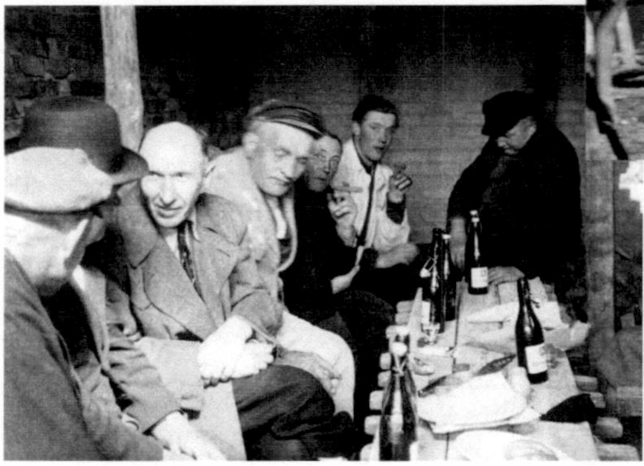

Richtfest

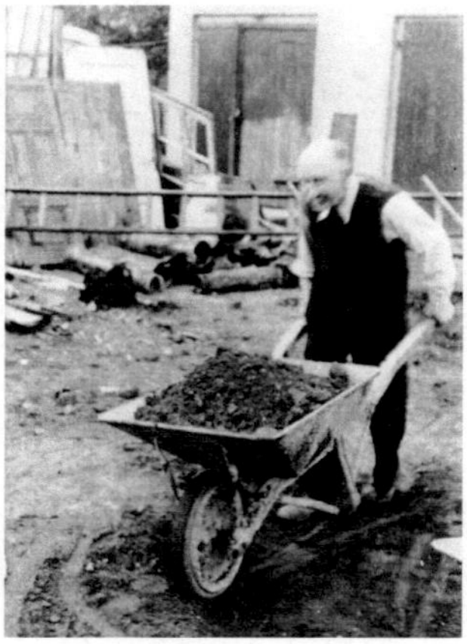

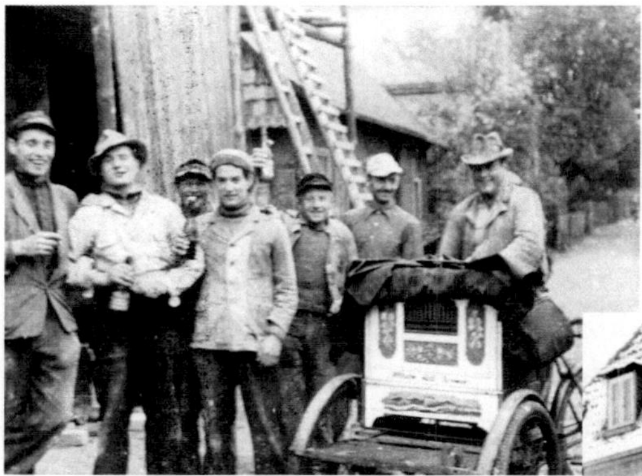

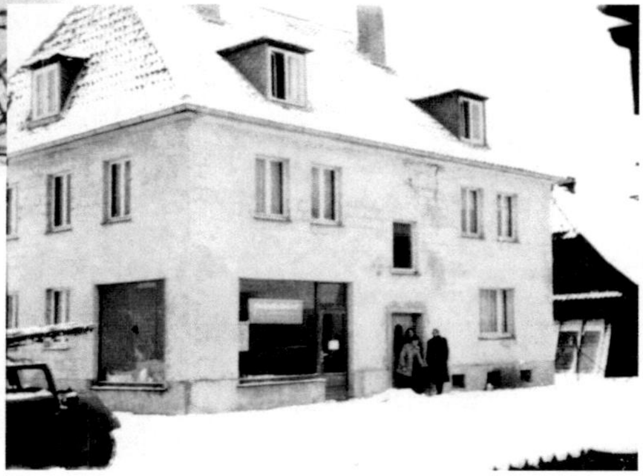

Groß-Buchholzer Straße 25 in Hannover

Ich kann es kaum erwarten, hierher zu ziehen. Die Eltern sagen, es wird noch dauern. Das alte Häuschen muß völlig abgerissen werden. Der Wurm ist in den Balken. Es muß ein neues Haus gebaut werden. Wir haben die Möglichkeit, durch den Lastenausgleich Gelder als Kredit für den Bau zu beantragen. Aber Papa sagt: „Es wird für uns eine harte Zeit werden. Ihr müßt alle mithelfen. Wir werden ein Haus bauen, in das zunächst nur Balten einziehen werden.“

Hjalmar und Britta wollen mit ihrer Hochzeit nicht warten, bis das Haus fertig ist. Der Termin steht bereits fest: 10. April 1954. Die kirchliche Trauung findet in der Pauluskirche statt. Die Orgel spielt. Alle haben sich erhoben. Der Pastor schreitet durch den Mittelgang, gefolgt vom Brautpaar. Brittas Brautkleid sieht schön aus. Amu hat es ihr genäht. Sie trägt einen weißen Schleier und im Arm einen wunderschönen Strauß aus großen, rosa Nelken. Hjalmar schaut ernst und feierlich aus. Die Worte der Predigt erreichen mich kaum. In Gedanken erlebe ich noch einmal unsere gemeinsame Kindheit. Ich sehe alles wie durch einen Schleier.

Zunächst zieht das junge Paar in ein Gartenhäuschen in der Laubenkolonie Hemmingen-Westerfeld. Auf den ersten Blick erscheint das romantisch, doch es bedeutet auch, auf so manches Gewohnte zu verzichten. An Stelle von elektrischem Licht erhellt eine Petroleumlampe den winzigen Raum. Das Wasser holt man im Garten von der Pumpe. Gekocht wird auf dem Spirituskocher. Radiowellen kann man nur über den Kopfhörer empfangen.
Hjalmar kommt oft an den Wochenenden und nach Arbeitsschluß in die Groß-Buchholzer Straße. Er legt die elektrischen Leitungen im Haus. Das ist sein Baukostenzuschuß für die Dachwohnung, in die er mit Britta einziehen will.

Papa hat eine Urkunde geschrieben. Die Anfangsbuchstaben der Hauptworte hat er schwungvoll verziert. Er kann das sehr gut. In ihr steht geschrieben, daß im Jahre 1954 mit Gottes Hilfe, unserer Kraft und vielen Entbehrungen dieses Haus gebaut wurde. Er hat die Urkunde zusammengerollt in ein Bleirohr geschoben und dasselbe an den Enden verlötet. Es liegt neben dem Grundstein des Hauses im Fundament.
Zum Richtfest wird eine Birke mit bunten Bändern auf das Dachgerüst gesteckt. Der Architekt schwingt eine Rede. Der Polier leert auf das Wohl des

Bauherrn sein Glas und schmettert es anschließend auf das Grundstück. Es zerspringt in unzählige Stücke. Dann gehen wir, gemeinsam mit dem Architekten und den Handwerkern, in die alte Buchholzer Gaststätte „Zur Eiche", begleitet von einem Leierkastenmann.
Amu kann es noch kaum glauben: Wir sind aus der Räuberburg ausgezogen. Noch leben wir behelfsmäßig auf dem neuen Grundstück, nur in der Garage und in Papas Werkstatt. Aber dafür sind wir auf eigenem Boden. Amus Geburtstag feiern wir zu Johanni gemeinsam mit unseren zukünftigen Mietern. Wie in unserer Heimat tragen die Männer heute zum Johannifest Eichenlaubkränze auf dem Kopf. Hjalmar spielt Volkslieder auf dem Akkordeon, zu denen wir singen.

Oft kommen baltische Besucher zu den Eltern, um die Fortschritte am Hausbau zu begutachten. Heute besucht uns unser ehemaliger Geschäftsnachbar aus Posen. „Mamachen", ruft Papa, „wir wollen unser Haus ‚begießen'!. Bitte mach uns eine Sakuska[3]." Amu bringt Weißbrotscheiben mit rohem Hackfleisch und Zwiebelringen. An mich gewandt: „Cary, bring bitte die Schnapsflasche und zwei Gläschen." Ich greife eine Flasche, die neben dem Herd steht. Papa schenkt ein. Die beiden Herren heben die Gläser ruckartig bis zum dritten, oberen Jackenknopf. „Prost!" Herr Thomson kippt nach Landsmannssitte den Inhalt des Gläschens auf einmal hinunter. Ihm bleibt fast die Luft weg. Aufgeregt faßt er sich an die Kehle. Die Augen quellen hervor. Schließlich sagt er: „Das war aber scharf!" und schluckt. Papa hat zum Glück noch nicht getrunken. Er kreist mit seiner großen Nase über dem kleinen Gläschen. „Essig", sagt er. Und zu mir: „Cary, Du hast die Flaschen verwechselt." Dann fängt er an zu kichern. Herr Thomson guckt verstört.

Kaum zu glauben! Wir sind in der dreizehnten Klasse! Im Januar beginnt das Abitur. Unsere letzte Klassenfahrt geht mit dem Bus nach Süddeutschland. Herr Apelt hat vollkommen recht, ehe wir in das Ausland gehen, sollten wir erst einmal Deutschland kennen lernen.
Wir besichtigen mittelalterliche Fachwerkstädtchen, barocke Kirchen. Die Kuppeln in ihnen sind farbig ausgemalt. Man glaubt, in den Himmel zu se-

[3] Sakuska (russisch): Zubiß zum Schnaps

hen: Gott Vater, Sohn und Heiliger Geist, umgeben von Engeln. Ist das Bein am Rande des Gemäldes Stuck oder nur gemalt? Wir sind geteilter Meinung. Es schwindelt uns schon vom Hochschauen.
München, in der Pinakothek. Herr Apelt rät: „Schauen Sie nur das an, was für Sie wichtig ist. Alles können Sie nicht aufnehmen." Er schreitet durch den Saal mit den riesigen Rubensbildern. Akte in barocker Fülle.
Unser Klassenlehrer ist in Ordnung. Er bietet uns sogar Abführtabletten an, weil er auch unter Verstopfung leidet. Abends sagt er uns im Schlafsaal „Gute Nacht". Wallau mag das gerne. Sie steckt ihm während der Klassenfahrt täglich eine frische Blume ins Knopfloch.
Am besten gefällt es uns am Walchensee. Frühmorgens ist die Jugendherbergstür noch verschlossen. Mariana und ich steigen heimlich aus dem Fenster. Wir gehen den Berg hinauf. Unsere Schuhe werden naß vom Tau. Enzian und Alpenrosen blühen im saftigen Grün. Unter uns liegt der See, gefaßt von Bergen. Ich denke an Lovis Corinths Gemälde, die hier entstanden sind.

Der Sommer ist kühl und naß. Ich bin oft mit Helga zusammen. Wir lernen in den Ferien Latein und Chemie. Sie will Apothekerin werden. Chemie haben wir beide als Wahlfach für das Abitur gewählt. Da wir die erste mathematisch-naturwissenschaftliche Klasse an der Schule sind, gelten Chemie, Physik und Biologie als Hauptfächer.

Kurz vor Weihnachten stolpert Papa in der Garage über ein Rohr. Er bricht sich die Kniescheibe in vierundzwanzig Stücke und muß operiert werden. Die finanziellen Sorgen bedrücken besonders Amu. Krankenhausrechnungen, Löhne für die Bauarbeiter und Papas Lehrling, Rückzahlungen an die Bank, die Kosten für den täglichen Lebensunterhalt fallen an. Dazu kommt, daß Papa für Monate nicht arbeitsfähig sein wird.
Weihnachten regnet es pausenlos. Die Flüsse schwellen an. Im Gartenlaubengebiet, wo Hjalmar und Britta noch wohnen, droht Überschwemmungsgefahr. Beide suchen bei uns Zuflucht.
Nun hausen wir auf engstem Platz zusammen. Drei Tage vor dem schriftlichen Abitur ist es endlich so weit, daß wir in unser neues Heim einziehen können.

20. Januar 1955. Heute beginnt das schriftliche Abitur. Zuerst schreiben wir Deutsch. Wir sitzen im Zeichensaal, jeder an einem Tisch für sich allein.

Die Lehrer haben verschiedene Vorschläge für die Prüfung eingereicht. Drei Themen stehen zur Auswahl. Das Kultusministerium entscheidet, was genommen wird. Es sendet die Themen in versiegelten Umschlägen an die Schule zurück. Im Beisein der Direktorin werden sie aufgebrochen. Ich entscheide mich für Thema 1, eine Bildbetrachtung. Außer mir wählt nur noch Frauke dasselbe. Wir bekommen einen Holzschnitt von Käthe Kollwitz vorgelegt: „Mütter im Krieg." Es geht nicht nur um eine Beschreibung der Darstellung, sondern das Soziale, Zeitkritische muß herausgelesen und gedeutet werden.

Am nächsten Tag ist Mathe dran. Wir bekommen die Aufgaben, aber ich kann mich nicht konzentrieren. Immerzu denke ich, was passiert, wenn ich jetzt nicht arbeite? Ich sehe meine Umgebung wie eine Außenstehende. Alle Mitschülerinnen sitzen an den Tischen, die Köpfe über die großen Blätter gebeugt, und schreiben. Die Zeit tropft, aber beständig. Jetzt muß ich endlich beginnen.

Mittwoch schreiben wir Chemie. Das Thema heißt: „Beschreiben Sie die Kernreaktionen. Wie denken Sie über ihre Bedeutung für die Menschheit?" Die Arbeit wird weniger „chemisch" als „philosophisch". Immer wieder hat uns Herr Apelt im Unterricht auf die Gefahren hingewiesen, die die Entdeckung der Kernspaltung mit sich bringt.

Englisch haben wir schon im vergangenen Jahr geschrieben. Jetzt fehlt nur noch das „Große Latinum".

Latein schreiben wir mit der b-Klasse zusammen. Die Tür zum Zeichensaal geht auf. Die Direktorin kommt herein, den Umschlag in der Hand, gefolgt von „Wüstus", bleich und ernst. Sie öffnet das Couvert. Dann geht sie wortlos aus dem Raum. „Wüstus" steht am Lehrertisch. Seine Hände umklammern die Kanten. Er beginnt: „Das Abitur ist eine Reifeprüfung. Es kommt nicht nur darauf an, was Sie gelernt haben, sondern, ob Sie ein verantwortungsbewußter Mensch sind. Es ist auch Ihre moralische Verpflichtung, ehrlich zu arbeiten." Stille. Keiner rührt sich. „Schreiben Sie!" Wir greifen zum Füllhalter. Er sagt die zwei ersten Worte des Textes. Jemand fragt: „Von wem ist der Text?" „Cicero", antwortet er kurz. Der Text ist uns unbekannt.

Das Mündliche ist nicht aufregend. Die zwölften Klassen sorgen rührend für uns. Sie kochen Tee und bieten Kuchen an. Ich werde in Mathe und Kunst geprüft. Das Lehrerkollegium sitzt in Hufeisenform an den Tischen im Klassenraum.

Alle haben bestanden. Das muß gefeiert werden. Der Abi-Ball findet in den Zoogaststätten statt. Marlis und ich arbeiten an der Abi-Zeitung. Herr Apelt sagt: „Ich möchte die Zeitung sehen, bevor sie vervielfältigt wird." Er hat Bedenken, wir könnten mit unseren Artikeln das Kollegium lächerlich machen. Aber unsere Abi-Zeitung ist harmlos.
Ich bastele kleine, bewegliche Handpuppen, die unsere verschiedenen Lehrer darstellen. Mit ihnen führen Marlis und ich eine Lehrerkonferenz auf. Später schenken wir den Lehrern ihre Konterfeis.

Entlassungsfeier in der Aula. Auch die Eltern sind eingeladen. Bei mir kommt nur Amu mit. Zu Beginn spielt das Schulorchester ein Stück von Corelli. Dann folgt gemeinsam gesungen „*Wer nur den lieben Gott läßt walten*". Danach wird ein Bibelwort gelesen. Reden und Musizieren wechseln sich ab. Ich bin nicht sehr konzentriert dabei. Meine Gedanken schweifen ab, einmal in die Vergangenheit, dann in die Zukunft. Ich will Graphikerin werden. Bühnenbildnerin wäre sicherlich nicht der rechte Beruf für mich. In Erinnerung sehe ich noch das Chinesische Tor vor mir, das wir im Kunstunterricht für die Turandot-Aufführung gebaut hatten. Ein Wunder, daß es nicht zusammengestürzt ist. Wie die Spitzbuben haben „Stuka" und ich uns über die Sprüche gefreut, die wir in chinesischen Buchstaben auf die Säulen gemalt hatten: „*Das Herz des Mannes ist wie der Herbst*" und „*Es gibt kein Mittel gegen Dummheit*". Sie stammten aus „Wüstus'" chinesischer Grammatik. Niemand außer uns beiden wußte um ihre Bedeutung.
Gerne denke ich an unseren Kunstlehrer, Herrn Wolfhagen. Seine Bilder beeindrucken mich. Er ist uns Schülern gegenüber immer sehr aufgeschlossen und tolerant gewesen. Besonders interessiert er sich für meine plastischen Arbeiten. Während der letzten Jahre bin ich abends in die Werkkunstschule zum Modellieren gegangen. Ich habe Herrn Wolfhagen versprochen, ihm von meinem künstlerischen Werdegang zu berichten.

Ich finde in die Wirklichkeit zurück. Jetzt werden die Reifezeugnisse ausgegeben. Nach der Gratulation einer fünften Klasse singen alle gemeinsam das Bundeslied von Mozart, das an dieser Schule zu jeder Feierstunde gesungen wird:

„Brüder, reicht die Hand zum Bunde,
diese schöne Freundschaftsstunde
führ' uns hin zu lichten Höhn!
Laßt, was irdisch ist, entfliehen;
unsrer Freundschaft Harmonien
Dauern ewig, fest und schön!"

Preis und Dank dem Weltenmeister….."

Manche Schülerinnen, aber auch Eltern, führen das Taschentuch an die Augen. Es wird uns bewußt, jetzt beginnt ein neuer Lebensabschnitt.

Der dritte Vers klingt wieder voller und fröhlicher:

„Ihr, auf diesem Stern die besten
Menschen all, im Ost und Westen,
wie im Süden und im Nord:
Wahrheit suchen, Tugend üben,
Gott und Menschen herzlich lieben,
das sei unser Losungswort."

Für die Zulassung zur Aufnahmeprüfung in die Graphikklasse an der Werkkunstschule Hannover habe ich eine Mappe mit meinen Arbeiten eingereicht. Sie enthält viele Skizzen aus dem Zoo, Aquarelle von Pferden auf der Weide und Fachwerkhäusern in Hannover-Buchholz. Außerdem Photos von meinen Keramikarbeiten. Die Mappe wurde angenommen. Jetzt heißt es, die Aufnahmeprüfung zu bestehen.

Hundert Bewerber haben sich gemeldet. Wir sitzen dicht gedrängt in einem Raum. Herren in weißen Kitteln kommen herein, nehmen unsere Personalien auf.

Vormittags gilt es, eine Komposition zu gestalten. Auf einem schwarzen, quadratischen Untergrund sollen ein Dreieck, ein Quadrat und ein Kreis aus weißem oder grauem Papier komponiert werden. Es klingt nach wenig, ist aber sehr schwer. Wie stellt man die Formen zueinander? Soll man zwei Teile grau und eines weiß oder umgekehrt aus den Papieren schneiden? Vier Stunden haben wir Zeit. Manche sind nach einer halben Stunde fertig. Das Mädchen neben mir setzt sich lässig auf den Tisch. Es schlägt die Beine unter dem engen Rock übereinander, damit sie noch besser zur Geltung kommen. Dann zündet es sich eine Zigarette an und beginnt mit dem jungen Mann hinter mir ein Gespräch. Er ist äußerlich ein „Künstlertyp"; lange Haare, weiter Pulli, Cordhose. Ich komme mir plötzlich kindlich vor. Eine Gruppe der Prüflinge steht um eine Mappe herum, die eine Rothaarige geöffnet hat. Sie zeigt ihre Werke: puppenhafte, verzeichnete Akte und naturalistisch gepriemelte Blumen. Ich weiß immer noch nicht, wie ich am besten die Komposition lösen soll. Doch, den Kreis mache ich weiß. Die beiden anderen Formen schneide ich aus grauem Papier.

Nachmittags wird ein Stilleben aufgebaut: Krüge auf einem Tuch mit Faltenwurf. Einer fragt den Lehrer: „Ist das alles?" „Ja", sagt er. „Aber bitte nur mit Bleistift zeichnen, ohne Licht und Schatten." Einige meinen: „Das ist nicht schwer." Aber bei vielen ähnelt die gezeichnete Krugform nicht dem Modell. Sie ist entweder zu schlank oder faßähnlich. Schweigend geht der Herr im weißen Kittel durch die Reihen und macht sich Notizen.

Am nächsten Tag heißt die Aufgabe: „Zeichnen Sie einen Plakatankleber an einer Litfaß-Säule!" Nachmittags schreiben wir einen Aufsatz: „Wo haben Sie was zuletzt in einer Illustrierten gelesen?" Ich komme ins Schleudern. Wir kaufen keine Zeitschriften. Dafür haben wir kein Geld. Plötzlich fällt mir ein, daß ich vor dem Abi-Ball beim Friseur war. Dort hatte ich in eine Illustrierte geschaut. Ein Artikel über Berufsausbildung war interessant. Ich bin froh, endlich etwas schreiben zu können. Meine Nachbarinnen unterhalten sich über Sorayas Scheidung und Farah Diba.

Hurra! Ich habe es geschafft! Von den hundert Bewerbern sind nur zehn aufgenommen worden, davon drei ohne Vorbehalt. Zu denen gehöre ich. In unserem Semester sind wir fünf Mädchen und fünf Jungen. Wir müssen täglich acht Stunden in der Werkkunstschule sein und haben einen exakten Stundenplan. Wehe, wenn wir morgens zu spät kommen oder die halbstündige Mittagspause um eine Viertelstunde verlängern. Trotzdem, für mich ist es wie eine Ferienzeit: täglich malen oder zeichnen.

Unser Abteilungsleiter ist als „Frauenfeind“ bekannt und nimmt nicht gerne Mädchen auf. Nach seiner Erfahrung heiraten sie doch früher oder später. Dann war die Ausbildung vergeblich.

Wir haben bei ihm Komposition und Kostümzeichnen. Ich mag beide Fächer, letzteres besonders. Wir entleihen vom Opernhaus Kostüme und stehen abwechselnd darin Modell. Einmal hatten wir sogar ein Torero-Kostüm. Aber auch die Renaissancekleider sind sehr interessant zu zeichnen. Es macht mir Freude, den Falten und Ornamenten mit dem Bleistift nachzuspüren. Heute hat mich Herr Z. gelobt: „Sie haben einen klaren, sicheren Strich.“ Und dann wiederholte er zweimal: „Wie Ingres! Wie Ingres!“

Die Dozenten machen sich fortlaufend Notizen in ihrem Taschenbuch über unsere Arbeiten. Am Ende des Semesters lesen sie uns die Zensuren vor. Wir bekommen sie aber nicht schriftlich. Ich habe „gut“ bei Herrn Z. bekommen. Das ist die beste Note, die er verteilt.

Heute haben wir zum ersten Mal Aktzeichnen. Hannelore, Hella und ich stehen im Flur vor der Tür zum Aktzeichensaal. Herr V. kommt die Treppe hoch. Verwundert fragt er: „Warum gehen Sie nicht hinein?“ Er öffnet die Tür. Auf einem Podium sitzt eine dunkelhaarige Frau im Morgenrock, blättert in einer Illustrierten. Er geht auf sie zu, reicht ihr die Hand. Sie läßt den Rock fallen, schüttelt die Beine. Dann stellt sie sich in Positur. Wir beginnen zu zeichnen. Die Beine werden zu kurz, Kopf und Busen zu groß. Herr V. geht reihum und gibt Korrektur. Dann sagt er: „Heben Sie Ihre erste Aktzeichnung gut auf. Dann haben Sie nach Jahren etwas zum Lachen.“

Schon bald wird Aktzeichnen mein Lieblingsfach. Es fasziniert mich, das Typische einer Stellung zu erkennen und übertrieben auf das Blatt zu bringen. Man kann auch den Körperbau wie eine Architektur auffassen. Ich zeichne gerne alte, dicke Frauen. Es ist, als könne man an ihren welken Körpern die Spuren der Jahre lesen. Die Jungen malen natürlich lieber schlanke, junge Mädchen. Wir mögen unseren Aktzeichenlehrer. Nur mit der Art seiner Korrektur sind wir nicht einverstanden. Oft geht er mit sei-

nem dicken Stift in unsere Zeichnungen, besonders bei uns Mädchen. Er vergrößert den Busen und sagt auf Bayrisch: „Die Bruscht muß voller sein." Herr V. kommt aus Bayern, wie unser Abteilungsleiter, und schwärmt ebenfalls von Weißwürsten. Oft erzählt er auch von seiner Studienzeit. Er kannte noch Olaf Gulbransson.
Im Freihandzeichnen arbeite ich zurzeit an der Darstellung eines Kugellagers. Ich versuche mich in verschiedenen Techniken. Eine schwere Aufgabe. Entspannend empfinde ich das Malen. Im Winter arbeiten wir vor Stillleben. Im Sommer malen wir in der freien Natur.

„Wenn Du willst, kannst Du studieren", hatten die Eltern nach dem Abitur zu mir gesagt. „Aber das Studiengeld mußt Du Dir selbst verdienen. Du weißt, ein Stipendium kannst Du nicht anfordern, da wir das Haus gebaut haben." „Ich werde das schon schaffen", gab ich zur Antwort.
Jetzt haben wir Semesterferien. Ingrid, aus der Parallelklasse, hat mir einen Job verschafft durch ihren Onkel. Er ist Chef der Inspektion im Verpackungswerk „Günther Wagner" in Hannover-Stöcken. Dort kann ich während der Ferien den Hausboten vertreten. Angelernt werde ich von Herrn Donecker, einem mageren, älteren Junggesellen. Er sieht eigenartig aus in seinem fast bis zum Boden reichenden Kittel und den großen Turnschuhen. Aber er ist schwer in Ordnung, hat sehr gute Menschenkenntnis. Er klärt mich über alle Stellen und ihre Leiter auf, zu denen ich später allein gehen muß.
Zuerst bedienen wir das Bürogebäude. Schicke Fräulein sitzen mit einem „Knopf im Ohr" und tippen das, was der Chef ihnen auf Band gesprochen hat. Einige sind beim Kaffeetrinken, wenn wir in den Raum kommen. „Das sind die Schlimmsten", sagt der Hausbote zu mir. „Die nichts tun, wollen andere immer zur Arbeit antreiben. Laß Dir nichts von ihnen bieten, wenn Du mich vertrittst." Die Abteilungsleiter sitzen in Glaskästen, abgetrennt von ihren Untergebenen. Trotzdem können sie durch das Glas immer „ein Auge auf jene werfen". Einigen dieser Herren dürfen wir persönlich die Hauspost bringen. Manche wünschen nicht, daß man ihr Refugium betritt, so daß man die Post der Chefsekretärin abliefern muß.
Wir befördern auch den Briefwechsel der Direktoren, ohne anzuklopfen, in ihre Zimmer. „Jetzt gehen wir zu Herrn Konsul Beindorf, dem Direktor. Er ist ein sehr feiner Herr", sagt mein Begleiter. Ein weißhaariger Herr mit feinen Gesichtszügen sitzt hinter einem großen Schreibtisch. Er schaut auf.

Ich werde vorgestellt. Eingehend erkundigt sich Herr Beindorf nach meinem Studium. Dann sagt er: „Wenn Sie einmal etwas bedrückt, kommen Sie zu mir. Ich werde Ihnen weiterhelfen."
Groß ist der Unterschied zwischen dem Bürogebäude und der Fabrik. Bis jetzt war mir unbekannt, daß Pelikan außer der Herstellung von Schreibwaren auch eine große Blechdruckerei besitzt. Hier entstehen Dosen und Kästchen, die ich schon oft in den Händen hielt. Verpackungen für Kondensmilch, Gurken, Kekse, Würstchen und vieles mehr wird gefertigt. Der Lärm in den Werkhallen ist unerträglich. Riesige Maschinen stanzen das Blech. Ich halte mir die Ohren zu. Tag für Tag müssen die Arbeiter das ertragen.
Wir bringen einem Werkmeister neue Aufträge. Er begrüßt mich. Aber es ist so laut, daß ich kein Wort verstehe. Wir ziehen unsere Runde weiter. Frauen sitzen an Fließbändern, über die Milchdosen rollen. Sie halten den Zeigefinger ausgestreckt, fühlen, ob die Naht verlötet ist. Ab und zu greifen sie nach einer Dose, werfen sie vom Band. Der Hausbote winkt den Frauen zu. Sie lachen und winken zurück. Ich schreie ihm ins Ohr: „Ich wundere mich, daß Frauen bei so einer stumpfsinnigen Arbeit noch fröhlich sein können!" Er schreit in mein Ohr: „Mädchen, man kann sich an alles gewöhnen!" Ich schüttele den Kopf: „Nein! Ich würde bei dieser stumpfsinnigen Tätigkeit wahnsinnig werden!" Wir kommen in die Blechdruckerei. Hier hört man nur gedämpft den Lärm. Dafür stinkt es nach Lacken und Lösungsmitteln. Jeder, der hier arbeitet, muß täglich einen halben Liter Milch trinken, wegen der giftigen Gerüche und Ausdünstungen. Am Ende der riesigen Fabrikhalle werden die Dosen verpackt und in Waggons geladen. Der Leiter dieser Abteilung kommt auf uns zu, macht zweideutige Witze. Mein Begleiter weist ihn zurecht: „Die Kleine läßt Du in Ruhe, verstehst Du, Alfred?" Trotzdem, mir ist nicht wohl bei dem Gedanken, später allein in diese abgelegene Abteilung zu gehen. Das Büro liegt verborgen hinter hohen Kisten.

Nun vertrete ich schon seit einer Woche den Hausboten. Von morgens sieben Uhr bis fünf Uhr nachmittags drehe ich meine Runden durch das Verpackungswerk. Meine Arbeit macht mir Spaß, weil ich sehr verschiedenen Menschen begegne. Alle sind freundlich und hilfsbereit. Ich erzähle ihnen nicht, daß ich studiere, denn viele sind auf Studenten nicht gut zu sprechen. Sie halten sie für eingebildet und arbeitsscheu.
Wie immer laufe ich durch den langen Mittelgang in der Fabrikhalle zwischen aufgestapelten Gurkenfässern. Plötzlich fährt ein voll beladener Ga-

belstapler auf mich zu. Ich kann gerade noch ausweichen. Hinter den hoch gestapelten Blechen lachen mir zwei dunkle Augen entgegen. „Hartmuth!" rufe ich. Hjalmars ehemaliger Klassenkamerad! Er klettert von seinem erhöhten Sitz, drückt mir die Hand, bis sie weh tut. Seine Haare haben sich sehr gelichtet. Wie ein dunkler Halbkreis liegen sie um die rosa Schädeldecke. Hartmuth hat in dieser Firma Kaufmann gelernt. Jetzt studiert er an der Musikhochschule Operngesang. Während der Semesterferien arbeitet er in der Fabrik, um Geld zu verdienen. Wann immer es möglich ist, versuchen wir, uns zu begegnen. Ingrid arbeitet in der Abteilung ihres Onkels in der Inspektion. Sie fordert mich auf, in der Mittagspause mit ihr und den anderen Werkstudenten zusammen zu Tisch zu gehen. Gerne tue ich das nicht, denn ich fühle mich nicht ganz wohl in dieser Tischrunde. Ich beteilige mich nicht an den Gesprächen, höre nur zu. Der dicke Jurastudent, mit stark behaarter Brust, entwickelt neue Arbeitstheorien: „Die Fabrikarbeiter müßten durch Affen ersetzt werden." Er kugelt sich fast vor Lachen bei diesem Gedanken. Jetzt mische ich mich doch in das Gespräch: „Mir tun die Arbeiter leid. Viele müssen immer dieselbe Handbewegung machen. Wie bekommen die nur den Tag herum?" Plötzlich fallen alle Studenten über mich her: „Das ist es ja! Diese Menschen wollen nichts anderes tun, weil diese Art von Arbeit besser bezahlt wird als geistige oder die im Büro. Sie sind nicht zu bedauern. Jeden Fortbildungskurs lehnen sie ab. Hauptsache, die Piepen stimmen." Ich gebe mich geschlagen. Mir ist der Appetit vergangen. Ich schiebe den halbvollen Teller zur Seite. Der dicke Student tätschelt meinen Arm: „Nun nehmen Sie unsere kleine Diskussion nicht so ernst. Es muß ja „sone" und „solche" geben. Hier in der Fabrik ist schon alles rationell eingeteilt. Nur ein Beispiel: Was Sie heute nicht aufessen, bekommen morgen die Fabrikschweine. Das nächste Mal essen Sie wiederum ein Schnitzel von jenen Tieren. So geht der Kreislauf…"
Gegenüber dem Verpackungswerk ist eine Seifenfabrik. Mir wird fast übel vom Gestank, der aus den Schornsteinen steigt. Hoffentlich kommt bald die Straßenbahn, sonst muß ich mich übergeben…

Der Hausbau kostet viel, nicht nur Geld und Entbehrungen. Er geht auch auf Kosten von Gesundheit und Nerven. Jetzt ist Amu krank. Ihr Herz ist überanstrengt. Hoffentlich wird wieder alles gut.

Die Werkkunstschule plant einen Fasching zusammen mit der Musikhochschule. Wir sind für die Dekorationen zuständig. Die Musikhochschule hat für die musikalische Unterhaltung zu sorgen. Ich freue mich darauf, nicht zuletzt, weil Hartmuth auch dort ist. Außerdem studiert Mariana im Turmstübchen Harfe.
Die Dekorationsarbeiten gelten als Semesteraufgabe. Hannelore, Hella und ich haben das Treppenhaus zu gestalten. Die halbrunden Fenster im Turm verwandeln wir in plastische Bilder. Barockartig gemalte Rahmen kommen um die Öffnungen. Die Figuren, die wir hineinsetzen, sind aus Pappmaché. Wir ziehen ihnen Kleider an. Ich forme einen riesigen Kater und male ihn schwarz an. Leider verschwindet er, noch ehe das Fest begonnen hat. Durch das Geländer, vom obersten Stock bis zum Keller, spannen wir gelbe und schwarze Kreppapierstreifen. Es sieht toll aus. Vor der Eröffnung jedoch besichtigen die Lehrer und die Feuerpolizei das Gebäude. Wir müssen wegen der Brandgefahr die Papierstreifen entfernen. Ecken im Hause, die sich als Liebesnester anbieten, müssen zugestellt werden. Die Dozenten haben Angst, der Fasching könne zur Orgie ausarten.

Ich habe Erhard zum Fasching eingeladen. Er hat zugesagt! Mit einem hohen, spitzen Hut, kleiner, roter Samtweste und weitem Rock sehe ich wie ein Burgfräulein aus dem Mittelalter aus. Die Modeklasse hat die Kellergänge in eine „rue de plaisir" verwandelt. Auf Packpapier sind lebensgroße Gestalten gemalt. Davor sitzen Pärchen und knutschen. Ein Leierkastenmann spielt Melodien aus der „Dreigroschenoper". Einige singen mit: *„Und der Haifisch, der hat Zähne, und die trägt er im Gesicht…"* Wir setzen uns zu den anderen. Nach einer Weile gehen wir in die Piratenstube. Netze mit gefangenen Seejungfrauen und Fischerkugeln hängen von der Decke. Muscheln und Seesterne kleben an den Wänden. Ein Seeräuber im gestreiften Pullover und mit schwarzer Augenklappe schenkt uns etwas zum Trinken ein. Ein anderer Kellerraum ist mit Verpackungen und Abfallprodukten dekoriert: Eierschachteln an der Decke, goldschimmernde Einlagen von Pralinenkästen und Bleche, aus denen Kreise gestanzt wurden, an den Wänden. Der Clou aber ist eine Rutschbahn von der Empore auf die Tanzfläche in den Saal. Die Kunsttischler haben sie gebaut. Sie führt durch einen langen, dunklen Tunnel. Manchmal ist die Röhre verstopft, und ein Kreischen dringt aus ihr heraus. Ich wünschte, diese Faschingsnacht mit Erhard würde nie enden.

Ab und zu feiern wir auch in der Werkkunstschule in unserer Abteilung. Dann schieben wir die Tische zusammen und zünden Kerzen an. Aus dickwandigen Wassergläsern trinken wir Wein. Wenn unser Dozent guter Laune ist, liest er den Mädchen aus der Hand. Er spricht gerne über die Sternzeichen. Das seine ist „Steinbock". Er sagt: „Steinbock und Krebs ist eine Kombination, die entweder fantastisch zusammenpaßt oder gar nicht. Ist ein Krebs unter Ihnen?" Ich gebe mich zaghaft zu erkennen. Alle schauen auf mich. Mir ist nicht ganz wohl in diesem Augenblick.

Die Werkkunstschule hat um die Pfingstzeit nur kurze Semesterferien. Für so wenige Tage stellt keine Firma Studenten ein. Daher nehme ich auch nebenher kleine Jobs an, nur um irgendwie mein Studiengeld zusammenzubekommen. Beim Schlesiertreffen laufen Hannelore und ich mit Bauchläden herum und bieten Zigaretten an. Nie habe ich mir vorher Gedanken gemacht, wie schwer so ein „Klotz am Bauch" ist. Freundlich lächeln muß man auch noch, obwohl man schon Rückenschmerzen hat vom Tragen. Eines steht für uns fest: nie wieder werden wir einen Bauchladen mit uns schleppen!
Während der Industriemesse melde ich mich als Parkwächterin. Unser Dozent hat mich für diese Zeit beurlaubt. Ich bin das einzige Mädchen unter vielen Rentnern. Einer von ihnen kommt aus Ostpreußen. Beim Einweisen der Autos ruft er laut mit rollendem R: „Fahren Sie zum Rrrrroggenfeld!" Wenn elegante Wagen mit ausländischen Autonummern kommen, laufen die Alten um die Wette. Sie wollen als erste die Parkscheine verkaufen und erhoffen sich ein gutes Trinkgeld. Nach Belegung aller Parkplätze haben wir bis zum Abend nichts mehr zu tun. Dann setzen wir uns zusammen und erzählen. Die Rentner wollen wissen, wie viel Trinkgeld ich bekomme. „Fast keins", sage ich. „Dafür werde ich öfter zum Ausgehen eingeladen. Das lehne ich immer ab, da ich abends sehr müde bin. Manchmal bekomme ich Schokolade geschenkt." Der Große mit dem Schlapphut rückt dichter an mich: „Essen Sie ja keine Schweizer Schokolade", raunt er mir ins Ohr. „Ich habe auch einmal welche geschenkt bekommen. Wissen Sie, was in der Tafel eingeschmolzen war?" Ich schüttele den Kopf. „ Ein abgebrochener Fingernagel!" „Igitt", rufe ich und stehe auf, gehe zum Roggenfeld.
Während es bis jetzt richtig kalt war und man sich einige Jacken übereinander ziehen mußte, ändert sich das Wetter am 1. Mai schlagartig. Es wird

heiß. Die blanken Autobleche reflektieren die Sonnenstrahlen. Nach einigen Tagen sehe ich so braun aus, als käme ich aus dem Urlaub von der Riviera. Aber schon bald bekomme ich böse Verbrennungen. Die Hände sind rot und voller Hitzeblasen.

Die Zeit vergeht wie im Fluge. Wir schreiben das Jahr 1957. Ich bin bereits im fünften Semester. Wir haben auch ein Praktikum hinter uns. Es war interessant. In vierzehn Tagen beginnt wieder die Industriemesse. Dieses Jahr wollen alle Mädchen aus unserem Semester als Parkwächterinnen arbeiten, um Geld zu verdienen. Gemeinsam gehen wir zu unserem Abteilungsleiter, um eine Arbeitserlaubnis zu erbitten. „Nein", sagt er, „die gebe ich Ihnen nicht. Sie sind im Prüfungssemester." Zuerst verschlägt es mir die Sprache. Dann sage ich: „Ich brauche das Geld für das Studium." Der Dozent ist aufgestanden und rennt wie ein Tiger im Käfig hin und her. Dann sagt er: „Wenn Sie kein Geld haben, können Sie nicht studieren." Das sitzt. Ich ringe nach Luft. Er fährt fort: „Bitte, von mir aus gehen Sie hinunter zu unserem stellvertretenden Direktor. Vielleicht gibt der Ihnen eine Unterschrift auf Ihrem Urlaubsantrag." Vor der Tür des Stellvertreters fängt uns die Sekretärin ab: „Bitte warten Sie hier. Herr Direktor telefoniert gerade." Bald danach kommt er aus seinem Raum. Freundlich reicht er jedem die Hand und fragt: „Bitte, was wünschen Sie?" Wir tragen unser Anliegen und die Gründe dafür vor. „Nein", sagt er. Ich zerreiße langsam den Urlaubsantrag vor seinen Augen und zerknülle die Papierfetzen in meiner Faust. Dann drehe ich mich um und gehe.
Oben empfängt uns eine Studienkollegin vor dem Klassenraum: „Ich war im Atelier des Dozenten und habe gehört, wie er telefoniert hat. Er hat dem stellvertretenden Direktor geraten, Euch keinen Arbeitsurlaub zu genehmigen." Ich setze mich wortlos an meinen Platz und arbeite weiter an der begonnenen Zeichnung.
Die zehn Tage Industriemesse rücken näher. Die Studienkameraden fragen mich: „Was wirst Du tun?" Für mich gibt es kein Entweder-Oder. Ich muß Geld verdienen. Hannelore meint: „Wenn wir alle mitmachen, kann man uns nichts anhaben. Man kann uns nicht alle hinausschmeißen."
Wir treffen uns morgens früh um sieben Uhr auf dem Parkplatz vor den Messehallen. Alle ohne Urlaubsschein. Drei Jungen haben nicht mitgemacht. Sie erzählen uns später, Herr Z. habe getobt, als er die leeren Tische und Stühle sah.

Unser Dozent macht es uns nicht leicht, als die Messe vorbei ist und wir wiederkommen. Er ist wortkarg bei der Korrektur. Eines Tages kommt die Direktionssekretärin zu mir und sagt: „Sie haben noch nie einen Antrag für ein Stipendium gestellt. Warum nicht?“ „Meine Eltern haben gebaut“, antworte ich. „Trotzdem, füllen Sie den Zettel aus“, rät sie. Ich lese ihn durch. Dort steht geschrieben, daß nur sehr begabten Schülern diese Beihilfe genehmigt wird. Ich reiche den Antrag ein und bekomme tatsächlich ein Stipendium bewilligt.
Eines Tages ruft mich unser Dozent in sein Atelier. Er sagt: „Ich schlage vor, Sie bestehen die Zwischenprüfung mit gut und gehen dann von der Schule.“ „Nein“, sage ich. „Ich werde weiter studieren.“ Unruhig läuft er hin und her. Schließlich sagt er: „Dann müssen Sie die Konsequenzen ziehen.“ „Was soll das heißen?“ frage ich. „Wollen Sie mich durchfallen lassen, wenn ich nicht von der Schule gehen will?“ Er antwortet nicht darauf. Ich fahre fort: „Wenn Sie mich hier nicht mehr dulden, gehe ich in eine andere Stadt. Deshalb gebe ich mein Studium noch lange nicht auf.“ „Wohin wollen Sie dann gehen?“ fragt er. Ich sage: „Nach Stuttgart, an die Akademie. Der Professor für Graphik hat einen sehr guten Ruf.“
Beim Herausgehen aus dem Atelier denke ich: „Weiberfeind“. Ich werde so viel und gut arbeiten, daß man mir nichts anhaben kann. Wie schrieb Seneca? *„Suche Dir eine Gelegenheit zu beweisen, wer Du bist!“*

Papa hat einen kleinen Hund von einem Kunden mitgebracht, nachdem unser zweiter Airedaleterrier gestorben ist. Noch ist er klein wie ein Igel und weich wie ein Wattebausch. Angeblich soll er ein reinrassiger Schäferhund werden. Aber schon bald stellt sich heraus, daß er auch Ähnlichkeit mit einer Dogge hat. Der Hund wächst sehr schnell und wird riesig. Hjalmar bringt ihm eines Tages einen alten Sessel als Schlafstelle mit. Aber sogar der ist zu klein für ihn. Sein Hinterteil hängt herüber, wenn er auf ihm schläft. Da dieser Hund oft etwas anstellt, nennen wir ihn „Kaspar“. Wir haben aber auch eine schwarze Katze namens Susi. Sie ist die Ältere und spielt das geschickt

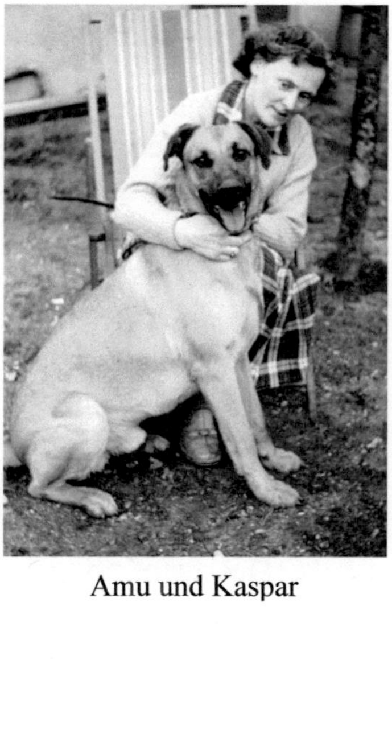

Amu und Kaspar

aus. Wenn sie Lust zur Zärtlichkeit hat, leckt sie dem Hund den Kopf. Dann wiederum, ganz unerwartet, beißt sie ihn in den Schwanz und springt in rasantem Tempo auf die Gardinenstange.

Ab und zu bekomme ich kleine Schriftaufträge. Meistens handelt es sich um Namensbeschriftungen für Türschilder im Rathaus. Außerdem muß ich auch Schilder für die Käfige im Zoo schreiben, manchmal sogar die Tiere dazu zeichnen. Damit die Zooschilder wetterfest sind, arbeite ich mit einer Spezialfarbe auf Kunststoff. Es dauert lange, bis sie trocken ist. Ich habe die fertigen Schilder auf dem Tisch ausgebreitet und gehe in den Garten. Nach einer halben Stunde will ich meine Arbeit anschauen. Kaspar kommt mir schwanzwedelnd entgegen. Das Schild „Seeadler" trägt er im Maul. Er fordert mich auf, es ihm abzujagen. Die anderen Schilder liegen zerkaut auf dem Fußboden. „Kaspar!" rufe ich verzweifelt. „Ich werde noch wahnsinnig!" Erschöpft sinke ich auf einen Stuhl. Der Zoodirektor lacht, als ich ihm die Geschichte erzähle. Er gibt mir neue Folienschilder zum Beschriften.

Ich bin Tante geworden! Britta hat eine Tochter geboren. Gunhild soll sie heißen. Hjalmar ist außer sich vor Freude. Wie ein Gummiball hüpft er in die Luft, als er die Nachricht telefonisch erfährt. Wir pflücken Blumen im Garten und fahren in die Klinik. Britta geht es recht gut. Gunhild sehen wir durch die Glasscheibe auf dem Arm der Schwester. Auf dem Heimweg sagt Hjalmar stolz zu mir: „Wir möchten, daß Du Patentante wirst."

Diese Woche haben wir die technische Abschlußprüfung. Wir müssen eine Zeitungsanzeige und einen Aufsteller für Zahnpasta entwerfen und ausführen. Vieles, was wir bisher gelernt haben, stellen wir unter Beweis: Komposition, Farbenlehre, Freihandzeichnen, graphische Techniken, Schrift, Layout, Satzkenntnisse. Unsere Mappe mit den besten Arbeiten aus den fünf Semestern haben wir bereits abgeliefert. Nun bleibt noch die mündliche Prüfung in Kunstgeschichte. Jeder kommt einzeln dran. Die Lehrer sitzen an einem hufeisenförmigen Tisch, wie beim Abi. Der Oberschulrat ist zugegen, da wir gegenwärtig nur einen stellvertretenden Direktor haben.
Nach der Prüfung werden wir alle zusammen hineingerufen. Wir erfahren unsere Zensuren. Alle haben bestanden. Aber meine Zensuren hat man gedrückt. Das empfinde ich als ungerecht. Auch die Mitschüler denken so. Sie raten mir, noch einmal mit den Lehrern zu sprechen. Ich klopfe an und gehe

dann in das Prüfungszimmer und direkt auf den Oberschulrat zu. „Darf ich Sie noch einmal sprechen?“ frage ich. „Die Zensuren stehen fest. Daran können Sie nichts mehr ändern“, sagt er. „Das will ich auch nicht. Aber ich möchte Ihnen erklären, was hier passiert ist. Alle Semester wurden mir gute Zensuren aus den Notizbüchern vorgelesen. Kann man in drei Monaten von einer Zwei auf eine Vier sinken? Ich habe gegen den Willen unseres Abteilungsleiters auf der Messe gearbeitet. Er hat zu mir gesagt: ‚Wenn Sie kein Geld haben, dann können Sie nicht studieren.‘“ Herr Z. springt auf. Er ist kreideweiß im Gesicht. „Das habe ich nicht gesagt!“ schnaubt er. Mir zittern die Knie. „Doch“, entgegne ich, „das haben Sie gesagt.“ Stille. Jemand atmet schwer. Das ist bestimmt Herr V. Er hat Asthma. Herr Z. beginnt zu reden. Aber der Oberschulrat verbietet ihm energisch, das Wort an mich zu richten: „Die Schülerin ist zu mir gekommen.“ Dann wendet er sich an mich. „Warum haben Sie nie einen Antrag auf ein Stipendium eingereicht?“ Ich antworte: „Im letzten Semester habe ich es getan. Es wurde auch bewilligt, obwohl es ja angeblich nur guten Schülern zugeteilt wird.“ Dann füge ich leise hinzu: „Ich weiß nicht, ob Sie das verstehen können, aber ich wollte mir das Studium selbst verdienen.“ Stille. Alle nicken, bis auf unseren Abteilungsleiter. Sind denn die anderen Lehrer auf meiner Seite? Ich danke für das Anhören, stehe auf und gehe aus dem Raum. Vor der Tür warten die Studenten aus meinem Semester. Jetzt mit keinem sprechen, denke ich. Jeder würde seine Meinung äußern. Aber ich kann nicht mehr zurück. Wie steht es bei Seneca geschrieben: *„Suche Dir eine Gelegenheit zu beweisen, wer Du bist…“*

Ich darf bei „Günther Wagner“ in der Inspektion arbeiten, bis ich irgendwann irgendwo einen Studienplatz finde. In der Werkkunstschule habe ich mich abgemeldet. Unser Akt- und Kostümzeichenlehrer wollte mich noch überreden, doch zu bleiben. Jetzt hat bereits das Wintersemester begonnen. Für einige Tage nehme ich mir Urlaub, um nach Stuttgart zu fahren. Ich möchte mich auf der Staatlichen Akademie der Bildenden Künste bei Professor Eugen Funk vorstellen. Vielleicht habe ich Glück und darf dort nächstes Semester weiter studieren. Es war schon immer mein Wunsch.

Stuttgart. Mit meiner Kunstmappe unter dem Arm stehe ich vor dem Atelier des Professors. Noch einmal tief durchatmen. Ich klopfe an die Tür. Er

ruft mich herein. Professor Funk ist ein gut aussehender Herr. „Warum wollen Sie zu mir kommen?“ will er wissen. Natürlich erzähle ich nichts von meinem Krach mit Z. Ich antworte: „Ein Wechsel tut immer gut. Ich will eine andere Richtung kennen lernen.“ Der Professor bleibt verschlossen: „Die Klasse ist voll. Außerdem muß ich zuerst die Schwaben bei der Aufnahme berücksichtigen.“ Nun werde ich keck: „Ich kann nicht verstehen, daß Sie mich ablehnen, bevor Sie überhaupt meine Mappe gesehen haben.“ Er willigt ein, sie anzuschauen. Die technischen Reinzeichnungen interessieren ihn nicht. Meine Aktzeichnungen gefallen ihm. Bei den Kompositionen kommen wir in ein Gespräch. „Hier sollten wir eine Blume in Formen auflösen, wie es vielleicht Miro getan hätte…“ erläutere ich mein Bild. „Bei dieser Komposition ließen wir uns von Mondrian anregen. Rot und Blau mußten gleichmäßig ausgewogen in das Gitter eingebaut werden.“ Plötzlich sagt er: „Ich mach’ es. Ich nehme Sie. Aber Sie müssen noch gleich dieses Semester kommen, obwohl es schon begonnen hat. Zunächst werden Sie in der Lithographie arbeiten…“
Wie berauscht trete ich aus dem alten Gebäude an die Luft. Ich könnte jauchzen vor Freude. Unten im Talkessel liegt Stuttgart. Ich werde in dieser Stadt studieren! Abends, wenn die Lichter angehen, schaut man von den Anhöhen auf sie wie auf einen großen Rummelplatz. Oder sie sieht dann aus wie der Himmel auf Erden. Wie im Traum gehe ich die Straßen abwärts zum Bahnhof. In den Gärten blühen noch Rosen. Voller Übermut breche ich mir eine ab.

Wechselnde Pfade

Oktober 1957 fahre ich zum Weiterstudium nach Stuttgart. Ich freue mich auf einen neuen Lebensabschnitt und bin auch neugierig, was alles auf mich zukommen wird. Amu ist heute still beim Mittagessen. Sie ist traurig. Auch für sie beginnt ein neuer Lebensabschnitt. Ihre „Küken" sind flügge geworden. Papa zeigt es nicht nach außen. Sein Geschäft, die Sorgen um Arbeit, die immer wieder beschafft sein muß, um die wöchentlichen Löhne für die Arbeiter zu haben, die Schulden, die das Haus belasten, das alles drückt ihn schwer. Nicht nur seelisch, sondern auch körperlich. Oft bekommt er Herzstörungen, Tachykardie nennen das die Ärzte. Dann muß er sich sofort hinlegen und eine Medizin einnehmen. Jedes Mal bangen wir, ob auch wieder alles gut wird. Es ist sehr nervenaufreibend, auch für Amu.
Hjalmar kommt zu mir. Auch er will sich von mir verabschieden. Er sagt: „Ich habe hier zwei kleine Geschenke für Dich, mit Wünschen für die Zukunft." Ich wickele das erste aus und halte in der Hand ein kleines Eselchen, aus verschieden großen Holzperlen gefädelt. Es steht auf einem runden Podest. Wenn man unten drückt, bewegt es sich, legt die Beine krumm. „Lies, was ich Dir auf den Zettel geschrieben habe, der um das Podest geklebt ist", drängelt er.
Ich lese: *„Ich wünsche Dir, daß Du erreichst die hohe Kunst und auch findest eines Knilches Gunst!"* „Oh", stottere ich verlegen. Ich weiß, mein Bruder ist sehr besorgt, daß ich nur ja jemanden finde. Und dann fahre ich fort: „Danke, das Tierchen ist ganz süß. Aber den Spruch muß ich überkleben. Den soll nicht jeder lesen."
„Und hier ist noch etwas für Dich. Das haben wir einmal in Oberstorf im Urlaub gekauft." Er reicht mir einen kleinen Holzteller. Auf ihm ist eine Kuh gemalt, die verlegen die Augen niederschlägt, darüber sind zwei rote Herzen. Um den Teller herum steht geschrieben: *„Das Herz ist eine dumme Kuh, es läuft dem größten Ochsen zu."* Ich bin gerührt und muß lachen. So ist mein Bruder, ein wenig Schabernack und dahinter Liebe. Er wird mir fehlen.
Der nächste Morgen. Großes Verabschieden, natürlich auch von Hund und Katze. Papa und Amu begleiten mich zur Bahn. Ich habe nicht viel Gepäck. Der „Clownkoffer", eine Holzkiste mit Verschluß, ist bereits vorausge-

schickt. Sie wird mir bei Frau Kluge als Nachttisch und Kleiderschrank dienen. Bei ihr werde ich während der ersten Semester wohnen.
Verabschiedung auf dem Bahnhof. Fortgehen ist leichter als Zurückbleiben. Noch lange winke ich aus dem heruntergelassenen Abteilfenster, bis meine Eltern sich immer mehr entfernen und ich sie nicht mehr sehen kann. Zufrieden lehne ich mich in meinen Sitz zurück. Acht Stunden dauert die Fahrt von Hannover bis Stuttgart im Zug. Man munkelt, daß irgendwann ein schnellerer Zug gebaut werden soll. Aber das sind bis jetzt vage Zukunftspläne. Die Fahrt und auch das Telefonieren sind nicht billig. Ich muß sehr sparsam leben, damit ich mit dem Geld auskommen werde, das ich bei „Günther Wagner“ im Verpackungswerk verdient habe. Ein Glück, daß Frau Kluge mir entgegenkommt und für die Schlafstelle kein Geld haben will. Da sie aber in Backnang wohnt, brauche ich eine Monatskarte für die Bahn nach Stuttgart.
Mir gegenüber sitzt eine stark geschminkte, junge Dame. An jeder Haltestelle, wenn die Türen des Abteils aufgerissen werden und Reisende zu- oder aussteigen, zieht sie ihren um die Schultern gelegten Schal bis unter die Nase. Sie ist Sängerin und fährt zu ihrem ersten Engagement nach Stuttgart. Auf keinen Fall darf sie heiser werden. Das wäre ein „Aus“ für ihre Karriere, meint sie. Wir unterhalten uns angeregt. Die Zeit vergeht schneller als gedacht. Wir sind am Reiseziel. Allerdings fahre ich noch mit dem Bummelzug nach Backnang, wo mich Frau Kluge und ihr Sohn Frieder in Empfang nehmen. Herr Kluge begrüßt mich im Haus recht wortkarg. Ist es ihm nicht recht, daß ich komme? Abends läuft der Fernseher, schwarzweiß. Wir sitzen alle wie im Kino. Bisher können sich nur wenige Familien so einen Apparat leisten. Aber Frieder arbeitet bei Telefunken. Dadurch ist es für ihn vielleicht etwas günstiger, an einen Fernseher zu kommen.

Heute ist mein erster Studientag auf der Akademie. Ich habe mich entschlossen, immer zu Fuß vom Bahnhof zur Akademie und zurück zu gehen. Mit der Straßenbahn zu fahren ist für mich zu teuer. Schuhe besohlen kommt billiger.
Ich klopfe an die Tür mit dem Schild „Professor Eugen Funk.“ Er öffnet. „Grüß Gott, Fräulein Winkhardt“, sagt er freundlich. „Bitte warten sie drei Türen weiter vor der Lithographie. Ich komme gleich.“ Ich stelle mich vor die Tür. Gegenüber, in einer Flurecke, sind zwei schmächtige Studenten in weißen Kitteln damit beschäftigt, schwere Steine für Lithographien hin und

her zu tragen. Plötzlich muß ich an Erhard denken und an Hjalmars Abschiedsgeschenk. Es geht mir durch den Kopf: „Diese Beiden wären auch nicht meine Traumtypen…“ Der Professor kommt. „Herr Lewandowski “, sagt er zu einem der beiden Studenten, und dann zu mir gewandt: „Fräulein Winkhardt, Sie arbeiten in den nächsten vierzehn Tagen zusammen in der Lithographie.“ Herr Lewandowski reicht mir die Hand: „Ich bin der Gerhard. Und wie heißt Du?“ „Caritas“, sage ich, „ aber Du kannst mich Cary nennen.“

Die Zusammenarbeit mit Gerhard macht Spaß. Wir verstehen uns sofort gut. Beide kommen wir aus dem Osten. Gerhard stammt aus Köslin in Pommern. Er ist vier Jahre älter als ich.

Herr Mönch führt uns in die Geheimnisse der Lithographie ein. Ab und zu kommt der „Prof“, wie wir Studenten unseren Professor nennen, und schaut nach uns und unserer Arbeit. Die Zeit vergeht schnell. Jetzt sind wir schon am Drucken. Gerhard dreht die Walze, weil man dafür Kraft braucht. Nebenher plaudere ich über dies oder das. Manchmal singe ich auch das Lied *„Wir bauen uns ein Häuschen, ein Kassett' in Kanada…“* Dann hält er im Drehen inne und schaut mich mit erstaunten Augen an. Aber ich treibe ihn gleich wieder an: „Dreh' weiter! Dreh' weiter!“ Er lacht und fängt wieder an, die Walze zu drehen.
Die ersten vierzehn Tage sind um. Jetzt arbeiten wir in einem großen Klassenraum mit anderen Graphikstudenten zusammen. Der „Prof“ stellt uns Aufgaben und kommt zweimal täglich zur Korrektur. Wir haben großen Respekt vor ihm. Er kann sehr streng sein. Weder darf man im Raum rauchen, noch zu spät kommen. Ich sitze neben Gretl. Mit ihr oder Gerhard gehe ich abends zusammen zum Bahnhof. Gretl hat mir einen „Samstags-Job“ beschafft. Aber es ist ein ziemliches „Augenpulver“. Auf kleine, silberne Ansteckplaketten malen wir Landschaften oder Wappen mit Glasurfarben.

In der Adventszeit gibt es im Stuttgarter Opernhaus das Ballett „Der Nußknacker“. Ich möchte das gerne sehen. „Hast Du auch Lust dazu?“ frage ich Gerhard. „Lust schon“, antwortet er. „Aber man bekommt bestimmt keine Karten dafür.“ „Laß es uns versuchen“, schlage ich vor. Wir treffen uns abends, stehen an der Kasse an und erhalten Eintrittskarten. Beide sitzen wir

wir wie verzaubert von der Musik und dem Weihnachtsmärchen. Fortan werde ich bei der Musik vom „Nußknacker“ immer an Gerhard denken.

Es gefällt mir sehr gut auf der Akademie, nicht nur das Studium, sondern das ganze „Drumherum“. Die Zeit vergeht viel zu schnell. Jetzt sprechen schon alle vom bevorstehenden Akademiefasching. „Gehst Du hin?“ frage ich Gerhard. Er zuckt mit den Schultern. „Ich weiß es noch nicht. Oder wollen wir zusammen gehen?“ meint er dann. „Oh ja!“ rufe ich begeistert. „Ich kann bei meiner Cousine in Stuttgart übernachten. Vielleicht kannst Du mich dort abholen“, schlage ich vor.
Ich will irgend etwas Improvisiertes, Lässiges anziehen. Zuerst muß ich in meinen „Clownkoffer“ schauen, ob ich vielleicht etwas ummodeln und dann anziehen kann. Ich finde darin eine grüne Caprihose und ein dunkles Oberteil. Wie wäre es als Fischerin, Nixe oder gar gefangener Fisch zu gehen…? Mein grünes Einkaufsnetz ziehe ich über den Kopf. Auf die Wange male ich mir ein rotes Herz…
Nun, ich glaube nicht, daß Grace und Heino von meinem Aufzug begeistert sind, aber überrascht sind sie auf jeden Fall. Grace hat schon das Abendbrot für uns gerichtet, wie immer: für jeden zwei Russische Eier mit Toast. Es läutet. Das wird Gerhard sein. Aber wer kommt in den Raum? Das ist doch Toulouse-Lautrec! Eine Melone auf dem Kopf, dunkles Bärtchen, feiner Anzug… Ich bin sprachlos. Aber auch er kommt über mein improvisiertes Kostüm nicht aus dem Staunen heraus. Nur zögernd ißt er die Russischen Eier. Eins steht fest: heute passen wir nicht zusammen. So verläuft auch unser Abend. Anfänglich sind wir viel zusammen. Dann verlieren wir uns. So passiert es, daß nicht Gerhard, sondern Walter mich zu meiner Cousine begleitet. Aber vorher spazieren Walter und ich immer wieder die Frühlingshalde auf und ab. Es ist ein sternklarer Abend. Im Tal und an den Hängen leuchten die Laternen. Vereinzelt sind noch einige Fenster erhellt. Es dauert lange, bis wir uns endlich trennen.
Den nächsten Tag in der Setzerei. Gerhard ist von mir enttäuscht. „Wo bist Du geblieben?“ fragt er ärgerlich. „Warum hast Du mich nicht zum Tanzen geholt?“ frage ich. „Plötzlich habe ich Dich nicht mehr gesehen.“ Heute ist die Stimmung nicht sehr gut. Abends, auf dem Weg zum Bahnhof, lacht Gretl verschmitzt: „Cary, weißt Du, was John gesagt hat?“ „Kinder, Gerhard und Cary hättet ihr sehen sollen! Zwei Herzen haben sich gefunden…“ Mir

verschlägt es die Sprache. Jedenfalls hat uns John nicht bis zum Ende des Abends beobachtet. Das ist gewiß!

Vor den großen Semesterferien fährt unsere Graphikklasse an den Bodensee. Ich empfinde das wie Urlaub: Im Ruderboot auf dem See, ab und zu etwas zeichnen und mit den Kommilitonen zusammen sein. Gerhard sucht eifrig Regenwürmer und piekt sie dem „Prof" auf die Angel. Oft sitzt er auch im Boot und wartet, daß ein Fischlein beißt. Er versteht sie sogar auszunehmen und zu braten.

Nach den Semesterferien habe ich ein Zimmer in Ludwigsburg gemietet. Ilse hat es mir verschafft. Es befindet sich in der Mömpelgardstraße im ehemaligen, königlichen Pferdestall unter dem Dach. Nicht weit entfernt von hier wohnte in derselben Straße fünf Jahre lang Friedrich von Schiller. Einen Nachteil hat meine Dachkammer: Leider ist sie unbeheizbar. Ich habe ein kleines, elektrisches Öfchen und muß die Stunden aufschreiben, in denen ich es anschalte. Am Wochenende überlege ich, was billiger ist: den Ofen anschalten, oder lieber ins Kino gehen. Von meiner Dachluke schaue ich in den Schloßpark. Jetzt, zu dieser Jahreszeit, liegt er verlassen da.

Papa schreibt wöchentlich die „Buchholzer Nachrichten" im Zeitungsstil, damit ich unterrichtet bin, wie es zu Hause zugeht. Besonders lustig sind seine Illustrationen. Neulich mußte ich laut lachen über die Zeichnung „Britta im Schaumbad und Hjalmar filmend davor". Oder über unseren Riesenhund Kaspar, wie er auf dem Sessel schläft, und das Hinterteil rutscht fast herunter. Aber ganz besonders freue ich mich über Amus Briefe. Wenn auf der Rückseite ein „S" steht, bedeutet das: „Achtung! Fünf Mark sind drin." Dieses Geld spart sie vom Haushaltsgeld ab und schickt es mir heimlich.

Die schöne Studentenzeit geht zu Ende. Hjalmar fragt mich immer wieder: „Wie lange willst Du denn noch studieren?" Ich weiß, die Zeit ist gekommen, daß ich mir eine Stelle suchen und Geld verdienen muß. Acht Semester habe ich jetzt studiert. Zur Zeit gibt es an der Akademie noch keine Abschlußprüfung.
Heute ist mein letzter Studientag. Ich komme in den Raum. Mein Arbeitsplatz ist geschmückt. Zwei in Goldpapier gewickelte Schokoladenenten, die

eine mit Tiroler-, die andere mit Schutenhut, stehen in der Mitte des Tisches. Jede Figur trägt ein Fähnchen. Auf der einen Fahne steht geschrieben „Du?“, auf der anderen „Er?“ Drumherum liegen bunte Zettel mit verschiedenen Aufschriften: „Der lieben Cary“, „Glück und Erfolg“, „Success international“! Aber die „Krönung“ ist eine Krone, geflochten aus Klosettpapier mit zwei langen Klopapierschärpen. Auf ihnen steht geschrieben: „Caritas zum ewigen Andenken!“
Später das große Abschiednehmen. Viele wollen mir schreiben, mich eventuell in Hannover besuchen kommen. Gerhard schenke ich einen kleinen, roten, selbst gebastelten Teufel in einer Streichholzschachtel. Er freut sich und verspricht, mir schon bald zu schreiben. Gretl und ich gehen gemeinsam zum Zug. Doch ehe wir uns trennen, lassen wir uns zusammen von einem Paßbildautomaten im Bahnhof photographieren. Ich natürlich mit meiner Klopapierkrone auf dem Kopf.

Hamburg soll es sein. Ich liebe diese Stadt, seit dem Augenblick, als wir vor Jahren zu einem Osterausflug durch das große Backsteintor auf der Elbbrücke in sie hineinfuhren. Der Hafen, die vielen Kanäle und Brücken, die Binnen- und Außenalster, vornehme Stadtviertel, St. Pauli, Arbeiterviertel, der breite Elbstrom, Blankenese… Ich fühle mich in dieser Weltstadt klein, unbedeutend, und zugleich daheim.
Mit meiner großen Kunstmappe setze ich mich auf dem Jungfernstieg auf eine Bank. Ich genieße den Ausblick auf die Alster. Ein weißes Schiff, geschmückt mit bunten Fähnchen, legt am Ufer an. Ein halbes Stündchen gönne ich mir eine Ruhepause. Ich bin auf Stellungssuche. Von Agentur zu Agentur gehe ich mit meiner Mappe. „Ja, freie Mitarbeit gerne. Aber fest können wir Sie nicht anstellen.“ Immer wieder fahre ich in den hohen Gebäuden die Paternoster-Fahrstühle rauf und runter. Dabei muß ich aufpassen, daß ich beim Ein- und Aussteigen, mit der Mappe unter dem Arm, nicht das Gleichgewicht verliere. Ob ich es einmal beim Arbeitsamt versuche? Welch ein Glück! Ein Atelier sucht eine Graphikerin. Ohne vorherige telefonische Anmeldung gehe ich gleich dorthin.
Ich läute im Untergeschoß. Ein junges Mädchen, dunkle Locken, weißer Arbeitskittel, öffnet mir fröhlich. Ich frage nach dem Chef. „Na, dann kommen Sie mal rein“, meint sie mit typisch Hamburger Aussprache. Durch einen fensterlosen Gang gelangen wir in das Atelier. Hier sieht es munter

aus. Die Wände sind mit Entwürfen und Prospekten plakatiert. Die Arbeitstische liegen voller Papiere. Dazwischen Pinsel, Farben, Kaffeetassen. Aus einer Musiktruhe tönt klassische Musik. Es wird bei Kunstlicht gearbeitet. Aus dem Fenster vom Souterrain sieht man auf die vorbeigehenden Füße und Beine der Passanten. Der Chef ist noch recht jung, vielleicht 35 Jahre. Ich blättere ihm auf dem Fußboden meine Mappe auf. Er scheint beeindruckt zu sein. „Ich nehme Sie“, sagt er. „Hauptsache, Sie sind nicht zu teuer.“ Über die Höhe des Gehaltes sind wir uns schnell einig. Nächste Woche soll ich mit der Arbeit beginnen. Überglücklich suche ich die nächste Telefonzelle auf. Das muß ich gleich meiner Familie berichten. Jetzt brauche ich noch eine Unterkunft. Auch das findet sich, jedenfalls für drei Wochen. Amus Schulfreundin aus Riga wohnt mit ihrer Familie in Blankenese in einer Villa. Familie Ehmsen ist froh, wenn jemand das Haus bewohnt, während sie in Urlaub sind. Also ziehe ich dorthin, bis ich ein eigenes Zimmer zur Untermiete finde.

Die Arbeit macht Spaß. Es gilt, Prospekte zu entwerfen, auch Schallplattenhüllen. Jetzt, zur Sommerzeit, arbeiten wir an Entwürfen für Weihnachtsangebote. Zum Glück haben wir einen Kollegen, der die Reinzeichnungen erstellt. Er ist ein seltsamer Vogel. Vor dem Chef zittert er, hat Angst vor einer Entlassung. Er kocht mit Begeisterung. Sobald der Chef fort ist, verschwindet er im Nebenraum, einer winzigen Küche. Dort schmort er für uns Paprika, Zwiebeln und Tomaten. Oder er kocht Tee. Dann kommt er dienernd auch zu mir und fragt: „Fräulein Dr. Dr. Winkhardt, möchten Sie auch eine Tasse freundlichen Teeee?“ Dieser wunderliche Kauz! Scheinbar habe ich bei ihm einen Stein im Brett.

Die junge Kollegin, die mir die Tür geöffnet hat, heißt Reni. Wir haben uns angefreundet. Da sie auch sehr musikalisch ist, singt sie oft Mozartarien bei der Arbeit.

Ab und zu kommt uns ein netter älterer Herr besuchen. Er bringt jedes Mal ein Paket Kuchen mit. Wir müssen dann Kaffee oder Tee kochen.

Unser Chef hat eine Geliebte. Jedes Wochenende fährt er mit ihr nach St. Peter Ording. Wenn sie neben ihm im Auto sitzt, hält sie eine große Schüssel mit frischem, rotem, gelbem und grünem Paprikasalat auf dem Schoß! Welche Wunderwirkung erwartet sie sich davon? Oft verkrachen sie sich. Zur Versöhnung schenkt der Chef ihr goldene Armreifen. Sie ist eine kostspielige Geliebte!

Gerhard hat mir geschrieben! Pünktlich zum Geburtstag. Der Brief fühlt sich dick an. Was da wohl drin sein mag? Ungeduldig reiße ich ihn auf. Oh je! Da fällt ein kleines, getrocknetes Fischlein aus dem Umschlag. Schnell hebe ich es auf und lege es auf ein Blatt Papier. Nett hat er geschrieben. Wünscht mir viel Glück im neuen Lebensjahr. Aber der getrocknete Fisch ist nicht mein Fall…

Familie Ehmsen ist aus dem Urlaub zurück. Durch die Vermittlung ihrer Putzfrau habe ich zur rechten Zeit eine neue Unterkunft in Hamburg-Lurup gefunden. Es ist zwar nur ein Durchgangszimmer unter dem Dach, aber in einem netten Einfamilienhaus mit Garten. Für den Anfang genügt es. Allerdings ist mein Weg zur Arbeitsstelle sehr weit.
Ich fahre gerne mit der Straßenbahn. Man kommt am alten Elbtunnel und dem Hafen vorbei. Jetzt, im Winter, ist es morgens noch dunkel, wenn ich zur Arbeit fahre. Viele Schiffe sind beleuchtet. Einige haben einen Weihnachtsbaum mit elektrischen Kerzen am Bug. Das sieht sehr stimmungsvoll aus und inspiriert mich zu einer Weihnachtskarte. Gleich heute Abend will ich mit einem Linolschnitt beginnen: ein großes Schiff mit einer Galionsfigur am Bug, die einen Christbaum hält.
Ich schaue verträumt aus dem Fenster der Straßenbahn. Plötzlich höre ich meinen Namen rufen. Ich drehe mich um. Da steht Dieter hinter mir, ein Kommilitone aus der Werkkunstschule in Hannover. Er war ein Semester über mir. Morgen Abend will er mich besuchen kommen, meine Arbeiten anschauen, die ich in Stuttgart gemacht habe.

Der Abend mit Dieter wird gemütlich. Nur bleibt es nicht beim Bilderbetrachten. Wir haben uns sehr viel zu erzählen. Nächste Woche will er wiederkommen.

In der Firma geht es munter zu. Manchmal hat der Chef kein Geld. Er klagt, daß die Kunden unpünktlich zahlen. Auch wir bekommen dadurch unser Gehalt nur abgestottert.
Aber sobald er Geld hat, sitzt es bei ihm locker, wie zum Beispiel heute. Fröhlich kommt er in das Atelier: „Hallo, Leute! Holt uns etwas Gutes zum Essen, vielleicht ein Steak für jeden.“ Er greift in die Hosentasche, zieht eine Menge Geldscheine heraus. Einen davon gibt er Reni. Sie läuft geschwind zum Fleischer. Bald riecht es lecker nach Gebratenem im Atelier.

Aber diese Geldtage werden immer seltener. Der Chef ist auch mit der Miete im Rückstand und mit anderen Zahlungen. Erst neulich war der Gerichtsvollzieher wieder da und hat einen „Kuckuck“ auf die Musiktruhe geklebt. Das ist auch das einzige Stück, welches einen Wert hat. Unser lieber Kollege, der gut Tee kochen kann, zittert um seinen Job. Er ist Witwer, hat zwei kleine Kinder zu ernähren. Jedes Mal, wenn ich nach Hannover fahre, beschwört mich Hjalmar, die Stelle zu wechseln. Ich verspreche ihm: wenn es heikel wird, werde ich gehen.
Heute bin ich sehr zeitig dran. Zu meiner Überraschung öffnet mir der Chef die Tür. Die Kollegen sind noch nicht da. Er setzt sich mir gegenüber an den Zeichentisch und beginnt sein Leid über seine „teure Verlobte“ zu klagen. Immer stellt sie neue Ansprüche. Jedes Wochenende möchte sie nach St. Peter Ording. Dort ist alles sehr teuer. Plötzlich sagt er zu mir: „Paß auf! Damit meine Verlobte nicht sieht, daß ich noch Geld habe, und damit ich selbst auch nicht an das Geld für Eure Gehälter für den nächsten Monat gehe, werde ich es oben auf der Gardinenstange verstecken.“ Er steigt auf den Stuhl, zieht einige Geldscheine aus der hinteren Hosentasche und klemmt sie zwischen Gardinenstange und Wand. Ich sitze sprachlos daneben. Dann sagt er: „So, das ist unser Geheimnis. Nur Du und ich kennen es.“ Er spricht uns öfter mit „Du“ an, setzt unser Einverständnis dafür voraus. Nur wenn er mit uns nicht zufrieden ist, verfällt er in das „Sie“.

Ich weiß nie, wann Dieter mich besuchen kommt. Da ich mich aber über seinen Besuch sehr freue und ihn nicht verpassen will, traue ich mich abends gar nicht mehr fort. Mein Zimmer ist klein und karg möbliert: ein winziger ovaler Tisch vor dem Fenster, davor ein Stuhl. Die zweite Sitzgelegenheit ist das Bett. Ferner ein Schrank, in dem neulich ein faules Ei explodierte. Er dient als Kleider-, Sach- und Lebensmittelschrank. An einer Wand befindet sich ein Waschbecken. Auf der Fensterbank steht Papas kleiner Volksempfänger, den er mir überlassen hat. An manchen Tagen spielt er nur, wenn ich die Hand auf das Gehäuse lege. Aber gestern Abend hat er ausnahmsweise auch so funktioniert. Aus ihm tönten Chopinwalzer. Dieter war gekommen. Die Musik paßte zu unserer Stimmung.
Meine Wirtsleute sind verreist. Damit mir das Wochenende nicht zu einsam wird, habe ich einige Freunde und auch Dieter eingeladen. In Ermangelung von Stühlen lege ich eine Wolldecke und bunte Kissen auf den Fußboden und zünde Kerzen an. Auf meinem kleinen Kocher schmort Paprika mit

Tomaten und Zwiebeln, nach Art unseres Kollegen. Wer möchte, bekommt Wein. Sonst aber gibt es „freundlichen Teeee“. Es wird eine urgemütliche Fußbodenparty. Wir plaudern, lachen, spielen Karten. Um ein Uhr nachts ist allgemeiner Aufbruch. Fünf Minuten später wird an der Tür geläutet. Ich gehe nicht hin. Wer kann das sein? Das Haus steht völlig allein. Ich habe Angst. Vielleicht hat jemand beobachtet, daß mein Besuch gegangen ist. Jetzt wird Sturm geläutet. Zitternd schleiche ich die Treppe hinunter, schaue aus dem Flurfenster. Da steht Dieter. „Bitte laß mich rein“, bettelt er. „Ich habe meinen Schlüssel verloren.“ Noch zitternd öffne ich die Tür. Er stürmt nach oben in mein Zimmer. Dann das Geständnis: „Ich habe keinen Schlüssel verloren. Ich wollte nur bei Dir sein.“ Ich bin noch ganz erledigt und jetzt das! Mit Tricks und Mühen kann ich ihn endlich zum Gehen bewegen!

Wie es Gerhard wohl gehen mag? Ich habe nichts mehr von ihm gehört. Wahrscheinlich ist er beleidigt, weil ich seinen getrockneten Fisch nicht gewürdigt habe!

Gut, daß es Freundinnen gibt. Mit ihnen kann man so manches Problem noch einmal durchkauen, es hin- und zurückwälzen. Vor allem aber bringen sie einen wieder auf andere Gedanken. Manchmal begegnet man im Leben Menschen, plötzlich macht es „klick“, und man findet auch für sich einen neuen Weg. Zu diesen Menschen gehört Reni. Neben der graphischen Arbeit singt sie im Monteverdi-Chor. Dieser Chor fährt immer nach Italien zu Wettbewerben. Wenn sie nicht singen und gerade keine Probe haben, malt sie. Ich staune, wenn sie von den Reisen zurückkommt, ihre Kunstmappe aufschlägt und ein Aquarell nach dem anderen zeigt. Sie nutzt jede freie Minute zum Malen. Das imponiert mir sehr. Auch ich traue mich jetzt, draußen zu malen. Oft treffen wir uns sonntags mit Malstühlchen, Pinsel, Block und Farben. Neulich waren wir im Freihafen zwischen halb verrosteten Schiffswracks, Eisenstücken und riesigen Kabelrollen. Ein wenig unheimlich fand ich es schon. Wenn uns jemand überfallen hätte, wäre uns dort keiner zu Hilfe gekommen. An den Landungsbrücken fühlten wir uns sicherer. Aber da wimmelte es am Sonntag wieder von Menschen. Viele blieben bei uns stehen, verwickelten uns in Gespräche. So etwas reißt einen aus der Stimmung. Trotzdem bin ich mit meinem Bild recht zufrieden. Es war nicht leicht zu malen, denn die Barkassen und Schlepper veränderten durch die Bewegung des Wassers immer wieder ihre Position. Sonntag haben wir das bunte Treiben auf dem Altonaer Fischmarkt gemalt.

Eines Tages kommt unser Chef gut gelaunt von einer geschäftlichen Besprechung zurück. „Kinder“, sagt er, „wir haben noch einmal eine finanzielle Chance bekommen. Wenn wir es schaffen, gute Faschings-Dekorationen für eine Schallplattenfirma zu entwerfen, dann haben wir den Rausreißer aus unserer finanziellen Misere.“
Unser Team ist gefordert. Zuerst werden die Entwürfe gezeichnet und farbig angelegt. Dann geht es an das dreidimensionale Umsetzen. Ich habe zwei lustige Gesellen entworfen mit abstehenden Pappnasen und Brillen. Mein Entwurf gefällt. So weit, so gut. Aber unser lieber Chef will das Geld aus dem Vollen schöpfen. „Wißt Ihr was?“ sagt er. „Wir produzieren die Aufsteller selbst.“ Reni guckt mich skeptisch an und meint: „Na, wenn das man nicht in die Hose geht.“
Der Ablieferungstermin rückt immer näher. Das Wort „Feierabend“ kennen wir nicht mehr. „Ach hätte ich doch nicht diesen Entwurf gemacht!“ stöhne ich. Aber Reni rückt mein Selbstbewußtsein wieder zurecht: „Nicht Du hast Schuld. Unser lieber Chef hat ein Graphikatelier mit einer kleinen Fabrik verwechselt.“
Wenn wir nach Hause gehen, nehmen wir Pappen mit und schneiden Brillen. Oft übernachte ich bei Reni auf dem Sofa, umgeben von einem interessanten Ambiente. Stilmöbel, in der Glasvitrine kostbare Gläser aus der Jugendstilzeit. An den Wänden Bilder, die Renis Vater gemalt hat. Und zwischendrin ein schwarzes Katzenehepaar. Morgens schnuppern und lecken sie an der kalten Asche beim hohen Kachelofen im Wohnzimmer. Der Kommentar von Renis Mutter: „Die suchen sich ihre Mineralien. Tiere haben einen guten Instinkt.“ Renis Mutter strahlt Ruhe aus und wirkt immer ausgeglichen, ist hilfsbereit. Ich mag sie gern.

Der „Rausreißer“ war ein „Reinreißer“. Jedenfalls hat er uns nicht aus den roten Zahlen geholfen. Unserem seltsamen Kollegen, dem guten „Paprika- und Freundlichen-Tee-Kocher“, ist gekündigt worden. Er ist ziemlich verzweifelt. Frau L. hat schon vor Zeiten den Absprung gewagt. Jetzt sind nur noch Reni und ich als Angestellte da. Manchmal hilft ein netter Kunststudent aus.

Der Chef hat eine neue Bleibe für unser Atelier gefunden. Reni pfeift leise durch die Zähne und zieht die Augenbrauen hoch. „Was hast Du dagegen?“ frage ich. „Die Budapester Straße ist die Parallelstraße zur Reeperbahn! Na

dann man tau!“ Der Chef erklärt uns, daß dort die Räume viel billiger in der Miete sind. Aber eine Küche gibt es da nicht. Wir könnten ja irgendwo in der Mittagszeit essen gehen. Ich bin sehr gespannt, wie es weitergehen wird. Jetzt sind wir wirklich vom „Regen in die Traufe“ gekommen. In ungeheizten Räumen sitzen wir in Mänteln und zeichnen. Keine Schränke, keine Regale, jedenfalls hat nichts bisher seinen rechten Platz. Man ist ständig am Suchen. Im Treppenhaus begegnet man leicht bekleideten Mädchen. Sie proben in den Nebenräumen für ihre abendlichen Auftritte in den Bars. „Ich habe Hunger“, sagt Reni. „Kommst Du mit, nach einer Würstchenbude auf der Reeperbahn schauen?“ In die Davidswache werden gerade zwei Männer in Polizeibegleitung geführt. Schräg gegenüber ist „Café Keese“. „Warst Du da schon einmal drin?“ will ich von Reni wissen. Sie schüttelt den Kopf. „Nee, da ist Damenwahl. Jedes Tischchen hat auch ein Telefon. Dort kann man sich seinen Tanzpartner auf die Weise wählen.“ Wir schauen durch die großen Glasfenster. Um diese Uhrzeit ist noch nicht viel los. Endlich finden wir einen Stand, an dem wir eine Currywurst verdrücken.
Unser Chef ist wie elektrisch geladen. Beim kleinsten Zwischenfall rastet er aus. Bis in den späten Abend müssen wir arbeiten. Mit dem Gehalt ist er wieder im Rückstand. Wovon soll ich meine monatliche Zimmermiete zahlen? Ich kündige, ohne eine neue Arbeit in Aussicht zu haben. Das bringt ihn zur Verzweiflung. „Willst Du mich nicht heiraten?“ fragt er mich. Mir fehlen einfach die Worte. Ich bleibe konsequent.

Welch ein Glück! Durch das Arbeitsamt bekomme ich eine Stelle als Graphikerin bei den Hamburgischen Elektrizitätswerken angeboten. „Oh“, sagen meine Wirtsleute, „das ist etwas Sicheres.“ Ja, das ist es. Anfänglich kann ich kaum glauben, daß das Gehalt pünktlich am Monatsende auf dem Konto ist. Ich genieße den geheizten Raum und frühen Feierabend. Und doch kann ich mich nur schlecht an diese Stelle gewöhnen. Meine Kolleginnen, alle zehn Jahre älter als ich, betrachten mich mißtrauisch. Oft stehen sie zusammen und tuscheln. Auch die Arbeit macht mir keinen Spaß. Sie ist nicht sehr kreativ. Deshalb freue ich mich immer auf die Mittagspause. In der Kantine treffe ich täglich mit einem netten Psychologiestudenten zusammen. Er heißt Jürgen und arbeitet hier während der Semesterferien in der Presseabteilung. Uns geht der Gesprächsstoff nicht aus, denn er interessiert sich für Kunst und ich mich für sein Studium. Er will mich besuchen und einen Test mit mir durchführen. Na, was das wohl wird? Ein Türke, bereits Ingenieur, nimmt auch an unserem Tisch Platz. Unser Chef, der im Vorzimmer sitzt, schenkt mir oft einen Apfel aus seinem Garten. Danach will er mich über die Kolleginnen aushorchen. Oh! Da bin ich aber wachsam! Ich werde mir nicht durch eine unüberlegte Äußerung das Leben noch schwieriger machen!

Es ist wunderbar, geregelten Urlaub und auch etwas erspartes Geld dafür zu haben. Papa und ich fahren zusammen nach Italien, entfliehen dem regenreichen, norddeutschen Sommer. Wir wohnen in Marina di Massa in einer kleinen Pension. Obwohl Papa zu Hause keine Nudel anrührt, ißt er sie hier mit Begeisterung. Täglich sind wir unterwegs. Kommen an blühenden Mohnfeldern vorbei. Sitzen auf der Piazza unter Orangenbäumen, die gleichzeitig Früchte und Blüten tragen. Immer habe ich meinen kleinen Aquarellblock dabei. Ich male von hier den Blick auf das Castello. Ein Italiener, auf einer Vespa, stoppt. Er steigt ab und setzt sich zu uns auf die Bank. Er beginnt mit uns italienisch zu sprechen. Mit Mühe und Not verstehen wir, daß er Journalist ist. Er will einen Artikel über uns in der Zeitung bringen. Dann zeigt er auf seine Uhr und wieder auf die Bank, sagt: „Domani alle undici." Wir fragen: „Morgen hier um 11 Uhr?" „Si, si", sagt er und braust mit seiner Vespa ab. Papa freut sich, daß wir in die Zeitung kommen werden. Wir malen uns in Gedanken aus, wie unsere Daheimgebliebenen darüber staunen werden. – Am nächsten Morgen sind wir zeitig auf der Piazza. Wir warten und warten. Aber kein Marcello weit und breit zu sehen. Papa ist ärgerlich. Aber ich muß darüber lachen. Schnell zeichne ich Papa mit seinem italienischen Borselino auf dem Kopf, wie er enttäuscht unter den Orangenbäumen sitzt.

In unserer Pension treffen wir täglich ein älteres Ehepaar mit erwachsenem Sohn beim Mittagstisch. Wir grüßen uns freundlich, tauschen Tageserlebnisse aus. Heute Abend werden sie abreisen. Vorher wollen sie noch mit Papa sprechen, aber ohne mich. Ich gehe so lange in unsere Zimmer. Dann kommt Papa wieder und sagt: „Mädchen, Mädchen, was hast Du nur gemacht?" Er setzt sich auf den Stuhl und schmunzelt vor sich hin. „Weißt Du, was die Bäuerles von mir wollten?" Ich schüttele nichtsahnend den Kopf. „Sie haben bei mir, im Namen ihres Sohnes, um Deine Hand angehalten!" Ich bin fassungslos: „Wie bitte", sage ich. Mehr fällt mir nicht ein. Papa fährt kichernd fort: „Der Sohn hat im Schwabenländle in einer Kleinstadt eine Wirtschaft. Zum ‚Goldenen Schlüssel' heißt sie. Aber ich habe gleich abgewinkt und gesagt, daß Du Graphikerin bist. Darauf meinten sie, Du brauchtest nicht an der Theke zu stehen. Du solltest ein gutes Leben haben. Du seiest für ihren schüchternen Sohn genau die richtige Frau!" „Weißt Du, Papa," sage ich, „der ist doch schon so alt und dürr. Außerdem habe ich noch kein Wort mit ihm gewechselt. Der kann mich doch nicht einfach unbesehen haben wollen! Was hast Du geantwortet?" „Du hättest schon einen anderen." „Laß uns unauffällig von hier verschwinden, bis sie abgereist sind", bitte ich Papa. Wir gehen zu einem kleinen Flüßchen, mit idyllisch bewachsenen Ufern. In der Mitte steht im Wasser eine Marienstatue aus weißem Marmor, mit Blumen geschmückt. Am Ufer schaukelt ein Boot. Ich setze mich in den Schatten einer Palme und beginne zu malen. Papa sitzt neben mir und schreibt Tagebuch.

Reisen ist etwas Faszinierendes. Italien ist zauberhaft, allein schon die „aufgeklappten und zugeklappten Regenschirme", wie Fräulein Baumann damals die Pinien und Zypressen nannte. Die Weite des blauen Meeres, Sonne, Blumen, fröhliche „Bambini". Es kommt mir fast vor, als wären die Menschen, die hier leben, glücklicher, anspruchsloser. Aber sicherlich sehe ich das nur so, weil ich in Urlaubslaune bin. Viele sind sehr arm. Sorgen, Krankheit, Tod: Auch hier ist kein Paradies auf Erden. Oft sieht man an den Häuserwänden große Todesanzeigen kleben.
Heute fahren wir nach Portovenere. Schmale, hohe Häuser dicht gedrängt am Ufer; rosa, gelb, in bunten Farben, mit grünen Fensterläden. Papa und ich setzen uns an einen Tisch nahe am Meer, speisen gebratenen Fisch und Salat. Im Nu sind wir umgeben von vielen Katzen, die sich an uns heranschmeicheln und gefüttert werden wollen. Nach unserem köstlichen Mahl steigen wir auf den Berg zu einer kleinen Höhle. Hier saßen vor Jahren Lord Byron und seine Freunde. Wurden von dem Ausblick auf die Meeresbucht zum Dichten inspiriert. Wir ruhen kurz aus, schauen auf das türkisfarbene Meer. Ich bin glücklich, daß Papa diese Reise mit mir macht und für kurze Zeit dem Alltag und seinen Sorgen entrinnen kann.

Skizzen aus Italien

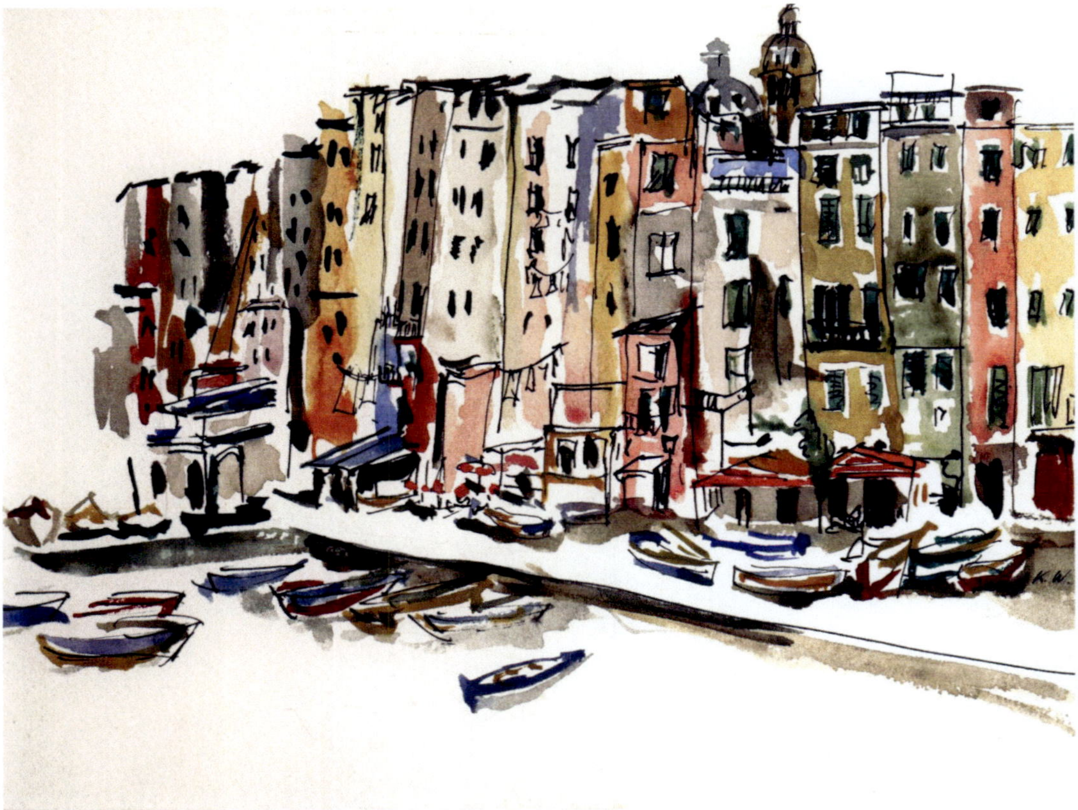

Portovenere · Aquarell und Feder

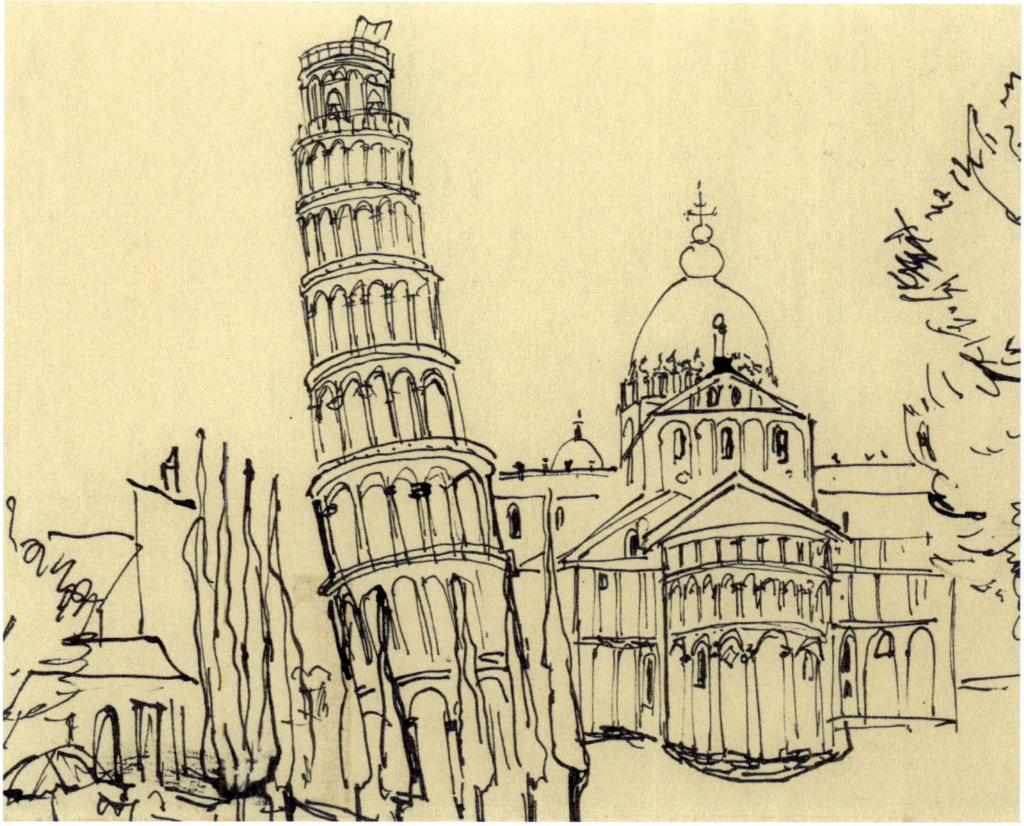

Pisa · Federzeichnung

Ein Höhepunkt unseres Italienurlaubes wird ein dreitägiger Ausflug nach Rom. Wir sind beeindruckt von den antiken Gebäuden und Ruinen. Ganz besonders gefällt mir das Forum Romanum. Viel Zeit haben wir nicht, aber trotzdem muß ich mich auf den antiken Trümmern niederlassen und meinen Eindruck malerisch wiedergeben. Zwischen den Steinen wächst Gras, rote Rosen blühen. Danach mache ich ein Photo von Papa: Konstantin Winkhardt stolz unter dem Konstantinbogen, in einer Hand den großen, schwarzen Regenschirm, den wir uns in Marina di Massa gegen die Sonne gekauft haben.

Auf der Spanischen Treppe findet eine Azaleenausstellung statt. Ein Blütenmeer in rosarot. Gleich daneben spielt sich der Alltag ab.

Es ist schon spät am Abend und dunkel. Wir wollen noch zur Engelsburg und fahren mit dem Bus. Aber dann heißt es, irgendwie die Straße überqueren, damit wir über die Brücke gehen können. Der Autoverkehr fließt pausenlos. Keiner stoppt und nimmt uns wahr. Wir wagen es einfach und gehen auf die Straße. Irgendwie schlängeln wir uns zwischen den Autoreihen durch und stehen endlich auf der Brücke. Die Engelsfiguren sind angeleuchtet. Sie erscheinen mir gewaltig und unheimlich. Ich bin froh, daß Papa neben mir geht. Hinter unserem Rücken braust unaufhörlich der Verkehr.

Unser letzter Morgen in Rom. Tief beeindruckt von dem Petersplatz und den Kolonnaden, neben denen ich mir winzig vorkomme, betreten wir den Dom. Er erscheint mir riesig, fast wie ein Museum. Vom Anblick der Pieta von Michelangelo kann ich mich kaum lösen. Plötzlich sagt Papa zu mir: „Ich habe Herzrasen und muß mich sofort irgendwo hinlegen.“ Aber wo? „Komm“, sage ich, „wir gehen auf das Dach. Vielleicht kann man auch mit einem Lift hochfahren.“ Ich hake Papa unter. Oben, auf dem Dach des Domes, stehen gewaltige Steinfiguren. Wir finden eine breite Bank aus Stein. Papa legt sich hin. Ich gebe ihm von der Herzmedizin. „Du brauchst nicht neben mir zu sitzen,“ sagt er. „Schau Dir alles gut an.“ Das tue ich auch. Als ich wiederkomme, geht es Papa noch nicht besser. Trotzdem steht er auf, und wir gehen hinunter. An der Ausgangstür befindet sich eine Schale mit Weihwasser. Papa faßt mit der Hand hinein und fährt einmal damit über sein Gesicht. Dann schaut er mich an und sagt: „Das Herzklopfen ist fort. Das Heilige Wasser hat geholfen. Jetzt möchte ich noch unbedingt die Sixtinische Kapelle sehen.“ Im Eiltempo geht es zum Vatikan. In den Gängen hängen Bilder, interessante Globen stehen auf Tischen. Aber wir eilen aus

Zeitmangel die großen Marmorstufen hinunter. „Paß auf! Rutsch nicht aus! Der Boden ist sehr glatt!" Dann kommen wir in die Sixtinische Kapelle. Mir fallen sofort die Anfangsworte des Gedichtes ein, das wir in der Freien Waldorfschule gelernt haben: *„In der Sixtina dämmrig-hohem Raum sitzt Michelangelo…"* Ich bin überwältigt. Kann es kaum fassen, daß ich hier wirklich stehe. Papa sagt zu mir: „Schau vor uns, die große blaue Wand mit dem Jüngsten Gericht."
Wir eilen, damit wir noch rechtzeitig zum Zug kommen. Für die Rückfahrt holen wir uns kleine Dosen Tomatensaft, Weißbrot und aufgeschnittene Salami. Wir machen es uns im Abteil gemütlich. Uns gegenüber sitzt eine Nonne, die mißtrauisch guckt, als wir unseren Reiseproviant auf dem Schoß auspacken. Irgend etwas sagt sie auf Italienisch. Wir verstehen es nicht. Papa öffnet ein Tomatensaftdöschen. Dabei spritzt der Saft auf ihren großen, weißen Kragen. Jetzt fängt sie fürchterlich an zu schimpfen. Papa sagt: „Scusi!" Wir müssen lachen und lassen uns nicht beim Essen stören.

Der Alltag hat mich wieder. Meine Kolleginnen wollen wissen, wie der Urlaub war. Natürlich erzähle ich ihnen nicht alles, wie zum Beispiel die Geschichte vom Heiratsantrag. Aber ich bringe meine kleinen Aquarelle mit. Sie scheinen davon beeindruckt zu sein. Jedenfalls sind sie ab jetzt sehr nett zu mir. Wenn eine von ihnen Geburtstag hat, bekomme ich sogar auch ein Stück Kuchen ab.
Jürgen, meinem Mittagstischnachbarn, gefallen die Bilder auch gut. Am besten findet er das mit der Madonna im Wasser. Ich schenke es ihm.
Jürgen ist ein Mensch, der mich zum künstlerischen Arbeiten anspornt. Er interessiert sich für meine Arbeiten. Ich möchte ihn immer wieder mit neuen Bildern überraschen. Besonders haben ihm meine Linolschnitte für einen Kalender gefallen, die nach einer Parisreise im Herbst entstanden sind. Auch meine Aktzeichnungen findet er sehr gut. Ich lasse mehrere Zeichnungen in der Buchbinderei binden und will ihm das Buch zu Weihnachten schenken.

In den Kinos läuft der Film „Abenteuer eines möblierten Herren". Ich habe ihn mir angeschaut, rein aus Neugier und Sympathie, was jenem Herren alles begegnet ist. Ich könnte auch schon ein kleines Buch über meine Erlebnisse als Untermieterin schreiben.

Mein erstes Zimmer war ein Durchgangszimmer und klein, dafür waren die Wirtsleute sehr nett. Mit der Tochter verbindet mich Freundschaft. Das nächste Zimmer war zwar groß, durfte aber von mir nie abgeschlossen werden, da sich ein Wandschrank der Wirtsleute darin befand. Schon bei meiner Vorstellung begutachtete der Wirt meine Beine, ob sie auch schön seien! Ich faßte das noch als Witz auf! Jeden Samstag bekam ich einen Eimer Wasser hingestellt, um die Fenster in meinem Zimmer zu putzen. Als eines Tages Frau und Tochter fort waren, kam der Wirt in mein Zimmer und begann schleimig zu plaudern. Zum Glück kam meine Freundin zu Besuch, so daß er sich verziehen mußte. Herrenbesuch war völlig untersagt. Spontan und fristlos kündigte ich, als ich nach einem Wochenende aus Hannover wiederkam und meine Bilder von den Wänden abgehängt und meine Bücher von den Regalen auf den Tisch geräumt waren. Ein Glück, daß ich in der Zwischenzeit, bis ich etwas Neues fand, bei Familie Ehmsen oder meiner Freundin Reni schlafen konnte. Nach diesen Erlebnissen sagte ich mir: Wenn schon ein möbliertes Zimmer, dann gleich in der schönsten Gegend Hamburgs.
Es hat geklappt. Ich fand zwei wunderbare Zimmer in der Hasenhöhe, allerdings mit Kohleofen. Eine große Linde wächst durch das kleine Vordach beim Wohnzimmer. Aber leider starb der alte Wirt recht bald. Ich mußte mich nach etwas Anderem umschauen. Nun wohne ich in Blankenese in der Wittsallee in einer alten Villa, unter dem Dach. Die 85jährige Besitzerin hat sämtliche Zimmer an Singles vermietet. Ich habe mir einen kleinen, elektrischen Kachelofen gekauft, denn der Raum ist unbeheizbar. Hier fühle ich mich wohl, wie ein Vogel im hohen Baum. Es ist etwas Wahres daran, daß Dachwohnungen die Stimmung heben.

Nicht weit entfernt von hier findet mein Aktzeichenkurs statt. Zur Zeit malen wir oft eine ältere Frau, die immer ihren Langhaardackel bei sich hat. Während wir sie zeichnen, schläft der Hund auf ihren Kleidern. Ihr Körper sieht schon verbraucht aus. Aber wenn sie ihr violettes Unterhemd anbehält, weil es einmal wieder zu kühl im Raum ist, und einen Brief ihrer Tochter aus Paris liest, hat sie ein gewisses Etwas, das mich inspiriert.
Hier beim Aktzeichnen habe ich Horst kennengelernt. Er ist genau das Gegenteil von mir: akkurat und langsam. Aber trotzdem haben wir uns angefreundet. Neulich hatte er sein Stativ mit und wollte unterhalb der Alster-

brücken photographieren. Ich mußte viel Geduld aufbringen, bis er den richtigen Blickwinkel gefunden hatte und das Stativ endlich stand.
Da Horst auch in Blankenese wohnt, gehen wir oft nach dem Kurs noch spazieren. Besonders stimmungsvoll ist es an Sommerabenden auf dem Anlegeponton, der leicht schwankt. Langsam gleiten in der Dunkelheit die beleuchteten Schiffe auf der Elbe vorbei, die größeren von Schleppern gezogen. Stundenlang könnte ich hier stehen. Sie wecken in mir Sehnsüchte nach fernen Ländern und etwas Undefinierbarem.
In einem kleinen Lokal in Blankenese tritt eine ältere Dame als Pianistin und Sängerin auf. Sie spielt immer wieder dasselbe Lied und singt alle Strophen *„Ein Schiff wird kommen, das bringt mir den einen..."* Es ist sehr stimmungsvoll. Manche Besucher singen mit.
Blankenese gefällt mir; die schmalen Gassen mit den putzigen Häusern. In den Gärten davor wunderschöne Blumen. Manche Dächer sind mit Reet gedeckt. Reni und ich haben uns hier schon oft zum Malen getroffen. Aber auch der Hirschpark, mit seinen Wegen oberhalb des Elbufers, ist wunderschön und romantisch, besonders bei Mondenschein. Gerne bummeln Horst und ich nachts durch die stillen Gäßchen. Ich habe nicht gewußt, daß reife Äpfel an den Bäumen bei Mondschein wie hellgrüne Kugeln an Weihnachtsbäumen leuchten.

Ideal ist mein jetziger Wohnsitz für gegenseitige Besuche mit der Familie Ehmsen. Seit Ingrid aus Argentinien zurück ist, wo ihr Mann bei einem Autounfall tödlich verunglückte, sind wir oft zusammen. Sie, ihre Schwester, manchmal sogar ihr Bruder, kommen zu mir zum Zeichenunterricht. Ingrid tut es gut als Ablenkung. Oft gehe ich aber auch zu ihnen. Ihre Eltern haben ein sehr gastfreundliches Haus. Durch ihre baltische und liebevolle Art fühle ich mich bei ihnen wie zu Hause. Nach einem langen Canastaabend übernachte ich bei ihnen.

Ich habe hohes Fieber und liege im Bett. Wie gut, daß Amu für ein paar Tage hergekommen ist. Gestern war sie in der Innenstadt und hat mir ein Teeservice aus dem Alsterhaus mitgebracht. Außerdem einen bunten Strauß Astern, der auf dem Tisch neben meinem Bett steht. Amu liebt Blumen. Bei ihr zu Hause stehen immer welche auf dem Tisch, und wenn das Geld noch so knapp ist. Eben kommt sie vom Einkaufen wieder. Verschmitzt lacht sie und hält etwas hinter ihrem Rücken. „Rate, was ich für Dich habe", sagt sie.

„Einen Brief?“ frage ich zögernd. „So ähnlich.“ Und damit holt sie eine bunte Ansichtskarte hervor und gibt sie mir. Türkisfarbenes Meer, Felsen, Pinien…Ich drehe die Karte um. Gerhard, mein Studienfreund aus Stuttgart, hat geschrieben! Von der Costa Brava! Er macht dort Urlaub mit seiner Schwester und ihrer Familie. Also hat er mich nicht vergessen! Ich soll ihm schreiben. Gleich fühle ich mich besser, möchte aus dem Bett hüpfen. Aber Amu wehrt ab.

Nachmittags schreibe ich ihm im Bett einen langen Brief. Ich erzähle von der Firma, meiner Arbeit, dem Malen. Zum Schluß füge ich hinzu „Ich habe einige Freunde; einen Psychologiestudenten, einen Türken in der Firma, der mich mag und einen Freund beim Aktzeichnen, der ziemlich hinter mir her ist. Aber noch bin ich frei und ungebunden.“

Schon bald bekomme ich von ihm eine Antwort. Gerhard schreibt, wie sehr er nach meiner Adresse gesucht hat. Schließlich bekam er sie von Gretl. Er hat eine gute Anstellung als Graphiker bei einer großen Versicherung in Stuttgart bekommen. Nun möchte er mich gerne wiedersehen. Ich antworte ihm und schlage für Weihnachten ein Treffen in Hannover vor. Zu der Zeit hat er sicherlich ein paar Tage frei. Ich kann auch zu den Festtagen nach Hause fahren. Amu erzähle ich das. Sie lacht und rät: „Das sagen wir vorher keinem. Sonst wird es zerredet. Dein Bruder wird Augen machen!“

Ja, mein Bruder soll es noch nicht wissen. Aber meiner Freundin Mariana muß ich es sofort schreiben. Wir stehen in täglichem Briefverkehr. Sie ist Harfenistin geworden und hat ihr erstes Engagement in Maastricht unter dem Dirigenten Rieu. Mariana kann ich alles erzählen. Ich weiß, daß ihr Rat immer ehrlich gemeint ist.

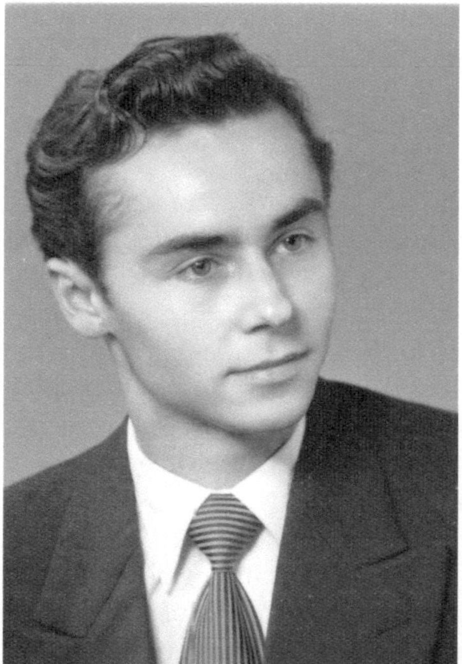

Gerhard Lewandowski 1955

Kurz vor Weihnachten 1962 fahre ich nach Hannover. Erst jetzt verrate ich Hjalmar, daß ich „Herrenbesuch“ erwarte. Er ist überrascht und neugierig. In diesem Augenblick läutet es an der Haustür. Durch Fleurop wird ein großer, gelber Rosenstrauß für Amu abgegeben. Unterschrift: „Gerhard Lewandowski“. „Meine Fresse!“ ruft mein Bruder aus. „Jetzt muß ich sofort hoch und alles Britta erzählen!“
Mein Bruder bietet sich an, wenn ich Gerhard vom Zuge abhole, uns mit dem Auto nach Hause zu fahren. Um meine Begrüßung mit Gerhard nicht zu stören, will er sich zunächst in der Bahnhofshalle hinter einer hohen Säule dezent zurückhalten und dann erst auf uns zustoßen. Damit bin ich einverstanden. Dann sage ich: „Wenn Dir Gerhard gefällt, kratz Dich am Ohr.“
Der Zug läuft pünktlich ein. Da kommt er auch schon durch die Sperre mit forschem Schritt im Tweedmantel, einen Hut auf dem Kopf. Wir begrüßen uns, als hätten wir uns erst gestern Abend auf der Akademie getrennt. Ich beobachte Hjalmar während der Heimfahrt. Aber kein vereinbartes Geheimzeichen ist zu erkennen. Endlich frage ich ihn: „Juckt Dir nicht Dein Ohr?“ „Und wie“, sagt er und fängt intensiv an, das Ohr zu reiben.
Heiligabend gehen wir gemeinsam zum Gottesdienst. Danach gibt es Bescherung. An jeden hat Gerhard gedacht. Amu bekommt einen kleinen Ständer mit Ackermanns Nähseiden. Das paßt gleich doppelt zu ihr, einmal, weil sie viel näht, zum anderen, weil sie eine geborene „Ackermann“ ist. Für Papa ist eine dicke, rote Schwedenkerze auf einem Zinkteller. Dann steht unter dem Weihnachtsbaum ein Silberglöckchen mit eingebauter Spieluhr. Wenn man es aufzieht, ertönt die Melodie *„Stille Nacht, heilige Nacht…“* Für mich hat er einen dänischen Holzaffen ausgesucht.
Am ersten Feiertag ist große Teerunde. Auch Hjalmar, Britta und die kleine Gunhild sind eingeladen. Gerhard bekommt einen Platz am Tisch zugewiesen, in der Ecke des Zimmers. Das hat seinen Grund. Bisher haben wir ihn nicht mit unserem großen Hund Kaspar zusammentreffen lassen. Unser Hund ist unberechenbar und fällt Fremde an. Auf diesem Platz glauben wir Gerhard sicher, von uns noch seitlich geschützt. Amu öffnet die Tür. Das große Tier läuft ins Zimmer und schaut freundlich zu Gerhard. „Angenommen!“ rufen Britta und ich wie aus einem Mund. Nun will ich wissen, wann Gerhard Geburtstag hat. Doch er rutscht plötzlich unruhig auf seinem Stuhl hin und her. Dann kommt die Antwort: „Heute“! Wir staunen, daß er an seinem Geburtstag zu uns gekommen ist und ihn nicht in Göppingen feiern wollte.

Für den Abend haben wir Theaterkarten im Schauspielhaus. Hjalmar will uns hinfahren, weil es draußen kalt ist und wir vielleicht lange auf die Straßenbahn warten müßten. Aber nur unter einer Bedingung: „Nach Hause müßt Ihr allein kommen, damit Gerhard Dich unterwegs in der Kälte wärmen kann.“ „Einverstanden!“
Das Theater ist zu Ende. Wir kommen in die eisige Nacht. Gerhard dreht sich einmal im Kreise, ruft nach einem Taxi. Wir sind schnell zu Hause und setzen uns noch in meinem Zimmer zusammen. Gerhard wird hier übernachten, ich schlafe heute Nacht bei Hjalmar und Britta oben im Haus. Unvermittelt fragt er mich: „Könntest Du Dir ein Leben mit mir zusammen vorstellen?“ Ich bin sehr überrascht. Wir beschließen, im kommenden Jahr gemeinsam in Urlaub zu fahren.
Bald danach gehe ich nach oben. Beide kommen mir im Schlafanzug entgegen, fragen neugierig: „Wie war es?“ Mein Bruder will wissen: „Hat Gerhard Dich gewärmt?“ Ich muß lachen, wie besorgt sie sind, „mich an den Mann zu bringen“. Kurz erzähle ich ihnen unsere Pläne. Jetzt sind sie „wie aus dem Häuschen“. „Das müssen wir feiern“, sagen sie. Hjalmar geht in die Küche, holt eine Flasche Wein und Gläser. „Ich gehe schlafen“, wehre ich ab. Während Britta und Hjalmar noch ein Gläschen auf unser Wohl leeren, liege ich bereits glücklich im Bett.

Oft kommt es anders, als man plant oder denkt. Es ist etwas Schlimmes passiert. Papa hat mit achtundfünfzig Jahren einen schweren Schlaganfall bekommen. Sofort fahre ich nach Hannover. Die Krankenschwestern schauen skeptisch, wenn wir sie auf die Überlebenschancen ansprechen. Sie hüllen sich in Schweigen und zucken die Schultern. Papa will mir etwas sagen. Ich gehe dicht mit dem Ohr an seinen Mund. Kaum kann ich ihn verstehen. „Ich habe die blaue Wand mit dem Jüngsten Gericht gesehen“, flüstert er kaum hörbar. „Sie ist wunderschön.“ In Gedanken sehe ich uns beide wieder in der Sixtinischen Kapelle.
Für eine Woche habe ich mir Urlaub genommen. Täglich geht die Familie ihn besuchen. Wir sollen ihm seinen Taschenkalender bringen. Mit viel Mühe versucht er darin Sätze zu schreiben. „Hilf! Lieber Gott!“

Es ist wie ein Wunder. Eines Tages kommen wir in das Krankenhaus, und Papa sitzt im Stuhl. Gehen kann er noch nicht. „Zu unserem Hochzeitstag bin ich wieder zu Hause, Mamachen“, begrüßt er Amu. Die Worte sind nur schwer zu verstehen. Aber Papa ist voller Hoffnung und Lebenswillen. Ich fahre wieder nach Hamburg. Gerhard schreibe ich, daß ich höchstens über die Pfingstferien nach Stuttgart kommen kann. Mehr als eine Woche Urlaub ist durch die Krankheit meines Vaters nicht geblieben.

„Stuttgart Hauptbahnhof! Alle aussteigen! Der Zug endet hier!"
Ich komme durch die Sperre. Da steht Gerhard vor mir mit einem großen Strauß langstieliger, dunkelroter Rosen. Mich durchfährt ein freudiger Schrecken. Er begleitet mich zu meiner Cousine Grace, wo ich zwei Tage schlafen werde, denn für morgen und übermorgen hat Gerhard keinen Urlaub bekommen. Den nächsten Tag male ich die Rosen, damit sie für mich unvergänglich werden. „Die sind wunderschön", sagt Grace. „Echte Baccara". Nachmittags bummele ich durch die Innenstadt. Setze mich auf eine Bank auf dem Schloßplatz und schaue dem fließenden Wasser in den Brunnen zu. Leise summe ich das Lied *„Jetzt gang i ans Brünnele"* vor mich hin. Viele Volkslieder sind hier im Schwabenländle entstanden.
Den nächsten Tag besuche ich unseren Professor auf der Akademie.

Am Samstag fahre ich nach Göppingen. Dort wohnt Gerhard. Er holt mich vom Bahnhof ab.
Ein wenig Herzklopfen habe ich schon, als Gerhard mich die Treppe im Haus zur Wohnung seiner Eltern nach oben führt. Ich habe mein neues, hellblaues Leinenkleid an, das Amu mir extra für den Besuch genäht hat. Eine kleine Frau öffnet die Tür. Im ersten Augenblick denke ich: Sie sieht wie Dürers Mutter aus, die man von alten Stichen kennt. Nach der Begrüßung fragt sie bedauernd: „Wo wart Ihr denn so lange? Die Kartoffeln sind jetzt kalt." Gerhard erzählt ihr, daß er mir auf dem Wege nach Hause noch ein wenig die Stadt gezeigt hat.
In der Wohnung steht eine große Volière. Gerhard stellt sich vor sie, pfeift und spricht mit den Vögeln. Manche Vögel antworten ihm. Er öffnet den Käfig. Ein Wellensittich hüpft auf seinen Finger. Von dort aus zieht er einige Kreise durch den Raum und landet auf Gerhards Schulter. „Peter" flüstert Gerhard. Der Vogel dreht den Kopf und ruft: „Spitzbub!" und immer wieder „Spitzbub!" Gerhard läßt den Vogel wieder in den Käfig. „Komm, jetzt zeige ich Dir mein Aquarium!" Gerhard führt mich zurück ins Wohnzimmer.

„Ach“, sagt seine Mutter, „der Gerhard hatte schon so viele Tiere. Sogar Schlangen!“ Ich höre an ihrer Stimme, daß sie nicht begeistert davon ist. Gerhards Vater zeigt mir seine Sammlung von wunderschönen Vogelfedern und auch sein großes Briefmarkenalbum.
Am Pfingstsonntag haben Gerhard und ich einen Ausflug zum Staufeneck, einer alten Burgruine, geplant. In unsere Taschen packen wir eine Brezel für die Wanderung, aber auch Malzeug. Mit dem Zug fahren wir nach Süßen. Von dort wandern wir über Wiesen durch den Wald. Als wir oben auf dem Berg ankommen, sind wir bereits verlobt.
Der Himmel ist dunkel, wie vor einem Gewitter. Umsomehr heben sich bei diesem Licht die weißen Blütenkerzen an der großen Kastanie ab. Wir packen unser Malzeug aus und beginnen mit der Arbeit. Immer wieder kommt Gerhard zu mir und sagt: „Ich kann heute nicht gut malen.“ Ich hingegen fühle mich ruhig und glücklich. Der Pinsel gleitet leicht über das Papier.
Jetzt bricht das Gewitter los. Wir stellen uns unter einen Mauervorsprung der alten Burg, warten, bis das Unwetter vorbei ist. Danach feiern wir die Verlobung im Garten des Burgrestaurants.
Auf dem Heimweg kommen wir an einer Telefonzelle vorbei. Gerhard wählt die Nummer meiner Eltern. Amu ist am Telefon. Papa hört mit einer kleinen Ohrmuschel mit. Verlegen spricht Gerhard in den Hörer: „Hier ist Gerhard! Ich möchte Sie um die Hand Ihrer Tochter bitten!“ Und was antworten meine Eltern? „Das haben wir uns schon gedacht! Wir werden gleich auf Euer Wohl anstoßen!“ Zurück bei Gerhards Eltern, teilt er es ihnen auch mit. „Was? So schnell? Das hätten wir nicht gedacht!“ rufen sie. „Aber Mutti“, antwortet Gerhard, „wie lange hätte ich denn noch warten sollen!“ .
Gleich nach Pfingsten gehen wir in Stuttgart die Verlobungsringe kaufen, natürlich beim Juwelier Kurtz auf der Königstraße. Berühmt ist sein Werbeslogan: *„Soll die Ehe glücklich sein, kauf bei ‚Kurtz' die Ringe ein.“*

Wieder in Hamburg, wollen meine Kolleginnen wissen, wie es war. Stolz zeige ich ihnen meinen goldenen Ring. In der Mittagspause kaufen sie für mich in einem Kunstgewerbegeschäft ein Geschenk: eine hübsche, glasierte Keramikschale. Meine Freunde sind überrascht, hatten die Verlobung nicht erwartet.
Bis Gerhard eine Wohnung findet, bleibe ich noch in Hamburg. Abends kommen die Ehmsen-Töchter, gratulieren und schenken mir eine Spieluhr

mit der Melodie der „Vogelhochzeit“. Horst überschlägt sich fast, will immer mit mir ausgehen.

Gerhard schreibt ungern Briefe. Wochenlang habe ich keine Nachricht von ihm. Eine Mitbewohnerin kleidet meine Gedanken in eine Frage: „Sie bekommen nie Post? Sind Sie überhaupt verlobt?“
Müde komme ich von der Arbeit nach Hause. Vor der Bodentreppe steht ein riesiger, dunkelroter Rosenstrauß in einem Eimer, dazu von Gerhard ein Brief. Hastig reiße ich ihn auf. Er kann es gar nicht verstehen, daß ich mir Gedanken gemacht habe. Gerhard hat in Eislingen, einem Nachbarort von Göppingen, eine kleine Wohnung gefunden. Ab Februar können wir sie mieten. Juchhu! Jetzt kann ich in der Firma kündigen! Da ich zwischen Weihnachten und Neujahr arbeiten muß, wird Gerhard mich in Hamburg besuchen.

Heiligabend sind wir in Hannover, feiern mit meiner Familie Weihnachten. Gerhard schenke ich zum Geburtstag einen großen Nußknacker, als Erinnerung an unseren ersten gemeinsamen Opernhausbesuch. Er schmunzelt: „Na, ich werde schon noch einige Nüsse zu knacken haben.“ Aber der Nußknacker gefällt ihm. Gerhard taucht gerne in die Erinnerung seiner Kindheit ein. Daran erinnert ihn diese bunte Holzfigur.
In Hamburg bummelt Gerhard tagsüber, während ich arbeite, durch die Stadt. Er ist von den vielen Antiquitätenläden begeistert. Als er mich vom Geschäft abholt, wickelt er aus einem zerknitterten Papier eine alte, wunderschön bemalte Ofenkachel aus, die er in einem Laden am Gänsemarkt entdeckt hatte.
Gemütlich ist es abends in unserem Dachstübchen. Gerhard zieht die kleine Spieluhr auf. Auf dem Deckel ist ein Vogelbrautpaar mit Zylinder und Schleier. Ein Vögelchen trägt die Schleppe. Wir lauschen der Melodie und sehen, wie die kleinen Holzvögelchen zuerst ganz schnell in die Runde laufen, allmählich immer langsamer und langsamer werden – wie die Musik – und dann plötzlich still stehen. Sofort zieht Gerhard die Spieluhr von neuem auf. Wir genießen die ungestörte Zweisamkeit. Zum Glück haben meine drei Kolleginnen Urlaub genommen zwischen den Festen, so daß sie mich tagsüber nicht im Nachträumen stören können.

Es heißt Abschied nehmen von all meinen Freunden. Wir wollen weiterhin in Verbindung bleiben. Meine Kolleginnen schenken mir als Erinnerung ein wertvolles Buch mit Zeichnungen von Alt-Hamburg.

Hjalmar hat sich angeboten, meinen Umzug mit seinem Auto von Hamburg nach Hannover durchzuführen. Wieder fahren wir durch das große Tor auf der Brücke hindurch. Jetzt lasse ich Hamburg hinter mir und erwarte gespannt die Zukunft.

In Hannover sind die Hochzeitsvorbereitungen im vollen Gange. Amu hat jahrelang Einpfennigstücke gesammelt, von denen ich mir jetzt die Hochzeitsschuhe kaufen kann. Man sagt, daß die Ehe glücklich wird, wenn man von diesem Geld die Schuhe kauft. Ich zähle die Pfennige und staple sie zu Fünfzigpfennig-Türmen. Fünfunddreißig Mark und fünfzig Pfennige! Dafür bekomme ich gewiß ein schlichtes, elegantes Paar weiße Schuhe mit hohen Absätzen. Das Hochzeitskleid gehen wir in der Stadt kaufen. Obwohl Amu sonst alles für mich genäht hat, weigert sie sich in diesem Falle. Es soll angeblich kein Glück bringen, wenn die Mutter das Kleid für die Tochter näht. Innen, am Ausschnitt, befestigt sie ein winziges Briefchen. Darin ist ein russisches Geldstück aus Gold und etwas Brot. Den Schleier bekomme ich von Reni.

Der 28. Februar 1964 ist ein sonniger, fast frühlingshafter Tag. Morgens ist die standesamtliche Trauung in Göppingen. Nur die beiden Trauzeugen sind noch dabei und Hjalmar, mit seinem Photoapparat, um alle wichtigen Ereignisse festzuhalten. Der Standesbeamte hält in geschwollenem Honoratioren-Schwäbisch eine für mich fast unverständliche Rede. Ich muß mich beherrschen, um nicht vor Lachen herauszuplatzen.
Jetzt muß ich mich für die kirchliche Trauung umkleiden. Amu und Reni stecken gemeinsam den Schleier. Leider sind sie sich nur gar nicht einig, wie er gesteckt werden soll. Mein armer Kopf und die gute Frisur werden hin- und hergedreht. Endlich wird mir die Myrtenkrone aufgesetzt. Es ist soweit. Gerhard erscheint in dunklem Anzug mit silbergrauer Weste. „Oh, siehst Du gut aus!“ ruft er. Ehrfurchtsvoll gibt er mir einen Kuß und überreicht mir meinen Brautstrauß: dunkelrote Rosen und weißen Ginster.

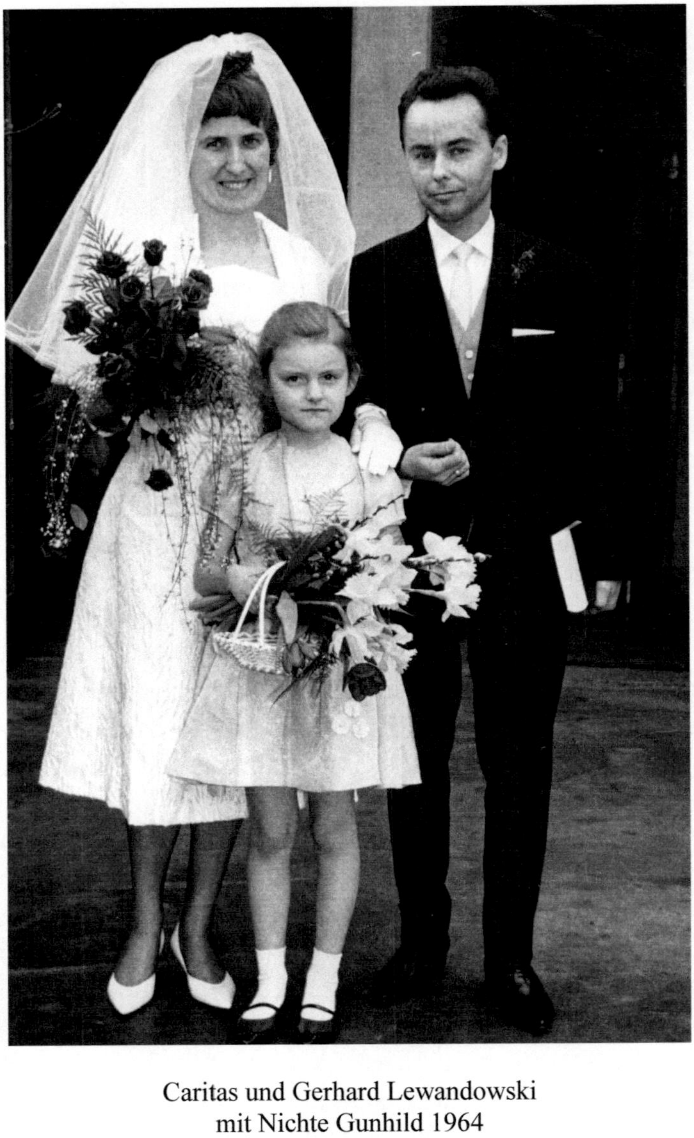

Caritas und Gerhard Lewandowski
mit Nichte Gunhild 1964

Wir betreten die Kirche. Die Hochzeitsgesellschaft hat sich erhoben, als Gerhard und ich zum Altar schreiten. Gunchen geht vor uns. Sie streut aus einem Körbchen Blüten auf den Weg. Mir ist, als träumte ich.

Nach der Trauung großes Beglückwünschen vor der Kirche. Sogar Gerhards Chef und seine Kollegen sind gekommen. Papa hat Tränen in den Augen. Es ist wie ein Geschenk, daß er nach seinem schweren Schlaganfall so eine weite Reise machen konnte und heute bei uns ist. Auch Gerhards Eltern sind gerührt. Besonders sein Vater. Hjalmar kommt zu mir, gratuliert und sagt: „Tatsächlich, jetzt bist Du verheiratet. Schade, daß Ihr so weit entfernt wohnt.“ Trautel raunt Gerhard ins Ohr: „Du hast vergessen, die Preisschildchen von Deinen Schuhen abzumachen. Als Ihr vor dem Altar knietet, hat man sie gesehen.“

Besonders freue ich mich, daß meine drei Freundinnen dabei sind: Mariana, Reni und Renate.

Gefeiert wird in Holzheim in einer kleinen Gaststätte. „Zum Stern“ heißt sie. Papa meint: „Das ist bestimmt ein guter Stern, der Euch auch durch die Ehe leuchten und führen wird.“ Wir sind eine kleine Hochzeitsgesellschaft, die engste Verwandtschaft und meine Freundinnen. Aber es wird eine fröhliche Feier. Nach dem Essen folgt eine kleine Aufführung von Hjalmar und Gunchen. Großer Applaus. Ich bin gerührt.

Dann greift Hjalmar zum Akkordeon und spielt auf zum Tanz. Zunächst eine Polonaise, nach alt-baltischer Sitte. Amu führt an. Danach geht die Musik in einen Wiener Walzer über.

Kurz vor Mitternacht muß der Brautkranz abgetanzt werden. Es heißt: alle Unverheirateten in die Mitte des Raumes. Mariana wehrt sich. Nein, das macht sie nicht. Also bleiben nur Reni, Gerhards sechzehnjährige Nichte und das siebenjährige Gunchen. Hjalmar spielt auf dem Klavier: *„Wir winden Dir den Jungfernkranz aus veilchenblauer Seide. Wir führen Dich zu Spiel und Tanz… Oh Du schöner, schöner grüner Jungfernkranz.“* Alle singen mit. Am Ende des Liedes werfe ich mit verbundenen Augen meine Brautkrone in den Saal. Ingetraut fängt sie auf. Großes Hallo. „Du wirst die nächste Braut!“

Die Feier ist zu Ende. Hjalmar bringt uns mit seinem Auto in unsere Wohnung. „Du wirst mir fehlen“, sagt er an der Tür. „Wir können doch zusammen in Urlaub fahren“, meine ich darauf.

„Das war eine sehr schöne Hochzeit“, sage ich und lege den Schleier ab. „Jetzt beginnt ein neuer Lebensabschnitt.“

Zur Hochzeitsreise starten wir erst im Juni. Gerhard bekommt vorher keinen Urlaub. Wir fliegen nach Andalusien. Ich finde das Fliegen befreiend. Wir befinden uns in 5600 m Höhe. Die Wolken türmen sich zu hohen Bergen. Über ihnen strahlender Sonnenschein. Immer wieder öffnen sich neue, ungekannte Ausblicke. Vor dem Landen in Malaga liegt unter uns rotes Land. Die unzähligen Olivenbäume auf ihm wirken wie dunkle Rasterpunkte.

Die Häuser in Marbella sind weiß gestrichen, die Dächer mit halbrunden Ziegeln gedeckt. Dicht sind sie aneinander gebaut, wie fortlaufende Mauern. Vor den Fenstern Blumen. Tagsüber sind die Gassen wie ausgestorben. Man glaubt, die Häuser seien unbewohnt. Aber sobald der Abend kommt, stellen die Einwohner kleine, bunte Stühlchen vor die Tür. Frauen arbeiten an Stickereien. Männer rauchen ihre Pfeife oder unterhalten sich. Die Kinder spielen in den Gassen, bis sie vor Müdigkeit fast umfallen. Erst dann werden sie zu Bett gebracht. Ab und zu öffnet sich der Einblick in einen Innenhof. Das überrascht einen: Kleine Oasen mit Blumen, Bäumen und Brunnen hinter den abweisenden Mauern.

Wir versuchen, diese weiße Stadt zu malen. Aber es ist schwer. Tagsüber sind Licht und Schatten sehr extrem.

Abends gehen wir zu einer Flamencoaufführung in eine Bodega. Wie in Ekstase tanzt ein junges Mädchen zu den Rhythmen der Gitarre. Ihre Hände bewegen sich wie Schlangen. Die vielen Volants ihres roten Kleides sind in einem Auf- und Abwogen. Dann tritt sie mit ihren hochhackigen Schuhen fest auf der Stelle, streckt ihren Körper wie eine lodernde Flamme empor, klatscht in die Hände. Ein Mann singt mit heiser wirkender Stimme dazu. Beginnt zu klatschen und fügt sich in den Tanz mit ein.

Ich bin fasziniert. Mein Zeichenstift eilt im Halbdunkel über den Skizzenblock. Immer und immer wieder versuche ich die temperamentvollen Tänze einzufangen. Der Raum ist erfüllt von Ekstase. Durch Zurufen und Klatschen steigert sich die Stimmung.

Ein Höhepunkt unserer Hochzeitsreise wird ein Ausflug mit dem Schiff nach Tanger. Der fremdartige Zauber des Orients zieht uns in seinen Bann. Wir kommen in die Medina. Die Augen gehen uns fast über, was hier alles angeboten wird. Immer wieder ist die Versuchung groß. Wir kaufen kunstvoll getriebene Messingschalen, handgemalte Teller, safrangelbe Lederpantoffeln für Gerhard, Schmuck und vieles mehr. Die Händler weinen fast alle, weil wir die Preise so herunterhandeln. Sobald man etwas anfaßt, lassen sie nicht locker, bis man es gekauft hat. Lästig wird ein freundlich grinsender Araber, der uns die ganze Zeit verfolgt. Mit Hinterlist und Tücke hängen wir ihn endlich ab. Unser Geld schmilzt unaufhaltsam zusammen.
Wieder in Spanien, müssen wir alle Rechenkünste aufbieten, um einigermaßen mit dem Geld zurechtzukommen.
Der Rückflug wird aufregend. Unser Flugzeug hat wegen des starken Windes drei Stunden Verspätung. Als wir in Frankfurt landen, startet leider schon unsere Anschlußmaschine nach Stuttgart. Zum Glück habe ich schon im Flugzeug vorsichtshalber Proviant für die Nacht gehortet, da wir kaum noch Geld bei uns haben. Die Lufthansa stellt uns als Ersatz eine Bahnfahrkarte erster Klasse nach Göppingen aus. Mit den letzten „Kröten“, aber den Schätzen des Orients schwer beladen, landen wir schließlich um fünf Uhr morgens bei uns zu Hause.

Cousine Grace und ihr Mann haben in Schöckingen gebaut. Wir ziehen in ihr Haus. Schöckingen ist ein malerischer kleiner Ort im Strohgäu, nur fünfzehn Kilometer von Stuttgart entfernt. Er ist umgeben von Obstbaumwiesen und Feldern. In zwanzig Minuten ist man im Wald. Eine Schloßanlage gehört zum alten Ortskern. Ebenfalls die heimelige Mauritiuskirche und das Pfarrhaus mit einem kunstvollen Renaissanceportal. Sein Fachwerkerker ragt weit über den Bürgersteig. Man könnte sich vorstellen, daß der Pfarrer vor Beginn des Gottesdienstes von dort Ausschau gehalten hat, wie viele „Schäfchen“ auf dem Wege zur Kirche sind. Die Schloßstraße ist gesäumt von alten Fachwerkhäusern. Viele Blumen verleihen dem Ort ein südliches Flair.
Von unserem Balkon haben wir einen schönen Ausblick über viele Obstgärten. Gerhard hat einen „Grünen Finger“. Mit dem hat er unseren Balkon in eine Oase verwandelt. Auf der Brüstung stehen verschiedene Bonsaibäume. Darunter befindet sich ein Japangärtchen mit farbigen Azaleen und anderen

Pflanzen. Eine japanische Laterne steht zwischen Kieselsteinen. Der Clou ist ein Brünnlein, das sich kaskadenartig über kleine Stufen ergießt.
Gerhard hat ein besonderes Verhältnis zu Pflanzen. Durch unseren Aufenthalt auf der kanarischen Insel La Palma hat er seine Liebe zu Kakteen entdeckt. Er hat sie in verschiedenen Behältern arrangiert. Manchmal, wenn die Sonne scheint, stellt er sie auf den Balkon. Dann sage ich scherzhaft zu ihm: „Du erinnerst mich an den ‚Kakteenfreund' von Spitzweg."

Gerhard ist auch ein Sammler. Besonders faszinieren ihn die Farben und Formen exotischer Insekten. Sie regen ihn zum Malen an. Manchmal fragt er mich: „Stört Dich meine Sammelleidenschaft?" Und ich antworte: „Solange es sich nur um Käfer und nicht um Frauen handelt, macht es mir nichts aus."
Ganz besonders gehört sein Interesse antiken Terrakotten. Manchmal setzt er das Geld, welches er durch den Verkauf eines seiner gemalten Bilder erhält, in solche Kostbarkeiten um. Von Zeit zu Zeit nimmt er sie in die Hand und schaut sie an.
In der Erinnerung sehe ich Gerhard noch vor mir auf unserer Ägyptenreise. Während ich Straßenszenen zeichnete, besuchte er die Stände der Händler. Als ich fertig war, sah ich ihn bei einem dicken Araber stehen. Flüsternd unterhielt er sich mit ihm. Ich ging zu ihm hin. Unter dem Ladentisch wickelte der Händler geheimnisvoll eine kleine Statue aus. Gerhard war wie verzaubert und sagte: „Ich habe eine Inspiration für ein Bild. Ich möchte die Figur haben."
Der Gedanke an die kleine Statue ließ Gerhard nicht los. Am nächsten Tag ging er noch einmal zum Händler und kaufte sie. „Weißt Du", erzählte er stolz, „ich konnte den Preis herunterhandeln. Damit Du nicht belastet wirst, sage ich Dir nicht, wo ich sie verstecken werde."

Wieder in Deutschland hat Gerhard ein wunderbares Bild gemalt: die kleine Statue, halb ausgewickelt, neben Granatäpfeln vor einer alten Tür. Bei seiner nächsten Ausstellung erregte dieses Bild viel Anerkennung und Bewunderung.

Gerhard sitzt im Schaukelstuhl und liest die Zeitung. Plötzlich sagt er: „Hier ist eine interessante Annonce ‚Wunderschöne, rassereine Langhaardackel zu verkaufen.' Du wolltest doch immer einen Hund." Im Nu bin ich bei ihm, schaue über seine Schulter in die aufgeschlagene Seite. „Laß uns gleich hinfahren", bettele ich.

Es ist schon dunkel, als wir endlich das richtige Haus finden. Eine dicke, schmuddelige Frau führt uns ins Wohnzimmer. „Wo sind die Hunde?" frage ich ungeduldig. „Draußen im Zwinger. Ich hole Ihnen einen." Sie verschwindet, nachdem sie uns einen Platz angeboten hat. Meine Augen wandern durch den Raum. Er ist klein und altmodisch eingerichtet. Plötzlich höre ich, daß hinter mir eine Tür geschlossen wird. Ich schaue mich um. Die Frau steht noch mit dem Rücken zu uns. Über ihre Schulter guckt ein winziges Hundeköpfchen mit langen Hängeohren. Ich springe gerührt auf. Die Alte dreht sich um. Mit den Worten: „Der Letzte und der Schönste!" läßt sie ihn von oben auf den Boden plumpsen. Dort kriecht er wie eine Raupe weiter. Der Körper steckt in einem hellen, flaumigen Pelz. Nur das Köpfchen hat glattes Fell.

Ich hebe ihn auf. Lege ihn auf meinen Schoß. Dort bleibt er eingerollt liegen. „Sollen wir ihn nehmen?" frage ich Gerhard. Seine Finger fahren durch den Babypelz. Er meint: „Du siehst doch, er braucht uns. Er will nicht mehr fort von Dir."

Der Handel wird getätigt. „Puck von Castel" steht auf seinem Stammbaum. Zufällig hat er am selben Tag wie ich Geburtstag. Wir wollen bei der Frau eine Leine für den Hund kaufen. Erstaunt schaut sie uns an. „Wozu? Der läuft Ihnen nicht weg." Ich frage: „Was mache ich, wenn er unterwegs einmal muß? Er ist doch bestimmt noch nicht stubenrein." Die Frau winkt ab. „Nehmen Sie ihn auf den Schoß. Bis Sie zu Hause sind, muß er bestimmt nicht."

Unser Heimweg mit öffentlichen Verkehrsmitteln dauert lange. Wir sitzen im Bus. Pucki liegt gemütlich auf meinem Schoß. Plötzlich wird er unruhig, fängt an zu strampeln. Er will auf den Boden. Ich kann ihn aber im Bus nicht loslassen. Jetzt wird er ruhig. Ich spüre, wie mein Kostümrock warm und naß wird.

Eine Stunde Wartezeit auf dem Stuttgarter Hauptbahnhof, bis unser Anschlußzug nach Ditzingen geht. Ich setze mich auf eine Bank in der Halle. Halte den Hund auf meinem Schoß, den Flecken verdeckend. Reisende kommen auf mich zu, streicheln sein Köpfchen. „Ist der süß!" ruft ein Kind und kann sich nur schwer von ihm trennen.

Nachts hat Pucki nicht geweint. Wohin ich in der Wohnung gehe, folgt er mir. Öffne ich den Kühlschrank, steht er gleich daneben. Seine lange Zunge

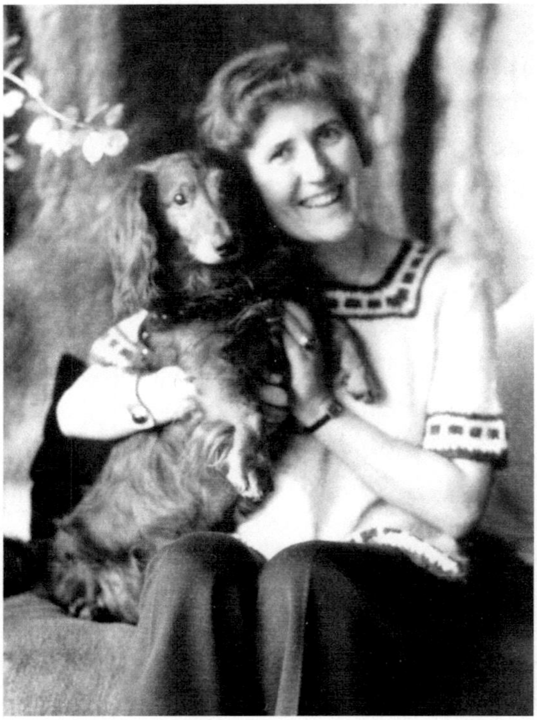

Caritas mit ihrem neuen Hund Pucki

fährt über die Nase. Er hat immer Appetit. Nur laufen möchte er nicht gerne. Vom Hause fort muß ich ihn sogar ziehen oder tragen. Zurück geht es dann im Galopp. Morgens weckt er uns sanft mit der Schnauze. Wenn Gerhard von der Arbeit kommt, muß er zuerst den Hund begrüßen und dann erst mich. Pucki lotst ihn die Treppe hoch. Dann legt er sich auf den Rücken und wartet, daß Herrchen seinen Bauch krault.
Für mich bedeutet es ein Geschenk, mit einem Tier vertraut zu sein. Ein Glück, daß die Eltern auch Tierfreunde sind. Obwohl Amu den großen, unbändigen Hund Kaspar und die Katze Susi zu versorgen hat, nimmt sie unseren Dackel noch in Pension, wenn wir verreisen. Und das will viel bedeuten! Der große und der kleine Hund müssen in der Wohnung sortiert werden, damit es nicht durch Unachtsamkeit zur Hundebeißerei kommt. Pucki wäre für Kaspar nur ein kleiner Happen.

Gerhard und ich wollen Anfang Mai nach Italien fahren. Ich bringe Pucki in einer großen Reisetasche nach Hannover. Es ist schön, für einige Tage wieder bei meiner Familie zu sein. Im Garten blüht alles, auch die zwei Apfelbäume, die Papa vom Nachbarn bekommen hat. Lila und weißer Flieder duften betörend. Britta, die gelernte Gärtnerin, sorgt immer dafür, daß Blumen da sind. Rote und gelbe Tulpen säumen das lange Beet. Die Äste der jungen Birke, die Papa an Stelle der vom Blitz getroffenen hohen Pappel gepflanzt hat, schimmern zart grün. Alles wäre schön, wenn es nur Hjalmar besser ginge. Die Ärzte können nicht feststellen, wodurch seine Herzstörungen kommen. Heute bin ich schon den dritten Tag in Hannover und viel mit meinem Bruder zusammen.

Hjalmar ist gestorben. Ich kann es nicht fassen, obwohl ich bei ihm war, als er aus einer Bewußtlosigkeit nicht mehr aufwachte. In Amu wühlt der Schmerz. Hjalmar wurde nur siebenunddreißig Jahre alt. Papa fragt immer wieder: „Warum nicht ich, der ich alt und krank bin?" Hjalmars Tod kommt für uns alle plötzlich. Britta ist nun schon früh Witwe. Gunhild hat in acht Tagen ihren elften Geburtstag. Der Sohn Holger ist erst zwei Jahre alt.
Hjalmars Arzt will mich trösten: „Ihr Bruder hat oft von Ihnen gesprochen. Er war sehr stolz auf Sie."
Das sind Worte, an denen ich mich festhalten will.

Wir fahren in die Cinque Terre. Zehn Tage vor Hjalmar starb Gerhards Vater. In uns ist Trauer. Das Wetter ist kühl und regnerisch. Trotzdem versuchen wir zu wandern und zu malen. Bunt türmen sich die Häuser von Manarola am Felsen übereinander. Der Himmel ist dunkel. Unten tobt das Meer.

Britta muß wieder arbeiten gehen, da die Rente nach Hjalmars frühem Tode klein ist. Mutter und Schwiegermutter teilen sich die Versorgung der Enkelkinder beim Mittagstisch. In den Sommerferien kommt eines der Kinder zu uns. Hier, auf dem Lande, in der schönen Natur, ist es wie in der Sommerfrische.
Gunchen nehmen wir mit auf die Insel Amrum. Wir verstehen uns gut, entdecken verwandtschaftliche Eigenarten und Vorlieben. Bin ich wirklich ihre Tante? Manchmal komme ich mir wie ihre große Schwester oder Freundin vor.

Berauscht von den hohen Dünen läßt sich Gunchen im Sande herunterkullern und kreischt vor Vergnügen. „Seid doch leiser", mahnt Onkel Gerhard. „Mit Euren lauten Stimmen vertreibt Ihr hier alle Vögel!" Er ist bemüht, einige „Strandläufer" auf seinen Film zu bekommen.

Heute wollen wir reiten. Wo gibt es Pferde zu mieten? „Gehen Sie zu dem Mann mit dem breiten Scheitel“, sagt uns ein Fußgänger und deutet auf einen kleinen Schuppen. „Breiter Scheitel?“ überlege ich. „Das heißt, der Mann hat eine Glatze“, erklärt Gerhard.
Ein paar Pferde grasen unter einem Baum. „Schon mal geritten?“ fragt uns der Besitzer mißtrauisch. Wir verneinen. Er sattelt für uns drei kleine Tiere. Gunchen und Gerhard schütteln sich fast vor Lachen, bis ich endlich stolz im Sattel sitze. Und dann geht es los. Mein Pferdchen läuft. Hinter mir Gunhild auf einem gescheckten Tier. Aber wo bleibt Onkel Gerhard? Keine Spur von ihm. Wir kehren um. „Das Pferd geht nicht!“ ruft er ärgerlich. „Ich habe es schon von drei Touristen anschieben lassen.“ Wir müssen es aufgeben. Zum Stall heimwärts laufen die Tiere. Jetzt beschließen wir, nur ein Pferd zu mieten. Es wird gesattelt. Gunchen darf es wie eine Prinzessin reiten. Gerhard führt es am Zügel. Ich gehe als Nachhut. Kaum sind wir zu den Wiesen gekommen, da beginnt es zu grasen. Der Sattel löst sich. Unsere kleine Nichte rutscht über den Pferdehals wohlbehalten auf die Wiese. Wir geben es auf. Lieber gehen wir gemeinsam malen. Motive gibt es hier genügend; mit Reet gedeckte Häuser, alte Mühlen, Sand, Strandkörbe, Meer und viel Himmel.
Gunchen versucht es mit Jaxon-Kreiden. Eine Frau kommt des Weges. Sie bleibt bei uns stehen, schaut auf unsere Bilder. Dann fragt sie: „Wißt Ihr auch, wem das Haus gehört?“ Wir zucken die Schultern. „Hier verbringt der berühmte Sänger Hermann Prey mit seiner Familie die Ferien.“

Leider ist das Wetter nicht immer gut. Der Wind weht. Ab und zu regnet es. Dann kann man draußen nicht lange sitzen und malen. Im Winter werde ich die Skizzen in Linolschnitte umsetzen.

Linolschnitte Insel Amrum

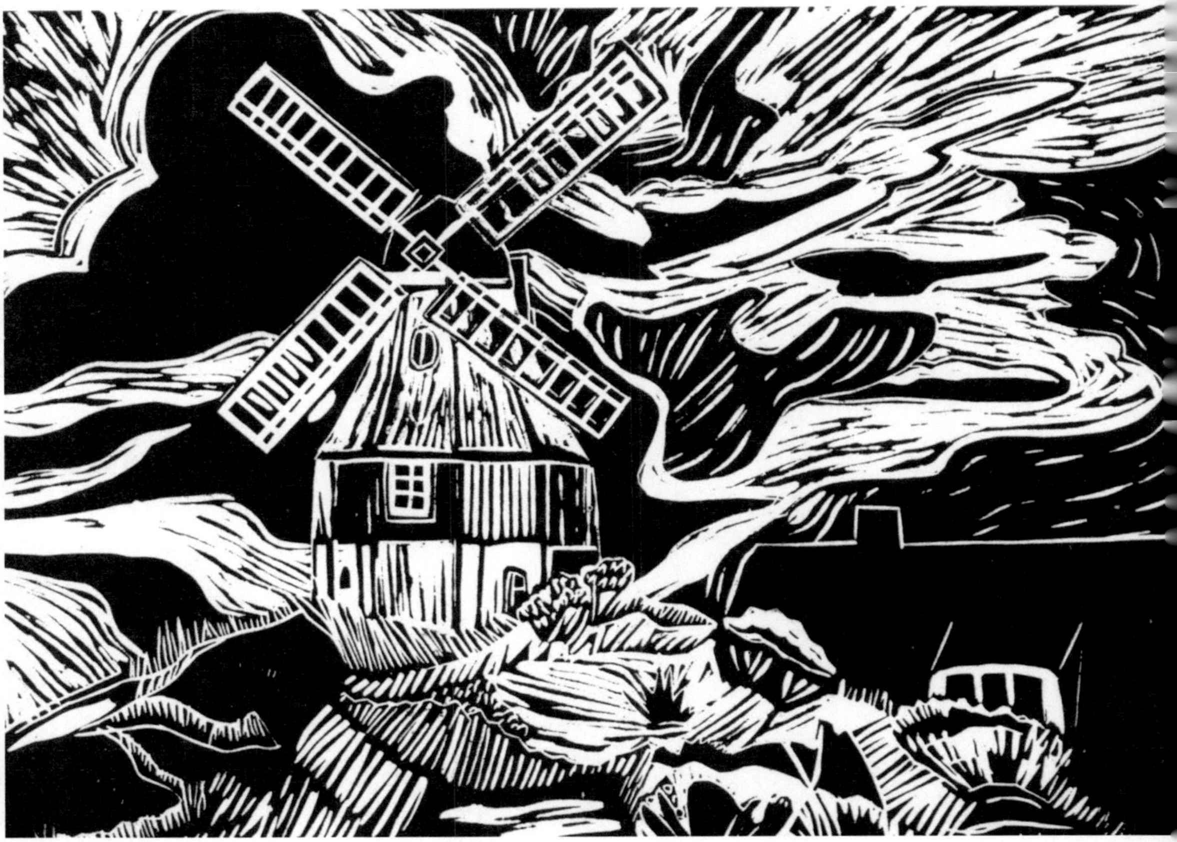

Windmühle in Süddorf

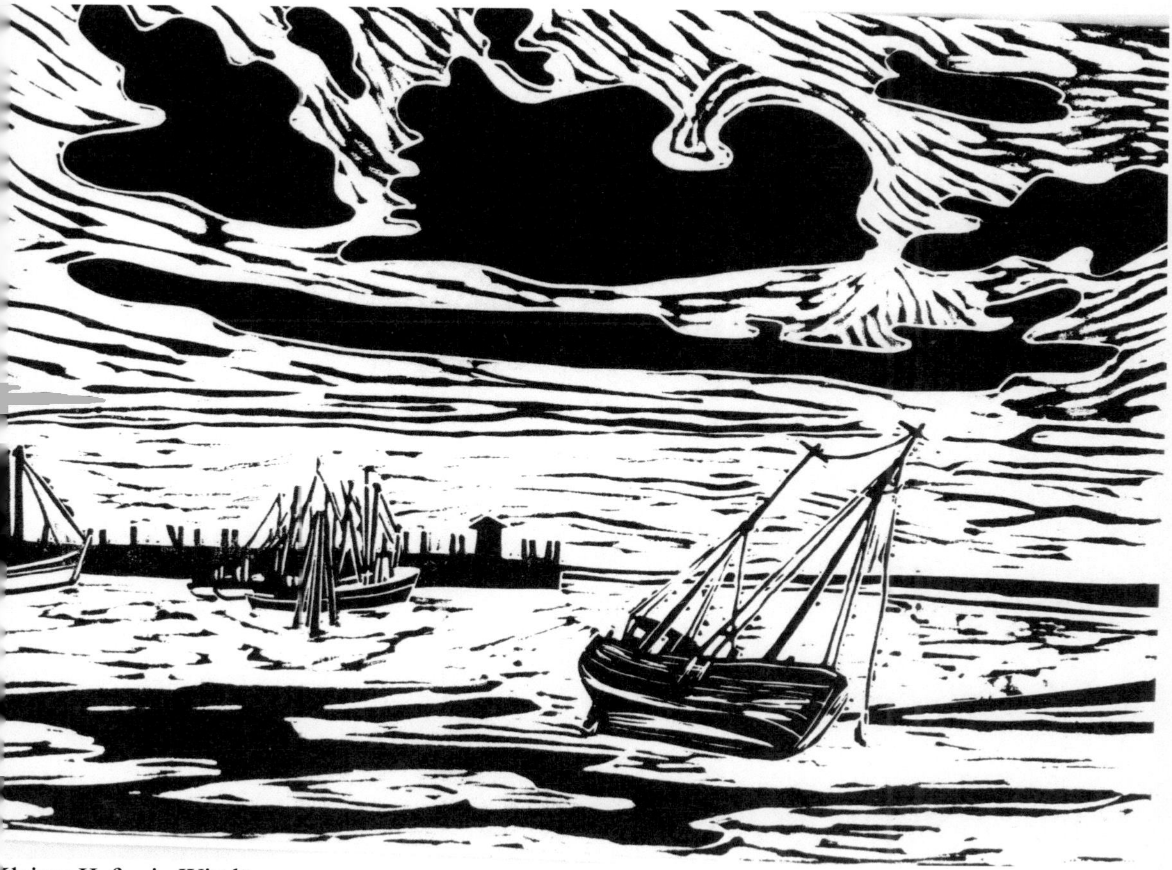

Kleiner Hafen in Wittdün

Du holde Kunst

Zum Schönsten im Jahr gehören unsere „Reisezeiten". Darüber sind wir uns einig. Schwieriger wird es mit dem Reiseziel. Gerhard zieht es in die südlichen Länder. Er liebt die üppige Vegetation und die Sonne. Ich hingegen, ein echtes „Kind des Ostens", bevorzuge die kühleren Regionen. Nicht etwa, daß mir der Süden nicht gefiele... Ich vertrage die heiße Sonne nicht. Die seltsamsten Gebilde setze ich mir auf den Kopf, nur um vor der Sonne geschützt zu sein. Einmal saß ich auf Menorca in einem ausgetrockneten Flußbett und malte. Auf dem Kopf trug ich meinen roten Sonnenhut mit breiter Krempe. An ihm hatte ich aus Lampenschirmpapier einen breiten Rand befestigt. Öfter blieben Touristen auf der Brücke stehen, zückten ihren Photoapparat und sagten: „Darf ich Sie bitte photographieren?" Gerhard meinte, ich sähe aus wie ein Wesen von einem anderen Stern.
Meine Lebensgeister erwachen in Finnland, Dänemark, Irland oder England. Allerdings ist es ratsam, in diese Länder mit Regenschirm und Regenmantel zu reisen.
Aus solchen Erwägungen heraus wechseln wir auch unsere Reiseziele gerechterweise ab, mal südlich, dann wieder nördlich.
Das Kofferpacken wird jedes Mal zum Problem. Allein für die Malsachen brauchen wir viel Platz: Stühlchen, Farben, Papiere, Pinsel, Wassergefäße... Und erst das Übergewicht des Gepäckes! Sollten wir lieber zu Hause bleiben? Angekommen am Urlaubsort, sind schnell die Strapazen und Schwierigkeiten vergessen.

Es ist Abend. Wir sitzen auf dem Balkon. Gerhard arbeitet noch an seinem Aquarell. Er hat es auf den Stuhl gestellt. Kneift immer wieder die Augen zusammen. Geht dann an einigen Stellen des Bildes zielsicher mit Farbe und Pinsel hinein. Vollendet es.
Vor mir liegt mein kleines Reisetagebuch, in das ich meine Erlebnisse und Eindrücke schreibe. Dadurch wird mir manches noch bewußter.
Einige Seiten im Büchlein sind schon gefüllt von der letzten Reise auf die Insel Elba. Ich blättere darin und beginne zu lesen:

Heute waren wir vormittags an unserer kleinen Bucht. Eine Frau im Taucheranzug und mit Taucherflossen kam aus dem Wasser. In ihrer Rechten hielt sie eine Seeigelschale. „Was suchen Sie denn da?“ fragte sie mich. „Steine“, antwortete ich, „zum Malen.“ Interessiert kam sie näher, streifte ihre Taucherbrille ab. „Aber hier sind doch alle Steine grau“, sagte sie. Ich ergänzte: „mit weißen Quarzadern, die sich wie abstrakte Zeichen durch sie ziehen..“ Sie schaute auf meine Sammlung. Dann fragte sie: „Darf ich das Bild später sehen?“ „Wenn es etwas geworden ist...“ antwortete ich lachend. „Das weiß man nie im Voraus. Jedes Mal muß man wieder ganz unten beginnen. Das Malen ist ein Abenteuer.“ Ich ging den Berg nach oben zum Hotel. Auf dem roten Klinkerboden des Balkons breitete ich die Steine aus. Schob sie hin und her, bis eine Komposition entstand, die mir gefiel. Dann begann ich zu malen.

Wir haben die Taucherin mit ihrer Freundin in unser Zimmer eingeladen. Beide Damen haben aufgeschrieen, als sie es betraten: „Nein! Das hätten wir nicht gedacht! Alle Wände voller Bilder! Wann finden Sie noch Zeit zum Baden?“ Dann geht das große Rätseln los, was wo gemalt wurde. Beide Damen beschlossen, mit „unseren“ Augen noch einmal durch die Gegend zu gehen. Die Taucherin sagte: „Ich hätte nie gedacht, daß diese Steine so schön sind!“

Das ist es, was mich auch immer wieder reizt beim Malen und Zeichnen: Ich möchte den Geheimnissen der Natur nachspüren und das Verborgene sichtbar machen.

Wir heften unsere Bilder an die Wände, um sie mit Abstand zu betrachten. Die Zeit ist das beste Kriterium. Es zeigt sich dann, ob man am Bild noch etwas verbessern kann, oder ob es Bestand hat.
Abends fragte ich Gerhard – er und Amu sind meine härtesten Kritiker – „Wie gefällt Dir mein ‚Steinbild'?“ „Weißt Du“, meint er, „die sehen wie echte aus und wirken schwer. Ich wundere mich, daß sie an der Wand halten und nicht herunterfallen.“ Ich mußte über seine Worte lachen.

Skizzen aus Griechenland

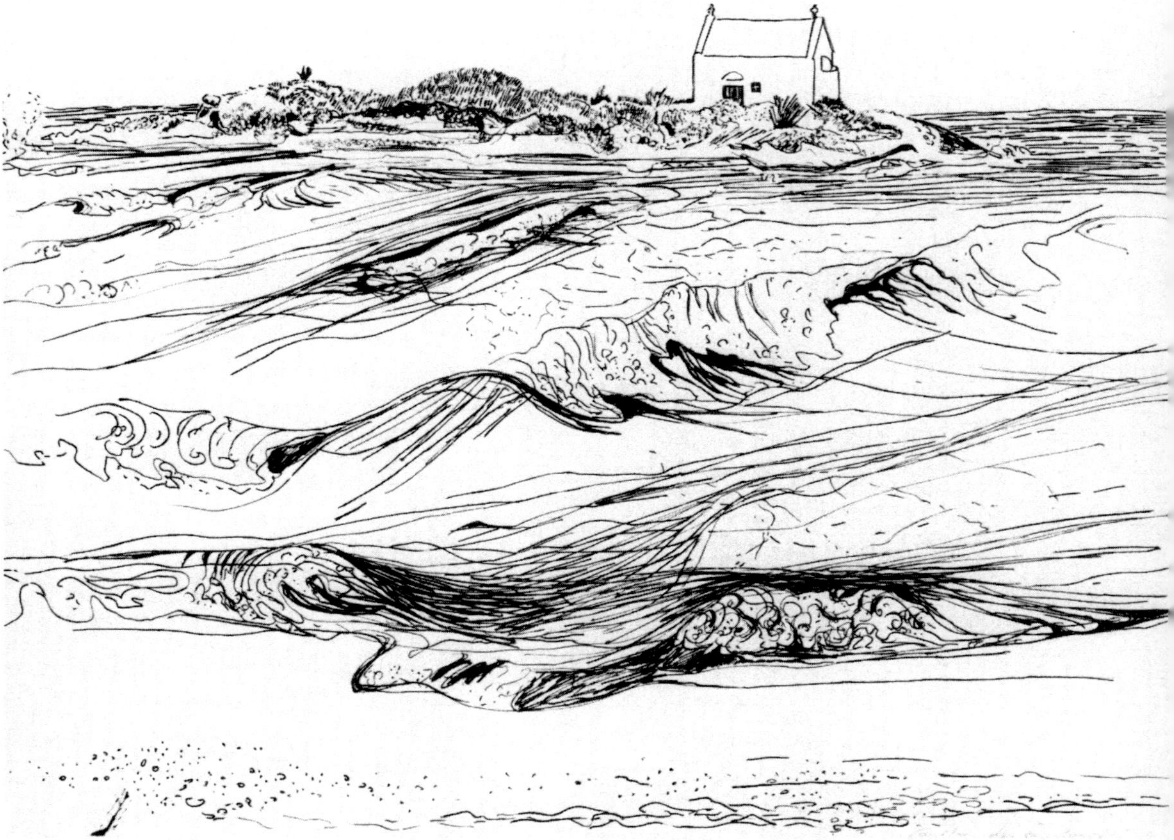

Kleine Inselkapelle · Federzeichnung

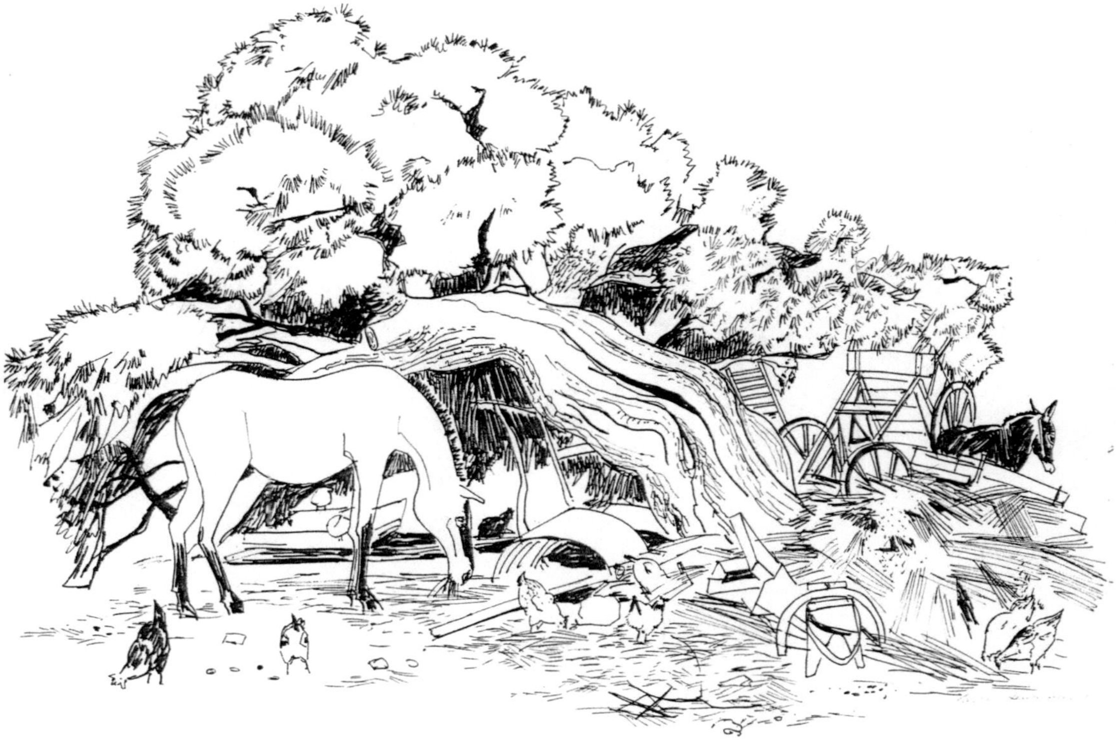

Ländliches Idyll · Federzeichnung

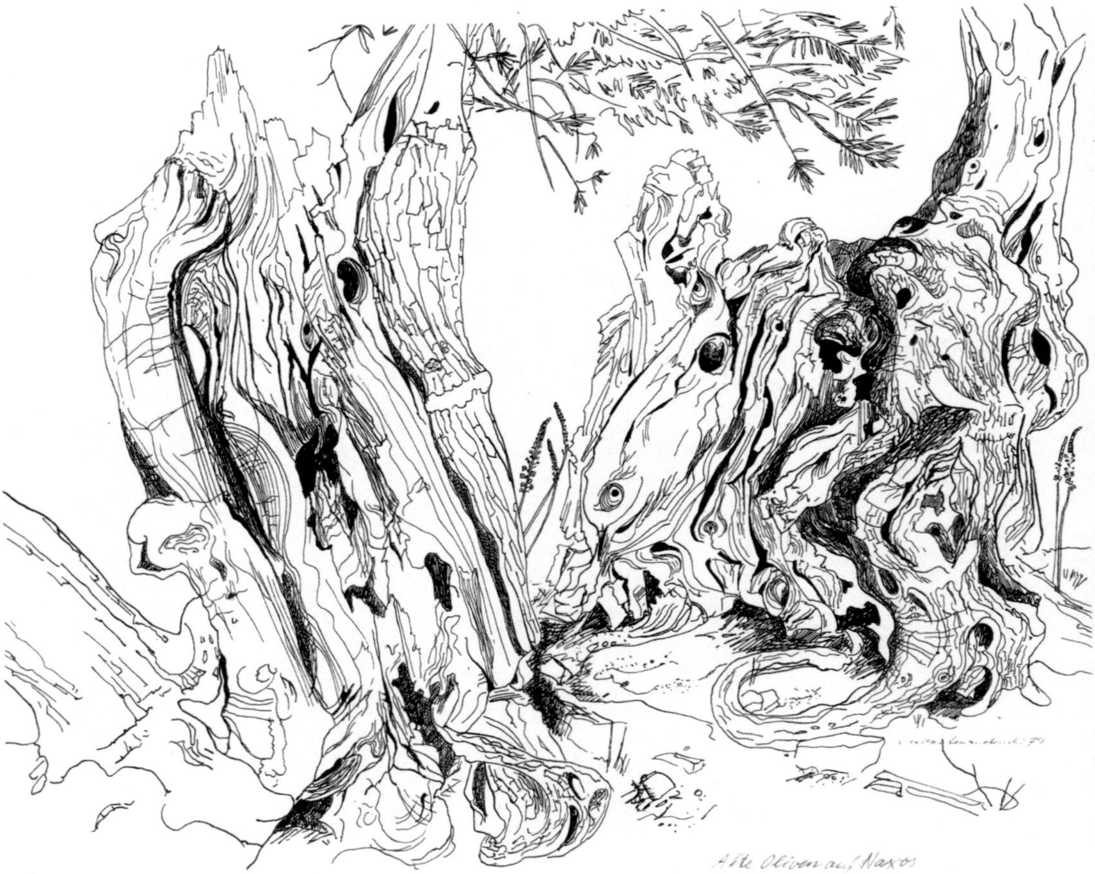

Alte Oliven auf Naxos · Federzeichnung

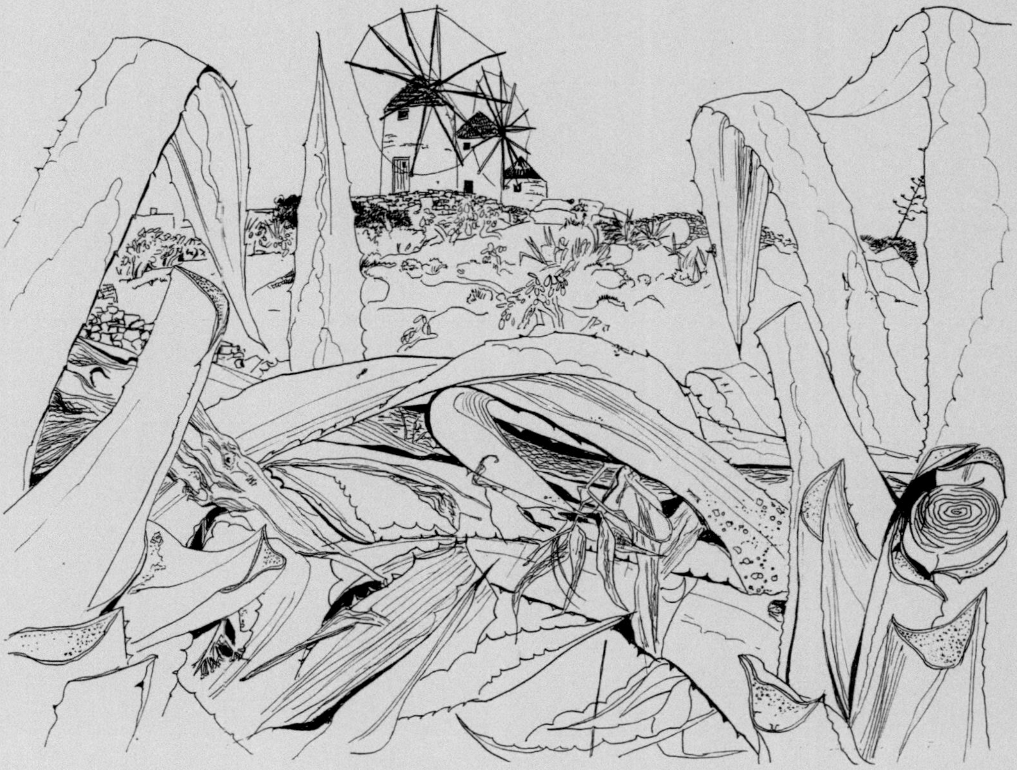

Vindmühlen auf Mykonos · Federzeichnung

Im kleinen Haus, unterhalb des Hotels, wohnt ein Fischer. Morgens, wenn er vom Fischen heimkommt, stürzen die Katzen aus allen Richtungen herbei. Ich renne ihnen hinterher. Statt mein Tagebuch mit Eintragungen über den Tagesablauf zu füllen, häufen sich in ihm Skizzen von Katzen in sämtlichen Stellungen.
Jede Katze bekommt etwas vom Fischfang ab und macht sich genüßlich darüber her. Ich bewundere die Beweglichkeit ihrer Körper. Welch erstaunliche Verrenkungen können sie machen! Einmal steht das Hinterbein, steif wie eine Fahnenstange, hinter dem Kopf, und der Bauch wird geputzt. Dann wird die Stellung gewechselt. Der Hals biegt sich weit nach hinten, um mit der Zunge den Rücken zu waschen. Danach streifen die Pfoten über die Ohren. Nach der Morgenwäsche wird faul ausgeruht. Einige lassen sich auf dem Autokühler des Jeeps nieder und genießen die warme Sonne auf dem Fell.
Ich fragte den Fischer, ob ich ihn zeichnen dürfe. Er nickte und stellte sich steif hin. Plötzlich lief er zu seinem Transistorradio, schaltete es ein und lauschte gespannt dem Seewetterbericht. Dann ließ er sich auf einem Stuhl nieder und wandte sich einer Arbeit zu. Das Netz hatte er mit einem Nagel an einer Stuhllehne befestigt. Durch ein großes Loch in den Maschen drückte er sein Knie, um das Netz zu spannen. Mein Herz klopfte. Ich zeichnete, so schnell ich konnte, sein Gesicht. Es hatte unzählige Falten und wirkte wie eine Landschaft, von Wind und Sonne geformt. Danach skizzierte ich die kräftigen Arme und Hände. Auf dem Boden verstreut lagen Netze, große Fischerlampen, Wasserstiefel und derbe Kleidung...
Jetzt stand der Fischer auf und schaute auf meine Zeichnung. Er klopfte mir anerkennend auf die Schulter, setzte sich wieder und sprach fließend griechisch mit mir, als könnte ich alles verstehen. Leider ist das nicht so. Aber seit jenem Tage ist Alexis mein Freund. Wenn wir uns begegnen, winkt er mir lachend zu.

Er ist nicht der einzige Freund, den ich hier gefunden habe. Vorige Nacht wachte ich plötzlich auf. Mir wurde bewußt, daß etwas Warmes, Weiches neben meinem Kopf lag. Ein Schrecken durchfuhr mich. Ich dachte an unseren Spaziergang gestern Nachmittag. Wir waren in Stiefeln und mit Stöcken durch die Macchia gewandert. Es gibt hier giftige Schlangen. „Gerhard!“ schrie ich. „Bitte mach Licht! Ein Tier ist in meinem Bett!“ Er fuhr hoch: „Eine Kakerlake?“ Dann tastete er nach dem Lichtschalter. Es dauerte für

mich eine Ewigkeit, bis er ihn fand. Wir sahen, daß auf meinem Kopfkissen ein Kater lag und verträumt in das Licht blinzelte. Es dauerte, bis er langsam aufstand, sich reckte und streckte und auf den Balkon ging.
Die schöne Zeit hier geht zu Ende. Wir fühlen uns innerlich reicher. Wenn wir durch die Gegend bummeln, sagen wir: „Unser Baum, unser Haus, unsere Steine, mein Fischer und unser Kater." Wir haben sie uns vertraut gemacht, indem wir beim Malen versucht haben, sie zu erkennen, ihrem Geheimnis näher zu kommen.

Jetzt sind wir wieder in Griechenland. Es ist höchste Zeit, daß ich endlich unsere neuen Erlebnisse nachtrage, damit ich auf dem Laufenden bin. Also beginne ich zu schreiben:

Griechenland / Insel Naxos
Freitag wollten wir Oliven zeichnen. Wir nahmen den Bus in Richtung „Appollon". Unterwegs ließen wir uns aussetzen und gingen landeinwärts. Das strohige Gras war von Schaf- und Ziegenherden flach getreten. Aphodelos wuchsen aus dicken, nur halb von Erde bedeckten Zwiebeln. Wie Perlen saßen ihre Blüten dicht bei dicht an den hohen, lila-rosa Stielen. Wenn sie sich öffnen, sehen sie wie weiße Sterne aus. Farbige Marmorstücke glitzerten zwischen Gras und Blumen. Nicht weit von uns stand eine alte byzantinische Kirche mit ockerfarbener Kuppel.
Wir ließen uns im Schatten einer uralten Olivengruppe nieder. Manche Stämme schienen wie vom Sturm gezwirbelt, andere wiederum wie aufgerissen. Ihr Innenholz erinnerte in der Struktur an züngelnde Flammen.
Je länger wir die Bäume betrachteten, desto rätselhafter wurden sie für uns. Wir entdeckten in den Stämmen Pferdeköpfe mit geblähten Nüstern und gespenstischen Augenhöhlen. Eine Sagenwelt wurde lebendig. Daphne verwandelte sich einst in einen Lorbeerbaum.
Der Wind heulte. Die kleinen, harten Olivenblätter schlugen aneinander. Pan war gegenwärtig.
Gerhard holte Steine von den Mauern, die die Landschaft in Terrassen teilen. Er band eine Schnur um sie, die er wiederum mit seiner Staffelei vertäute, um sie windfest zu verankern. In der Sonne war es heiß, aber im Schatten der Bäume war mir kühl. Ich holte meinen langärmeligen Pullover und die Windjacke aus dem Rucksack. Ein Glück, daß ich meinen Westover dabei

hatte. Nach dem Motto „Jacke wie Hose", stieg ich mit den Beinen in die Armlöcher und zog ihn unter meinen dünnen Rock.
Das Zeichnen wurde zum Erlebnis. Ich war bereits fertig, aß einen Apfel. Eine Eidechse kam aus ihrer Höhle. Sie fraß die Apfelstückchen, die ich ihr zuwarf. Plötzlich fiel ein Schuß. Dann hörten wir Stimmen. Es kam uns wie im Krimi vor. Wurde jemand gejagt oder waren wir die Eindringlinge, auf die geschossen wurde? Gerhard rief mir zu: „Geh hinter die dicke Olive!" Ein Mann mit Flinte kam in unsere Richtung. Gerhard, in seiner gut sichtbaren roten Windjacke, stellte sich vor die Bäume. Er schwang die Arme über dem Kopf. Der Mann winkte zurück. Auf uns war er also nicht böse. Plötzlich setzte er das Gewehr wieder an die Backe und schoß in einen Busch. Dann holte er einen kleinen, toten Singvogel aus dem Blattgewirr. Er ging zurück zur Straße und stieg in ein dort haltendes Auto ein.
Der letzte Bus zurück nach Naxos war unplanmäßig früher gefahren. Wir wollten das nicht wahrhaben und warteten geduldig. Am Straßenrand sitzend, begann ich das Seifenkraut zu zeichnen. Mit dem Bleistift empfand ich auf dem Papier das stachelige Gewebe nach. Gerhard versuchte währenddessen, ein Auto zu stoppen. Es hielt aber keins. Die Fahrer winkten fröhlich zurück. Die Sonne sank tiefer. Jetzt wollten wir zu Fuß heimwärts ins Hotel. Es würde Stunden dauern, bis wir Naxos erreichen würden. Unerwartet hielt ein Taxi neben uns. In ihm saßen zwei Männer. Gerhard fragte, ob sie in die Stadt führen. „Ne", sagte der Beifahrer, was zu Deutsch „ja" heißt und öffnete die Wagentür.

Ich lege den Kugelschreiber fort und lehne mich zufrieden zurück. Unten im Park zirpen Grillen und Zikaden. Die Sonne ist bereits untergegangen. Gerhard holt einen Stuhl und setzt sich neben mich. Ruhig lassen wir den Tag verklingen.

Die schönen, für uns arbeitsreichen Ferientage sind vorbei. Viele Zeichnungen und Aquarelle bringen wir nach Schöckingen mit.
Mit einigen meiner Bilder und Linolschnitte bewerbe ich mich beim Verband Bildender Künstler und Künstlerinnen Württemberg um die Mitgliedschaft und werde aufgenommen.

1972 habe ich meine erste Ausstellung in Stuttgart in der Galerie Greiner.

In den STUTTGARTER NACHRICHTEN steht folgende Kritik:

AUGEN IM KOPF

Viel Reiselust und ein entsprechend waches Auge, dem Charakteristisches nirgends entgeht, verraten die Zeichnungen, Aquarelle und Linolschnitte von Caritas Lewandowski. Die Künstlerin stammt aus Riga und ist heute in Ditzingen-Schöckingen zu Hause, wenn sie, wie gesagt, nicht gerade auf Reisen ist, um Impressionen von Landschaften, Städten, Leuten frisch und flott, auch anekdotisch pointiert oder ornamental verschlungen, aufs Papier zu bringen... Weiter findet sich ein jugendstilig modisch-aparter Paris-Kalender. Man muß sich das schon angeschaut haben.

Die STUTTGARTER ZEITUNG schreibt:
In ihrer Schwarzweißgraphik bewährt sich die zeichnerische Prägnanz und Sensibilität am nachhaltigsten in den aus Jugoslawien und von der Insel Rhodos mitgebrachten Kompositionen, die landschaftliche Strukturen und Rhythmen in eine großzügige und freie Formsprache übersetzen...

Ich habe auch ein Bild verkauft. Das alles freut mich. Aber besonders glücklich bin ich, daß Amu und Papa zu meiner Ausstellung aus Hannover anreisen. Papa setzt sich die Brille auf die Nase und geht ganz dicht an jedes Bild heran. Plötzlich sagt er: „Wenn wir wieder in Hannover sind, werde ich Tante Thea von Deiner Ausstellung genau berichten." Dann setzt er sich auf einen Stuhl und atmet tief durch. „Die Pumpe will nicht mehr so recht", meint er. „Mamachen, wo sind meine Tabletten?"

Einen Monat später stirbt Papa. Ich kann es noch gar nicht fassen. Es ist der 22. Mai 1972, Pfingstmontag. Gerade eben bin ich vom Morgenspaziergang mit unserem Hund zurückgekommen. Mit dem nächsten Zuge fahren wir nach Hannover. Überall blüht es. Die Bäume stehen in einem leuchtenden Grün. Die Sonne scheint. Das tut doppelt weh. Ich sehe die Welt wie durch einen Schleier. Wie lautete noch der Kalenderspruch, den Papa mir Silvester um meinen Glückspfennig mit Fischschuppen gewickelt hatte? „Licht und Schatten muß es geben, soll das Bild vollendet sein. Wechseln müssen drum im Leben finstre Nacht und Sonnenschein."

Auch Gerhard ist jetzt Mitglied im Verband Bildender Künstler und Künstlerinnen Württemberg. Neben seiner festen Berufstätigkeit als Graphiker, die uns ein gesichertes Einkommen gewährt, widmet er sich der Malerei und auch der Photographie in seiner Freizeit. Seine Schwarz-Weißnegative von Naturaufnahmen vergrößert er selbst. Unser Badezimmer dient ihm als Dunkelkammer. An den Wochenenden verbringt er Stunden darin, bis er mit dem Resultat seiner Entwicklungen zufrieden ist. Ärgerlich sage ich: „Draußen scheint die Sonne. Aber Du wirst immer blasser!"

1975 haben wir unsere erste gemeinsame Ausstellung im Landratsamt Ludwigsburg. Amu reist aus Hannover an. Geschickt – eins, zwei, drei im Sauseschritt – näht sie mir für die Vernissage einen langen Rock und eine türkisfarbene Seidenbluse. Aus violetter Wolle häkelt sie passend dazu eine Stola.
Ich stelle meine Zeichnungen und Aquarelle aus südlichen Ländern und England aus. Gerhard präsentiert als Gegensatz seine Naturphotographien.

Der Besuch am Tage der Vernissage ist überwältigend. Man schätzt etwa zweihundert Gäste. Nach den Eröffnungsreden von Herrn Saar und Herrn Müller lese ich aus meinen Reisetagebüchern vor. Umrahmt wird die Feier von dem bekannten Künstlerehepaar Rosamunde Breyer-Aiton und Erich Breyer. Während sie temperamentvoll englische Lieder stilecht vorträgt, begleitet ihr Mann sie mit der Gitarre. Außerdem spielt er noch einige arabische Tänze. Sie ernten begeisterten Beifall.

Auch wir bekommen Anerkennung in guten Kritiken. In der LUDWIGSBURGER KREISZEITUNG erscheint ein halbseitiger Artikel mit Photos unter der Überschrift:

MENSCHLICHES GRUNDGEFÜHL VERKÖRPERT

Über Gerhards Arbeiten steht geschrieben: *Gerhard Lewandowski hat in Stuttgart gegenstandslose Malerei und Werbegraphik studiert. Er weist mit den im Landratsamt ausgestellten Arbeiten seine hohe Begabung für die Photographie nach. Es überrascht, mit welchem Feingefühl für das Atmosphärische er die Werke seiner Frau durch wohl gelungene Aufnahmen ergänzt. Sein besonderes Anliegen ist es, die mit erstaunlicher Beobachtungsgabe der Natur entnommenen Motive nicht durch raffinierte technische Mit-*

tel zu verfremden. Seiner Liebe zum Detail sind Bilder zu verdanken, die mit gutem Recht als Kunstwerke gewertet werden dürfen...

Caritas Lewandowski
... Erstaunlich sind die formsicheren Aktstudien mit ihrem klaren Strich, von denen jedes menschliche Grundgefühle verkörpert. In gleicher Weise fesseln die lyrisch empfundenen Aquarelle der Malerin...

Amu und ich haben uns in Frankfurt getroffen. Wir haben das Goethehaus besichtigt, sind durch die Altstadt gebummelt und waren an der Promenade am Main.

Jetzt befinden wir uns auf der Heimfahrt, Amu nach Hannover, ich nach Stuttgart. Mir gegenüber im Zuge sitzt ein junges Mädchen und strickt. Es hat eine Stricknadel unter den Arm geklemmt und schlingt jedes Mal den Wollfaden geschickt und schnell um die andere Nadel und zieht ihn durch eine Masche. Interessiert beobachte ich sie. Nach einer Weile frage ich: „Kommen Sie aus Holland? Ich habe dort einmal meine Freundin besucht. Damals sah ich in den Zügen, daß die Frauen genauso strickten, wie Sie es tun."

Mein Gegenüber legt die Arbeit in den Schoß. Die Antwort kommt mit britischem Akzent: „Nein, ich bin Schottin." „Oh!" rufe ich begeistert aus, „Wir waren im vorigen Jahr in Cornwall in Urlaub. Mir gefällt England sehr gut. Zur Zeit haben wir eine Ausstellung in Ludwigsburg, in der ich auch meine Bilder ausstelle, die ich dort gemalt habe." Sie antwortet: „Schottland ist viel schöner als England! Sie müssen einmal dorthin kommen und malen." „Was bringt Sie nach Deutschland?" möchte ich wissen. Sie erzählt mir, daß sie Lehrerin ist und hier in Deutschland in einer Schule als Referendarin ihre Deutschkenntnisse erweitern will.

Wir unterhalten uns, als würden wir uns schon lange kennen. Kurz vor Stuttgart tauschen wir unsere Adressen aus. Sie will unbedingt unsere Ausstellung in Ludwigsburg besuchen.

„Übrigens, ich heiße Irene. In Schottland nennen wir jungen Leute uns gegenseitig mit dem Vornamen", sagt sie beim Abschied.

Eines Tages erhalte ich einen Brief von ihr. Meine Bilder in der Ausstellung in Ludwigsburg haben ihr gefallen. Wir sollen aber unbedingt in Schottland malen. Dann will sie für uns dort eine Ausstellung organisieren.

Im kommenden Jahr geht unsere Reise zunächst auf die schottische Insel Skey, danach noch vierzehn Tage nach Ullapool. Die unberührte Landschaft, die Stille und Weite beeindrucken uns stark. Täglich ziehen wir zum Malen und Zeichnen los. Kommen erst am späten Nachmittag wieder ins Hotel. Abends sitzen wir in der Lounge, gemeinsam mit Engländern und Schotten. Sie sind an unserem Tagesablauf interessiert. Bieten sich an, uns mit ihrem Auto in für uns sonst unerreichbare schöne Gegenden zu fahren. Wenn sie vom Wandern zurückkommen, holen sie uns an der ausgesetzten Stelle wieder ab. Es entstehen neue Freundschaften.
Zurückgekehrt nach Deutschland, photographieren wir unsere Bilder und senden die Photos Irene.

Ich öffne unseren Briefkasten. Da ist er endlich, der lang erwartete Brief von Irene. Ungeduldig reiße ich ihn auf. Wir dürfen in Glasgow im Goethe-Institut ausstellen! Jetzt muß ich Gerhard gleich in der Firma anrufen, um ihm das mitzuteilen.

Am 1. Juni 1978 ist es dann so weit. Auf ein zweiräderiges, zusammenklappbares Metallgestell schnallen wir jeder unsere Kunstmappe mit den Bildern, davor den Koffer. Außerdem trägt jeder noch einen Rucksack auf dem Rücken, eine Umhängetasche und einen Brustbeutel. Meine Güte, denke ich, wir sind mehr beladen als damals auf der Flucht und dem Grenzgang! Aber für alle Fälle müssen wir auch warme Kleidung und Gummistiefel mitnehmen. Man kann nicht wissen, wie der schottische Sommer wird. Eben ist es drückend heiß, und wir schwitzen entsetzlich.

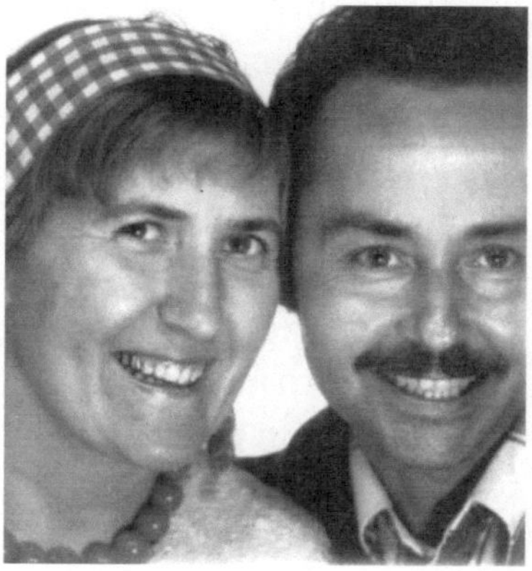

Caritas und Gerhard
vor der Abreise

Von Stuttgart geht es im Liegewagen nach Oostende. Von dort mit der Fähre nach Dover. Weiter mit dem Zug nach London. Bis zum Abend Aufenthalt in der Stadt. London ist faszinierend wie immer.
Der Nachtzug bringt uns von London nach Glasgow. Klein, altmodisch, aber fein, der „Sleeping-car“. Alles ist vorhanden: Decken, blau-violett kariert, blaue Fußmatten, ein kleines Waschbecken, im Schränkchen darunter ein Nachtgeschirr. Ja sogar eine Flasche Wasser mit dem Etikett: ausgezeichnet durch “her Majesty the Queen“, steht in unserem kleinen Abteil. – Habe wunderbar geschlafen.
6.05 Uhr. Der Zug läuft planmäßig in Glasgow-Central-Station ein. Es sind kaum Menschen so früh unterwegs. Aber eine junge Dame im weißen Kleid schiebt einen leeren Kofferkuli vor sich her und hält Ausschau. Irene! Ein herzliches Wiedersehen.
Für die nächsten Tage erhalten wir Unterkunft in einem altmodischen Reihenhaus, ca. sieben Gehminuten vom Goethe-Institut entfernt. In der ersten Etage hängt im Erker ein Schild „Bed and breakfast“. Die Fenster sind im Jugendstil aus farbigen Gläsern mit Blumenmotiven.

Das Goethe-Institut liegt am „Park Circus“. Die Flagge wurde nicht gehißt, als wir kamen. Der Leiter, Herr von H., ein großer Herr, begrüßt uns. Seine Haare, nicht mehr sehr üppig, aber ordentlich über den Kopf gezogen. Seitlich ein paar Löckchen. Er wirkt sympathisch. Seine Sekretärin fragen wir nach den Rahmen. Wir dürfen in zwei Räumen unsere Bilder hängen. Einer davon ist das Goethe-Zimmer mit Kamin und großem Portrait des Dichters. Ein schwarzer Flügel steht im Raum. Hier werden auch Vorträge gehalten. Oder man trifft sich nachmittags zum „five-o-clock-tea“.
Die Decken in den hellgrün gestrichenen Zimmern sind sehr hoch. Wir müssen über die stuck-verzierten Deckenleisten Haken hängen und an diese dann die Schnüre mit den Bildern. Ein Techniker soll uns beim Hängen helfen. Lieber wären wir jedoch für uns allein. Er will alles besser wissen. Das Einrahmen ist ein Fummelkram. Winzige Schrauben müssen an den Rückseiten der Rahmen zuerst abgeschraubt und nach Einlegen des Bildes wieder festgeschraubt werden. Zwischendurch gehen wir etwas essen. Danach geht es weiter. Um ½ 7 Uhr abends arbeite ich nur noch allein. Gerhard setzt sich auf einen Stuhl, um etwas auszuruhen. Er schläft vor Müdigkeit ein.
Ausnahmsweise dürfen wir auch Samstag ins Haus. Heute ist Gerhard ausgeschlafen und fit. Die Arbeit geht uns leicht von der Hand. Als am Montag

die Angestellten zur Arbeit kommen, sind sie positiv überrascht, wie sich die Räume verändert haben. Auch Herr von H. scheint sehr zufrieden zu sein. Mittags und abends lädt er uns in sein Haus zum Essen ein. Er wohnt mit seiner Familie in einem genial umgebauten Pferdestall. Die Fenster beginnen kurz über dem Fußboden und sind nur ungefähr 1,30 Meter hoch. Das ergibt eine interessante Beleuchtung. Außerdem befindet sich jeder Raum in einer anderen Höhe und geht, verbunden durch einige Stufen, in den nächsten über.
Wir sind beeindruckt von den vielen Kunstwerken, die wir in den Räumen sehen: arabische Schriftbilder, kleine Buddhaplastiken, Fragmente von Tempelreliefs, pakistanische Miniaturen. Auf den Fußböden liegen kostbare Teppiche. Herr v. H. schmunzelt und sagt: „Wir waren fünf Jahre in Boston im Goethe-Institut, danach fünf Jahre in Pakistan. Nach dem Motto: ‚Mit Goethe um die Welt'."
Das Essen wird aufgetragen. Dinner bei Candlelight. Hinter einem Vorhang, der die Küche vom Eßraum teilt, hantiert eine dunkle, pakistanische Köchin. Trotzdem kocht Frau v. H. fast alles selbst, wie sie uns erzählt. Und das schmeckt phantastisch.

Dienstag, 6. 6. 1978
Die letzten Vorbereitungen für die Eröffnung werden getroffen. Wir kaufen sechs Bund Levkojen, angefangen von weiß über verschiedene rosa Töne bis zum tiefen Violett. Einen Teil der Blumen stellen wir auf den Flügel, den anderen auf ein Sims neben meine Schottlandzeichnungen. Der Raum ist erfüllt vom Duft.
Nachmittags, um ½ 6 Uhr, ist die Eröffnung. Es ist erstaunlich, wie viele Leute gekommen sind. Irene hat tüchtig die Werbetrommel geschlagen. Sogar ihr Opa ist dabei. Er hat zwar nicht seinen Schottenrock an, aber einen blauen Blazer mit Sternen. Wegen Tapferkeit als Feuerwehrmann ist er nach einer Rettungsaktion von der Queen mit einem Orden ausgezeichnet worden. Herr von H. eröffnet die Ausstellung. Er erzählt, wie Irene und ich uns im Zuge kennengelernt haben und spricht über die Deutsch-Schottische Freundschaft. Dann lese ich Eintragungen aus meinem schottischen Tagebuch vor. Irene steht neben mir und übersetzt sie in die Landessprache.

Schottland, Isle of Skey, August 1976
Heute haben wir in Sligishan gemalt. Immer wieder faszinieren mich die Berge. Sie verändern ihr Aussehen mit dem Stand der Sonne. Morgens, im Gegenlicht, wirken sie unfaßbar, nebelhaft. Im Laufe des Tages nehmen sie an Wirklichkeit zu. Im Abendlicht überraschen sie durch ihre Farben und Formen.
Es gibt hier Berge, deren Spitzen wie rosa Zuckerguß aussehen, auf dem herabfallende Steinchen Ornamente gemalt haben. Das Grün der sumpfigen Wiesen zieht sich oft bis zum halben Bergkegel hinauf. So ein Berg hatte mich in seinen Bann geschlagen. Heute habe ich ihn gemalt. Danach machten wir eine Vesperpause am klaren Bach bei der alten Brücke. Ein Schaf wurde vom Geruch angelockt. Es war ein typisches Highlandschaf mit schwarzem Kopf und gedrehten Hörnern. Als wir ihm etwas zu fressen gaben, wollte es gar nicht mehr weg. Nach einem Schokoladenkeks gab es sogar Pfötchen.
Gerhard ging zum Bach, um sich die Hände zu waschen. Ich saß auf meinem Malstühlchen, träumte in die Gegend. Mein Blick fiel auf die Hügelkette der Collins. Dahinter mußte irgendwo der Blaven liegen. Ich mußte an meinen Krimi denken, den ich gerade lese. Er spielt auf der Insel. In heidnischen Zeiten galten diese Berge als heilig. Ihnen wurden Menschenopfer gebracht...
Plötzlich wurde ich am Rücken gestupst. Ich drehte mich um. Kein Mensch war zu sehen. Nur das Schaf. Ich streichelte es, worauf es mit dem Schwänzchen wackelte. Dann steckte es den Kopf tief in meine Maltasche, fand aber keinen Geschmack an meinen Pinseln.

Gerhard bedient das Tonbandgerät. Jetzt erklingt eine Weise von John Dowland.
Danach lese ich weiter aus meinem Tagebuch vor.

Impressionen aus Schottland

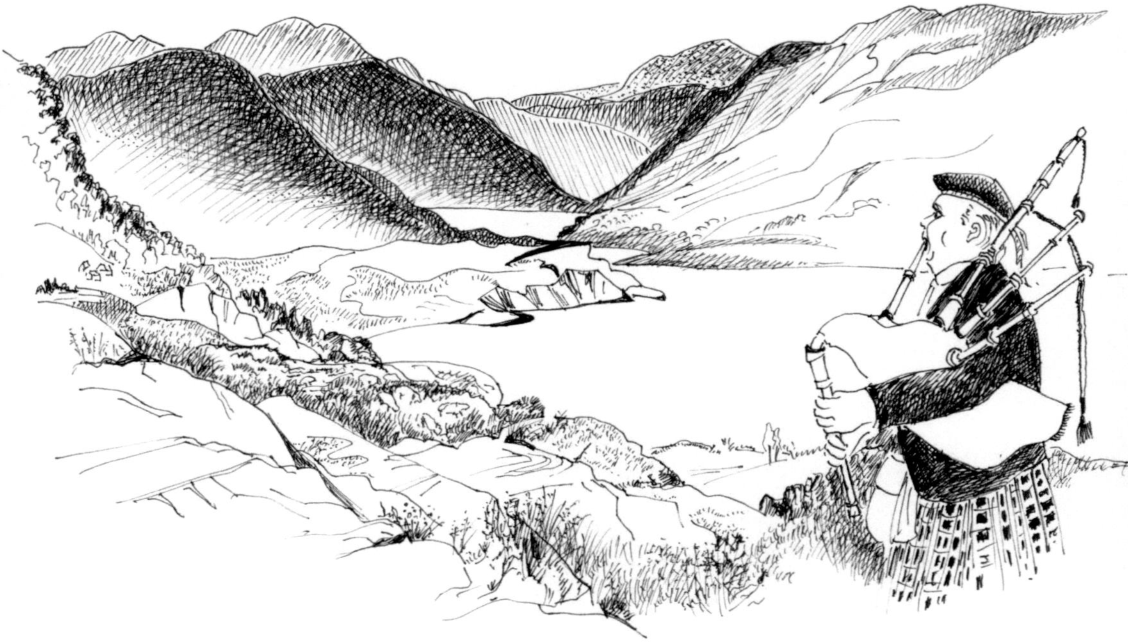

River Broom / Ullapool · Federzeichnung

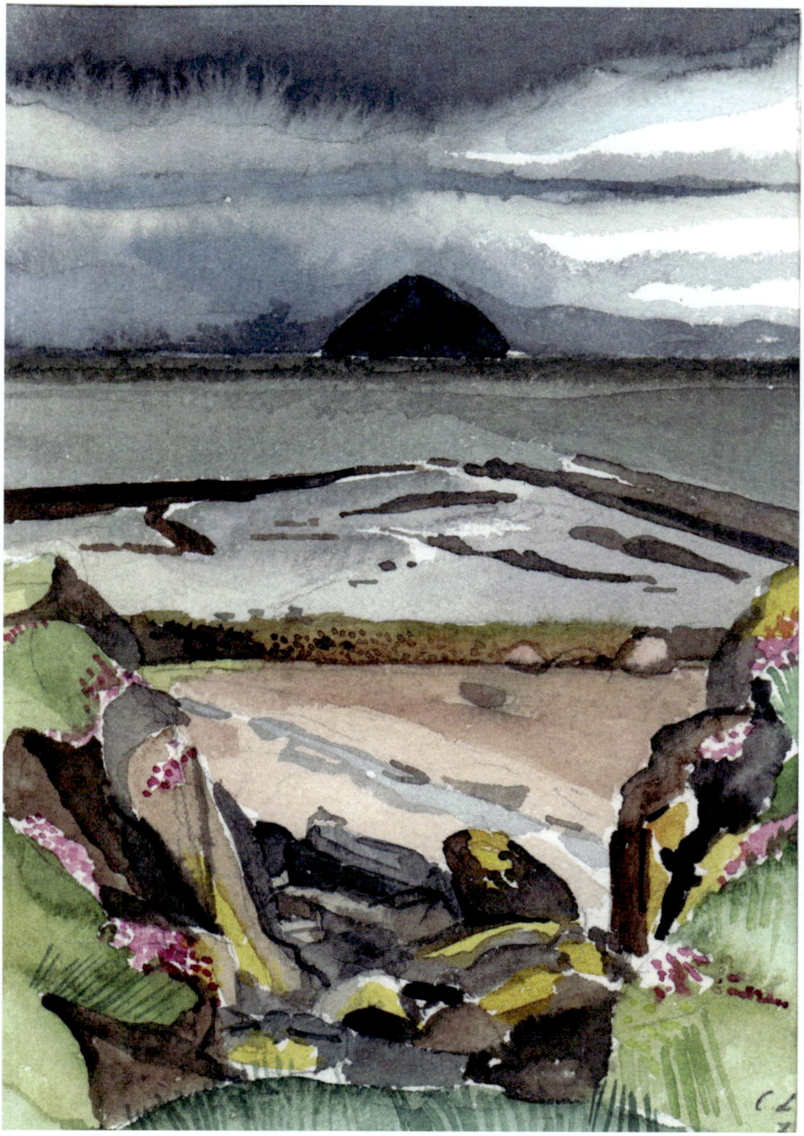

Isle of Arran ·Aquarell

A Scottish Adventure

Wenn ich beim Lunch von meinem Teller aufblicke, schaue ich auf Anne, eine junge, englische Lehrerin, braungebrannt mit Ponyfrisur. Oft lächeln wir uns zu. Sie verbringt hier in Ullapool mit ihrem Mann Bill eine Woche Ferien.

Anne und Bill zeigen uns die Schönheit, die hinter den hohen Fjordbergen verborgen ist. Die wir ohne Auto nie erreichen könnten.
Sie fuhren mit uns nach Lochinver, vorbei an einer hohen, zweigiebeligen Ruine. Im Hintergrund eine zerfallene Burg auf einer grünen Landzunge. Wir kamen an Wasserfällen vorbei. Stiegen aus dem Auto, kletterten über Zäune. Gingen über grüne Hügel dem Lauf eines Bächleins nach. Kaskaden! In dicken, weißen Massen fiel und schäumte das Wasser. Als silbernes Band lief es weiter, bis es wieder stürzte. Die Sonne glitzerte auf dem blanken Naß. Der Bach verbreitete Frische.
Welch ein Glück wir mit dem Wetter haben! Selbst die Schotten staunen! In zwei großen Paketen haben wir unsere Gummistiefel und Pullover heimgeschickt.
Wir fuhren zum Stack Polly, dem eigenartigsten Berg dieser Gegend. Aus der Ferne erinnerten seine Umrisse an einen Vulkan. In der Nähe erschien seine Spitze wie ein gezackter Reptilienrücken. Anne und Bill wollten um den Berg wandern. Wir blieben währenddessen an einer hellen Sandbucht hinter hohem Heidekraut und begannen zu malen.
Auf der Heimfahrt fragten wir nach den langhaarigen Highlandkühen. „Oh, yes, they are here. Bill, let us drive into the safari-park."
Da waren sie auch schon. Ein riesiger Bulle hob sein wuscheliges Beatlehaupt, hielt einen Augenblick im Fressen inne und guckte uns an. Er hatte gefährliche Hörner. Gerhard traute sich als erster aus dem Auto. Wir folgten ihm zaghaft. Der Bulle nahm keinerlei Notiz mehr von uns. Wir fuhren weiter, passierten ein großes Schild: „Here no cars". Anne machte „psst!", als ich sie darauf hinwies. Es ging ins Achtal. Ein See umgeben von Wiesen und Wäldern. Abends kommen hier Rehe und Hirsche zum Trinken. Adler kreisten über dem Tal. Wir mußten uns beeilen. Um sieben Uhr gibt es immer Dinner im Hotel. Bill gab Rückwärtsgang, da er auf dem schmalen Weg nicht wenden konnte. Und schon war es passiert! Ein Ruck – der Wagen stand schief, zwei Räder im Graben. Wir konnten ihn nicht herausschieben.

Kein Mensch war in der Nähe. Nur Millionen winzigster Mücken, wie allabendlich. Erst gestern zählte ich hundertachtzehn Stiche an Armen und Beinen! Gerhard und ich flüchteten ins Auto, während Anne und Bill auf die Suche nach dem Parkhüter gingen. Er war nicht zu Hause. Stattdessen begleiteten drei wild herumspringende Hunde unsere Freunde zum Auto zurück. Nun gingen wir mit Anne in Richtung Hotel, um Hilfe zu holen. Bill blieb in der Einsamkeit zurück. Ein Landrover kam uns entgegen. Vier Männer saßen darin, einer unheimlicher als der andere. Sicherlich hatten sie schottischen Whisky getrunken. Der Mann am Steuer erschien uns wie ein Riese.

Er trug einen Bart. Ein Fernrohr hing ihm über der Brust. Er schien der Wächter dieses Naturschutzgebietes zu sein. Anne stoppte das Auto. Sie flehte die Männer an, ihrem Bill zu helfen. Sie wollte sich die Worte des Schildes „Here no cars" auf die Stirn tätowieren lassen, wenn sie nur ihren Bill samt Wagen wieder aus dem Graben ziehen würden. Der Wächter war ärgerlich. Er wies auf das Schild hin und unser Unrecht. Wir gingen weiter. Immer wieder blieb Anne stehen, schaute in Richtung Bill zurück und lauschte.

Dann kam wieder ein Wagen. Ein nettes Ehepaar saß drin. Als es von unserem Kummer hörte, ließ es uns einsteigen. Wir fuhren zum Unglücksplatz zurück. Da tat sich etwas. Der furchterregende Wächter saß mit rosa Moskitonetz unter dem Tropenhelm auf dem offenen Jeep am Steuer. Neben ihm ein schwarzbärtiger Geselle. Bills Auto war durch ein Seil mit dem Landrover verbunden. Wir kamen gerade zur rechten Zeit, um schieben zu helfen. Es gab einen Ruck – das Auto stand wieder gerade. Der Keeper brauste das flache Seeufer hinunter, wendete dort. Dann raste er in seinem Wagen fort, ohne uns noch eines Blickes zu würdigen. Seine drei großen Hunde verschwanden mit ihm in einer Staubwolke.

Als wir wieder im Auto saßen und Richtung Hotel fuhren, sang Anne mit ihrer wunderbaren, zarten Stimme: „Das war ein Tag! Zuerst wanderten wir, dann sahen wir die Highlandkühe. Danach fielen wir in den Graben. Es war ein schottisches Abenteuer!"

„Jetzt möchte ich Ihnen meine Gedanken zu zwei Bildern meines Mannes vorlesen", wende ich mich weiter an die vielen Besucher.

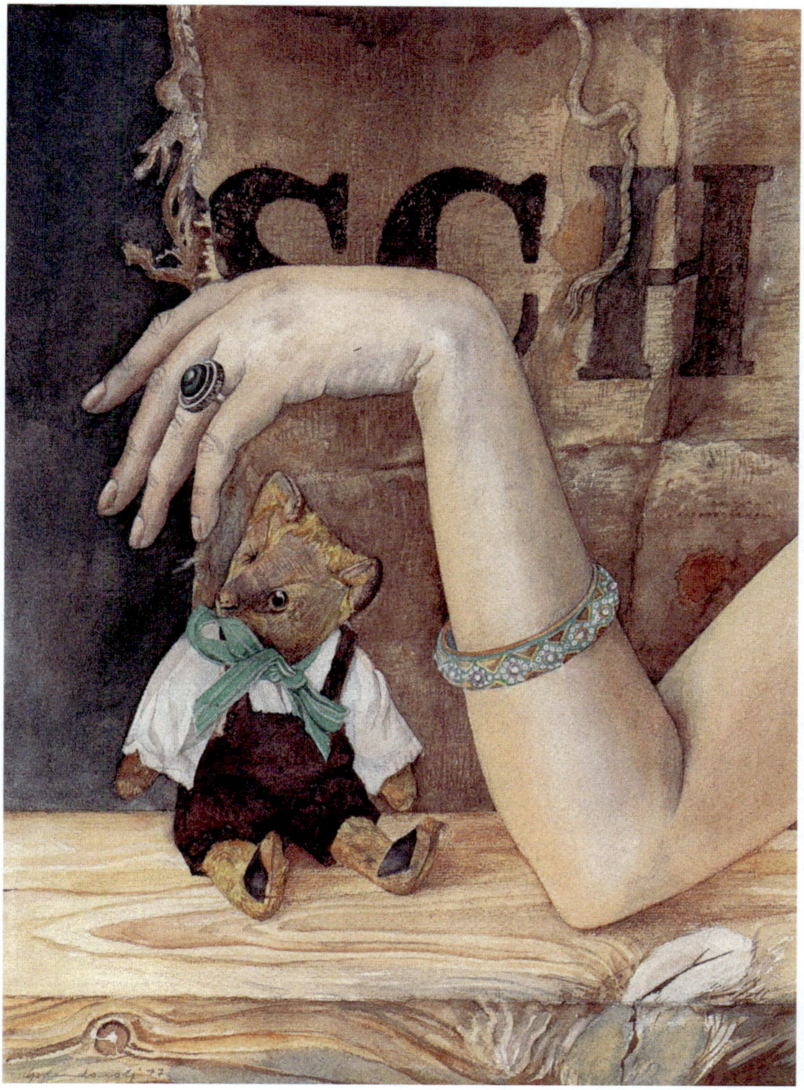

Dieses Aquarell hat Gerhard gemalt.
Ich halte meine Hand über meinen Teddy Peter.
Er nennt das Bild „Zwiegespräch“.

Gerhard malt meinen Teddy Peter. Er ist von ihm fasziniert. Immer wieder muß ich ihm erzählen, was Peter alles „mitgemacht“ hat. Peterchen vermittelt meiner Familie und mir ein Stück heile Kinderwelt, wenn wir ihn betrachten oder in die Hand nehmen.
„Ich male gerade sein Fadenauge!“ ruft Gerhard aus dem Nebenzimmer.
Peter ist nur ein halbes Jahr jünger als ich. Er mußte abends in meinem Bett liegen. Beim Einschlafen drehte ich ihm das Auge aus. Teddy Hans ist vier Jahre jünger. Er trägt an Stelle der ausgedrehten Augen „Brillantknöpfe“. Ein Fellbart kaschiert die abgewetzte Nasenspitze. Papa gab ich mein liebstes Spielzeug mit, als er an die Front mußte. Peter wurde sein Talisman. Er brachte ihn wieder, den Bauch aufgeschlitzt, die Stimme demoliert. Wie sollten auch die Engländer wissen, daß ein Teddy eine andere Bedeutung für einen Mann haben kann, als ein Versteck für eine Uhr oder einen Ring? Wir haben den Bauch wieder zugenäht.
Im Krankenhaus saß Peter neben dem schwerkranken Vater, der operierten Mutter. Skeptisch schaute das Ärzteteam auf den unhygienischen Gesellen. Es überlegte wohl, was für den Patienten wichtiger war: vertraute oder sterile Umgebung. Er wurde geduldet.
Peter kommt bei jeder Urlaubsreise mit. Bevor die Zimmermädchen aufräumen, schließe ich ihn fort. Ich habe Angst, er könne verschwinden. Mein Mann lacht darüber.
Jetzt malt er „meine Kindheit“. Ich sage: „Weißt Du, meine Teddys sehen nur so eigenartig und ohne Haare aus, weil ich sie so sehr geliebt habe.“ „Ja“, antwortet Gerhard, „was meinst Du, wie werde ich nach vierzig Jahren Ehe aussehen?“

Nachdem Irene die kleine Geschichte übersetzt hat, ziehe ich Peterchen aus meiner Umhängetasche und zeige ihn. Alle lachen, applaudieren. Zum Abschluß erklingt aus Johann Sebastian Bachs „Notenbüchlein für Anna-Magdalena“ „Willst Du Dein Herz mir schenken, so fang es heimlich an...“

Somit ist die Ausstellung eröffnet. Getränke werden angeboten, Chips gereicht. Die Stimmung ist gut. Viele kommen auf uns zu, äußern sich positiv über unsere Bilder. Ein Schotte meint: „Dieses ist die erste Ausstellung, die ich verstehe.“ (Wir wissen schon, was er damit sagen will.)

Der Leiter der Mackintosh-Kunstschule begrüßt mich. Er lobt besonders meine Zeichnungen. Auch ein Kritiker von dem "Glasgow Herold" ist unter den Gästen und macht sich Notizen.

Jetzt können wir endlich durchatmen.
Es ist schön, wenn man nicht nur eine Landschaft kennenlernt, sondern auch die Menschen, die in ihr leben. Durch Irene haben wir diese Möglichkeit. Es ist erstaunlich, mit welcher Wärme und Gastfreundschaft wir in ihrem Elternhaus aufgenommen werden. Es geht dort fröhlich zu. Irenes Eltern können kein Deutsch. Wir übersetzen manches falsch. Trotzdem sagen sie immer wieder: "Your English is really good."
Wir fahren Irenes Oma besuchen, die wunderbare wollene Fingerhandschuhe mit farbigen Mustern strickt. Irene hatte mir zu Weihnachten ein Paar geschenkt. Wir bringen ihr ein Sträußchen Rosen mit. Oma gibt mir zur Begrüßung einen Kuß. Heute häkelt sie aus feinem Garn kleine Kreuze als Lesezeichen. Die spendet sie dem Kirchenbazar. Neben ihrem Lehnstuhl steht auf einem Tisch ein Vogelbauer mit einem blauem Wellensittich. Wir nehmen Platz. Uns wird ein Glas Wein angeboten. Dazu gibt es Shortbread, ein schottisches Buttergebäck. Bevor wir wieder gehen, inspiziert Irene Omas Küche und schaut in jeden Kochtopf. "Scottish broth", sagt sie, „meine Lieblingssuppe. So gut wie Oma kocht sie niemand!"
Anschließend fahren wir zum Opa, der auch auf unserer Ausstellungseröffnung war. Irene ist sehr stolz auf ihn. Er betätigt sich immer bei den Highland-Games in der Jury. Leider ist es schon spät, so daß er uns nichts mehr auf dem Dudelsack vorspielen kann. Eine Hymne hat er sogar seiner Enkeltochter Irene gewidmet.
Wir bekommen seine Tracht zu sehen: Handgestrickte Kniestrümpfe, eine Samtjacke mit weißer Chemisette aus Spitze, ein Koppel, die Schottenmütze und ein Schottenrock. Jeder schottische Clan hat sein eigenes Karomuster. Irene erzählt stolz, daß ihre Tante den Rock aus acht Metern Stoff genäht hat. Gerhard soll die Tracht anprobieren. Schnell ist er dabei. Über seine langen, weißen Unterhosen zieht er den Rock. Dieses Jahr ist der Sommer sehr kühl in Schottland. Wir sind froh, daß wir warme Kleidung mithaben. Irene wischt sich die Tränen vor Lachen. „Oh Gerhard", stöhnt sie, „normalerweise tragen die Schotten keine Unterhosen unter dem Kilt. Früher wurde das bei den Soldaten mit einem Spiegel kontrolliert. Heute ziehen die Män-

ner schon ganz kleine, schwarze Hosen unter. Damit der Rock nicht hochfliegt, hängt vorne auf dem Bauch eine kleine Ledertasche, der Sporren."

Auch Irenes Freunde Linda und Duggy haben wir kennengelernt. Sie ist Keramikerin, er Kunsterzieher. Duggy gestaltet interessante, große Mosaikbilder aus Ton- und Schieferstücken.
Die Wandbilder beeindrucken mich. „Wo findet man diese farblich unterschiedlichen Schieferplättchen?" will ich wissen. Irene kommt Duggy mit der Antwort zuvor: „Die sind aus Easdale. Sonntag fahre ich mit Euch dort hin. Früher wurde da Schiefer gebrochen. Sämtliche Häuser und Mauern sind aus dem Material. Überall liegen Plättchen herum. Man muß aufpassen, daß man auf ihnen nicht ausrutscht."

Irene fährt mit uns zum Hill House. Sie meint, das ist ein Muß, wenn man nach Schottland kommt. Es wurde von Charles Rennie Mackintosh erbaut, einem sehr berühmten Architekten der Jugendstilzeit, 1868 geboren, 1928 gestorben. Zu seiner Zeit war er noch nicht anerkannt. Er konnte die letzten zwanzig Jahre seines Lebens keine Arbeit finden und starb an Zungenkrebs. Heute gehören seine Arbeiten dem National Trust. Er ist weit über die Grenzen des Landes berühmt.
Wir sind besonders von der Innenarchitektur und Einrichtung begeistert. Seine Frau hat dabei ebenfalls kreativ mitgewirkt. Sie hat im Schlafzimmer die Einbauschränke, das Bett und das Design für die Gardinen entworfen. Eine von ihr stilisierte Rose ist ein viel verwendetes Dekorationsmotiv.
Auch die Zeichnungen und Aquarelle von Mackintosh haben ihren ganz persönlichen Stil.
Gegen Abend kommen wir nach Alloway. Hier wurde 1759 Schottlands Nationaldichter Robert Burns geboren. Leider starb er schon mit 37 Jahren. Er liebte sein Land und die Natur. Selbst als er später berühmt und bei Hofe eingeladen wurde, verlor er nie das Gefühl für das Echte und Natürliche. Ihm zu Ehren wird im Januar ein Volksfeiertag eingelegt. Man kommt zusammen, singt alte Lieder und „schlachtet" einen gefüllten Schafsmagen.
Wir steigen aus dem Auto aus und gehen zu einer niedrigen, mit Reet gedeckten Bauernkate, seinem Geburtshaus. Leider ist es schon spät. Das Museum ist für heute geschlossen. Irene schaut verträumt auf den grünen Rasen hinter dem Haus. Dann erzählt sie uns mit bewegter Stimme von dem Gedicht von Burns „An eine kleine Maus". Beim Pflügen hatte er versehentlich

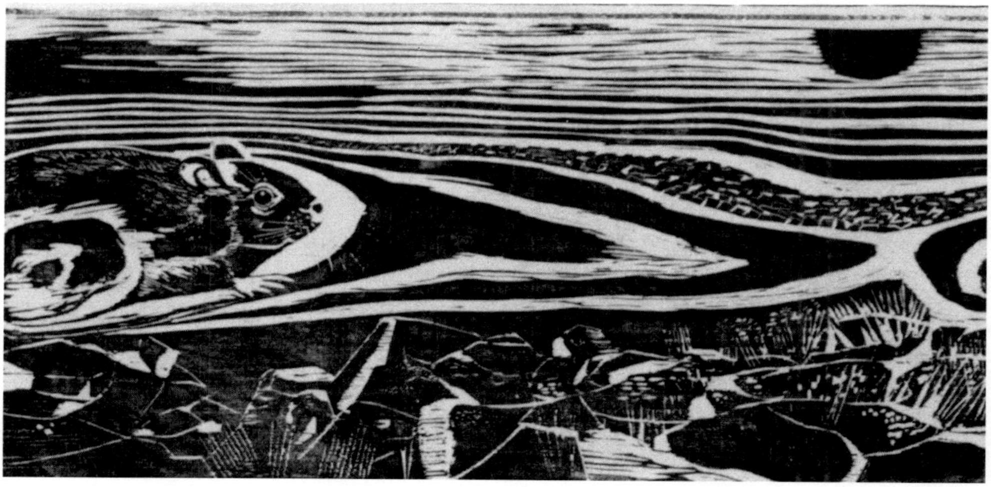

An eine kleine Maus · Holzschnitt

ein Mausenest aufgerissen. Deshalb entschuldigte er sich bei dem ängstlich bebenden Tier.
Der Mensch greift mit den Maschinen in die Natur ein und zerstört sie. Diese kleine Maus ist auf einer schottischen Fünf-Pfund-Note abgebildet.
Dicht neben dem Geburtshaus ist eine alte Kapelle mit Friedhof. Dort liegt Robert Burns begraben. Auf seinem Grabstein soll ein selbstverfaßtes Hexengedicht eingemeißelt sein. In jenem Gedicht ließ Burns die Hexen in dieser Kapelle tanzen, als Tam O-Shanta in einer Gewitternacht, vollgetankt mit Whisky, heimwärts ritt.
Wir gehen auf die alte Steinbrücke und schauen hinab in den River Doon. Irene fährt mit ihrer Erzählung fort: „Bis hierher hatten die Hexen Tam verfolgt. Dann hängten sie sich an den Schwanz seines Pferdes, denn die Hexen können kein Wasser überqueren. Doch Tams treues Pferd Meggi brachte ihn in wilder Jagd heil über die Brücke. Die Hexen rissen dem Pferd den Schwanz aus und blieben zurück.

Während unsere Bilder im Goethe-Institut hängen, machen wir zwei Wochen Urlaub auf der Insel Arran. Morgens, nach dem Frühstück, spricht mich ein netter Herr an: “It is a nice day, isn’t it?“ “Oh, it is rainy“, antworte ich. Doch er erwidert gelassen: “It is such a lovely morning.“

In England und Schottland gibt es kein schlechtes Wetter! Unsere Wirtin, Mrs. Adam, ist reizend. Sie hat uns ihre Alt-Handschuhkollektion zur Verfügung gestellt, weil wir frieren. Jetzt trägt Gerhard weiße Seidenhandschuhe beim Malen, ich lederne.
Wir brauchen nicht weit vom Hotel fortzugehen, um Motive zu finden. Zur Zeit ist Ebbe. Immer tiefer sinken wir mit den Malstühlchen in den Boden ein. Der Wind knattert und zerrt an unserem Regenschutz, daß wir uns gegenseitig nicht verständigen können. Vor mir liegt auf dem welligen Sandboden eine Alge, rötlich, bräunlich, transparent, wie ein Zauberstern. Seit Tagen male ich nur Strandmotive. Sie faszinieren mich. Da gibt es zwischen Felsen Wunderspiegel, umrahmt von Seetang. Oder große Steine, auf die die Natur mit farbigen Flechten Formen und Ornamente gemalt hat. Je länger man hinschaut, desto mehr entdeckt man.

Heute Abend haben wir auf dem Tisch, auf dem sonst das Lunchbuffet aufgebaut wird, eine kleine "exhibition". Mrs. Adams hatte uns darum gebeten. Andachtsvoll wandern die Gäste hintereinander um den langen Tisch. Wir geben, so gut wir können, unsere Erklärungen auf Englisch ab. Die Bilder scheinen zu gefallen. Vorsichtig tippen einige mit dem Finger auf Gerhards Pastelle. So eine Technik haben sie noch nie gesehen. Ebenfalls scheinen sie die Motive nicht bewußt wahrgenommen zu haben. Sie nehmen sich vor, morgen den Strand mit „neuen Augen" zu sehen.

Mrs. Adam hat sich in ein Pastell von Gerhard verliebt. Sie möchte es gerne kaufen. Gerhard weiß, daß er in Schottland keinen hohen Preis dafür verlangen kann. Er zögert, bis ich ihm einen kleinen Ruck verpasse: „Bei Dir würde das Bild nur in der Mappe ruhen. Aber hier bekäme es einen Ehrenplatz an der karierten Schottentapete." Gerhard schmunzelt. Der Handel wird getätigt. Mrs. Adams ist glücklich und sagt, sie würde allen erzählen, daß sie dieses Bild von einem deutschen Freund habe.

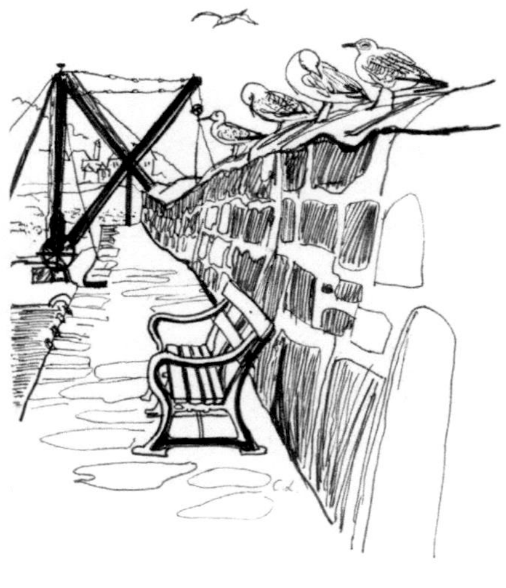

Wir sind wieder daheim. Eines Tages klopft eine Schöckingerin an unsere Tür und sagt: „Wir haben gehört, Sie sind ‚Kinschtlerin'. Wäre es Ihnen möglich, etwas für unseren Kirchenbazar zu machen? Es wäre schön, wenn wir nicht nur immer Häkel- und Stricksachen anbieten müßten."
Aus Ton forme ich kleine Tiere, die schnell ihren Absatz finden. Nach dem Bazar kommt der Frauenkreis mit einer Bitte zu mir: „Wir würden auch gerne mit Ihnen ‚tonen'." So nennt man hier das Töpfern. Die Frauen sind mit so viel Begeisterung dabei, daß beschlossen wird, einmal im Jahr im Herbst, wenn die Feldarbeit ruht, unter meiner Anleitung kreativ zu arbeiten. Es ist erstaunlich, wie einfallsreich und geschickt sie sind. Ein Jahr gestalten sie Weihnachtskarten mit eigenen Linolschnitten, die sie selbst drucken. Das nächste Jahr gehen wir gemeinsam ins Freie mit Klappstühlchen, Malblock und Farben. Auch Kinder sind dabei und Männer. Vorne weg Herr Pfarrer Hörger und Gattin. Vielen wird erst jetzt bewußt, wie idyllisch unser Dorf ist. Aber was werde ich im kommenden Herbst mit der Gruppe arbeiten?

Seit unserer Schottlandreise habe ich eine Idee. In Schöckingen soll ein neues, größeres Gemeindehaus gebaut werden. Wie wäre es, wenn ich mit dem evangelischen Frauenkreis eine große Gemeinschaftsarbeit in das Haus einbringen würde? Vielleicht ein Wandmosaik? Duggys Arbeiten und die farbigen Schieferplättchen in Easdale haben mich dazu inspiriert. Aber es muß eine Arbeit sein, bei der noch jeder sagen kann: „Des Stickle han i gmacht." Wäre „Petrus' Fischfang" dafür geeignet? Ich entscheide mich für die „Arche Noah."

Der Frauenkreis trifft sich abends im alten Gemeindehaus. Ich habe noch nichts verraten. Alle warten gespannt, was wir dieses Jahr machen wollen. Nach der Begrüßung lese ich aus der Bibel die Geschichte von der Arche Noah vor. Dann unterbreite ich ihnen meinen Vorschlag. Jeder Teilnehmer kann ein oder mehrere Tierchen in Mosaik in einer quadratischen Fläche legen. Ein Raunen geht durch den Saal. Eine Dame steht auf, dreht sich in alle Richtungen und sagt: „Ich finde die Idee ganz prima."
Nun überschlagen sich die Meldungen: „Schnecke, Schlange, Schildkröte!" Die Tiere, die am einfachsten zu legen scheinen, gehen am schnellsten fort. Eine Dame ruft: „Ich will meinen Kater Nicki verewigen! Und dazu mache ich ihm gleich noch eine schwarze Katze." Die Besitzerin der Talmühle

meint: „Ich lege unseren gefleckten Hund.“ Frau Hoen will ihren wilden Enten ein Denkmal setzen. Die Enten flogen immer in den Teich einer Nachbarin und fraßen die Seerosen ab. Sie mußte die Tiere abschaffen. Eine Dame kommt aus einer Försterfamilie. Sie reserviert sich als Motiv das Reh. Die Schöckinger werden scherzhaft „Krab“ genannt, was auf Hochdeutsch Rabe heißt. Diesen Vogel will Frau von Gaisberg-Schöckingen aus Steinen legen.

Die Begeisterung ist groß. Jedes Tier hat seine Wichtigkeit. Einen Käfer bringen wir symbolisch so groß wie einen Elefanten.

Mit Hilfe eines Projektors werfe ich Kunstpostkarten von antiken Mosaiken an die Wand. Wir betrachten sie gemeinsam. Sprechen über ornamentale Umrandungen von Flächen. Manche Figuren heben sich durch dunkle Konturen vom Hintergrund ab. Die Steine sind in Rhythmen gelegt, die den Formen nachgehen.

Nun heißt es Entwürfe zeichnen. Gerhard steht mir bei der Korrektur zur Seite. Aus der Markthalle in Stuttgart hole ich weiße, rosa und rote Bohnen. Frau Traber, eine Chilenin, bringt uns einen großen Beutel schwarzer Bohnen aus ihrer Heimat. Mit den Worten: „Die mag ich sowieso nicht“, schüttet sie alle in eine große Schale. Frau Schmid bringt orange Linsen, gelben Mais und Sonnenblumenkerne. Jetzt werden quadratische Kästen gezimmert, die wir mit Fensterkitt auslegen. Der Entwurf wird übertragen und das Motiv aus den Bohnen und Kernen in den Kitt gelegt. Den Teilnehmern macht es Spaß. Es entstehen wunderschöne Bilder, die wir später mit Steinen umsetzen wollen.

„Morgen kommen die Architekten, die das neue Gemeindehaus planen“, erfahre ich von unserem Pfarrer. „Sie möchten unsere Entwürfe sehen. Wir müssen sie überzeugen, daß unser Mosaik eine Bereicherung für den neuen Bau wird.“

Bis zwei Uhr nachts male ich den Entwurf für das Mittelstück: Die Arche Noah unter dem Regenbogen. Kein anderer wollte das übernehmen.

Die Architekten sind von unserer Idee und den Entwürfen begeistert. Sie breiten vor mir die Pläne aus. Ich kann wählen, welche Wand ich für das Mosaik haben will. Sicherlich wird die meiste Arbeit an mir hängen bleiben. Deshalb entscheide ich mich für die etwas kleinere Wand.

Nun geht es an die Verwirklichung der Idee. Ein Laster fährt eine Ladung Rheinkiesel an und schüttet den Anhänger vor dem Pfarrhaus aus. Dort türmt sich ein riesiger Haufen. Inzwischen habe ich zweiundvierzig Mitarbeiter aus Schöckingen, Frauen, Männer und Kinder.
Die Steine sind sehr staubig. Frau Keppler, die im Rathaus gegenüber arbeitet, schaut aus dem Fenster und sagt: „Was? Aus diesen grauen Steinen soll ich meine Häschen legen?“

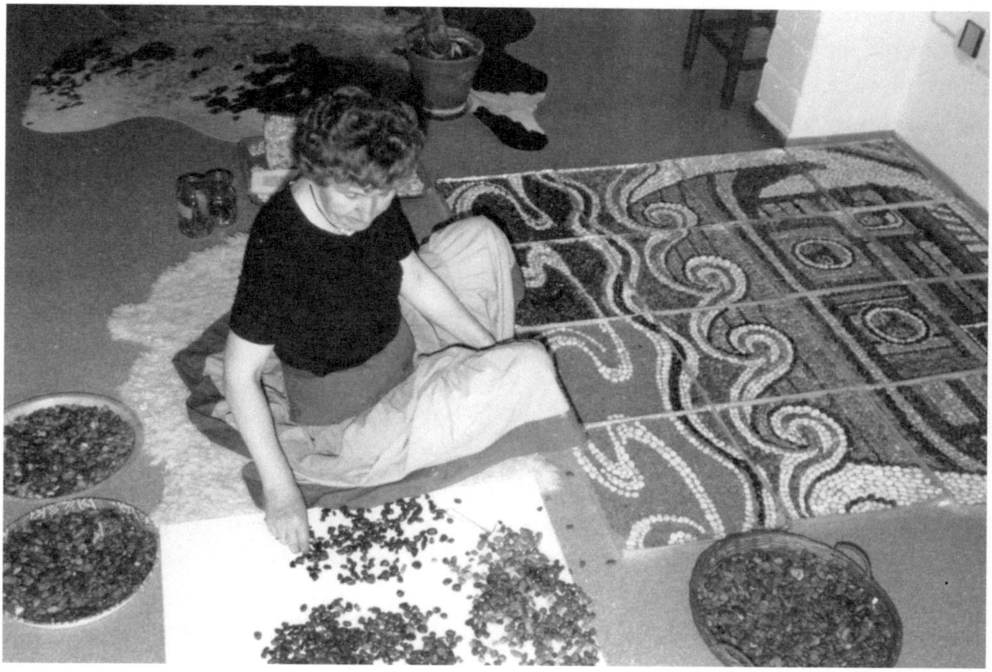

Caritas Lewandowski legt das Mittelstück des Mosaiks

Eimerweise werden die Steine in die Häuser getragen. Dort werden sie gewaschen. Das Staunen über die Schönheit beginnt. Damit die natürliche Farbigkeit erhalten bleibt, tunken wir sie in farblosen Lack und lassen sie auf einem Gitterrost trocknen. Dann geht es an das Sortieren nach Farbe und Größe. Da ich das Mittelstück zu legen habe, brauche ich sehr viel Material. Einige bringen mir für den Regenbogen farbige Steine aus Urlaubsländern mit. In unserer Wohnung stehen auf Schränken, dicht bei dicht, Weckgläser mit Steinen, sortiert nach Farben und Größen. Wenn jemand zu Besuch

kommt und sich darüber wundert, sagt Gerhard: „Bei uns gibt es täglich Steinsuppe.“ In Schöckingen ist ein wahres „Steinfieber“ ausgebrochen. Eine Familie bringt die schönsten goldgelben Kiesel eimerweise aus England mit. Unser Herr Pfarrer zieht im Urlaub Strümpfe und Schuhe aus, um die besonderen Steine aus dem Bach zu holen. Eine Mitarbeiterin spendiert grünliche Steine, die sie am Pazifik gefunden hatte, für die Federn vom Pfau. Dafür erhält sie im Gegenzug ein großes Quarzei für ihren Vogel Strauß.
Jeder Teilnehmer kommt zu uns nach Hause, um seine Motive nun mit Steinen zunächst in Kästen mit Sand zu legen. Während der Arbeit entwickeln sich interessante Gespräche. Ich lerne die Menschen privat näher kennen. Sie haben inzwischen auch ein Auge für die Schönheit dieses Materials bekommen. Eine Frau bringt stolz einen „Augenstein“ für ihren Bären mit. Er hat im weißen Quarz einen dunklen Punkt.
Ich freue mich, daß nicht nur auf ein Endprodukt hingearbeitet wird, sondern auch die Zeit des Entstehens zum Erlebnis und einer Bereicherung wird.

Dann ist es endlich so weit. Wir beginnen mit dem Fertigen der Platten aus Beton. Einige Mitarbeiter wagen es, unter meiner Aufsicht, die Steinchen selbst in den feuchten Fugenkleber auf der Betonmasse zu drücken. Jeder Handgriff muß sitzen. Nachträglich kann kaum korrigiert werden. Die meisten Entwürfe übertrage ich in die Masse. Gerhard rührt den Beton an und füllt ihn in die Rahmen. Fast vier Jahre zieht sich die große Arbeit hin. Das gesamte Mosaik mißt 4,60 x 2,70 Meter. Gerhard macht mir immer wieder Mut, wenn ich müde werde, und sagt: „Merke Dir eines: Es werden nie mehr Platten, sondern immer weniger.“
Abends, wenn ich im Bett liege und die Augen schließe, sehe ich noch im Geiste Steine vor mir.
Die Betonplatten mit den Tieren laufen wie ein Fries an unseren Fußbodenleisten entlang. Mein Mittelstück, die Arche unter dem Regenbogen, liegt wie ein großer Teppich im Schlafzimmer. Wir dürfen nur nicht aus Versehen darauftreten.

Das neue Gemeindehaus steht. Ein Traktor mit Anhänger hält vor unserem Haus. Die Platten werden vorsichtig verladen und an den Bestimmungsort gebracht. Jede wiegt neun Kilogramm und ist drei Zentimeter dick.

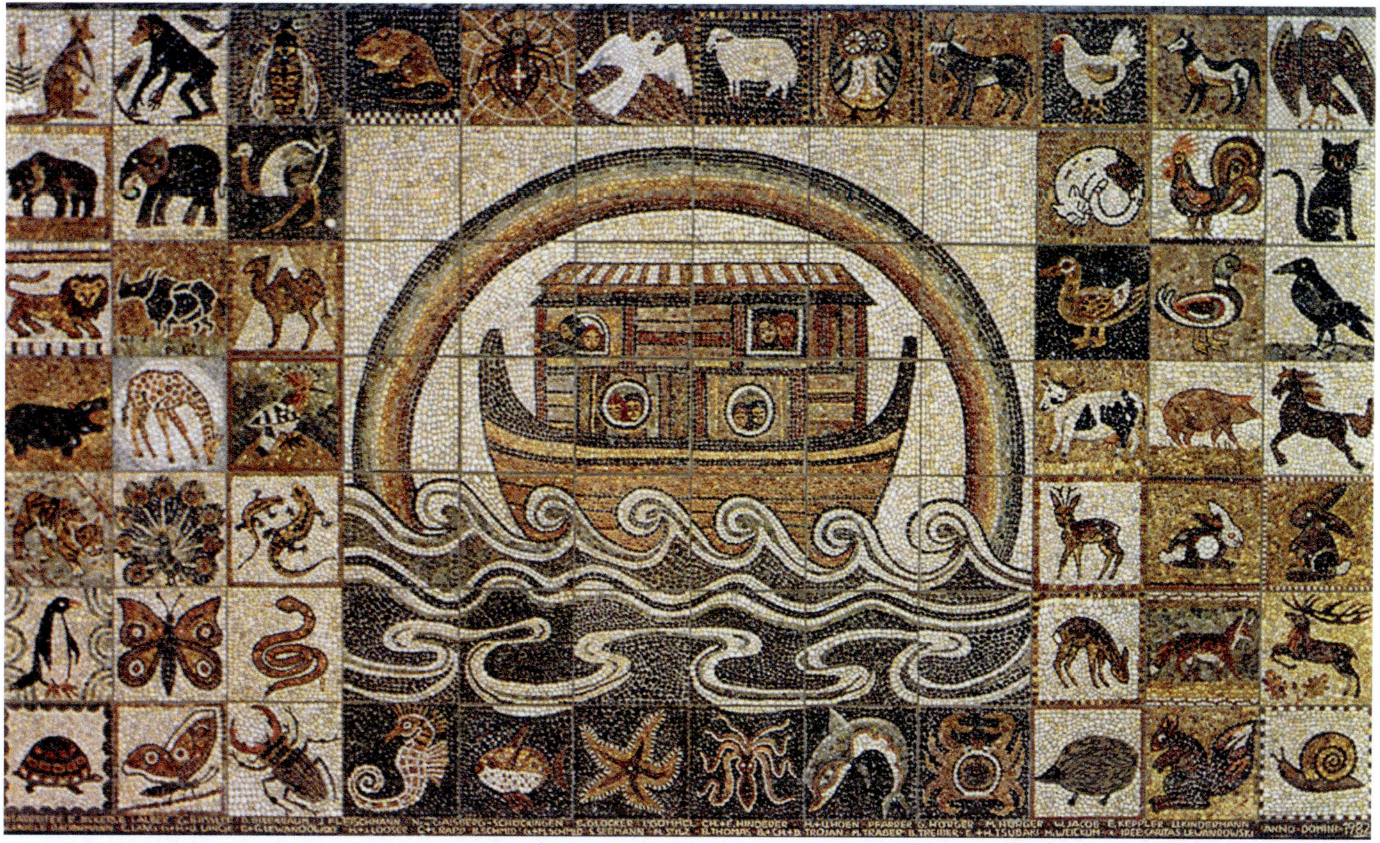

Kieselstein-Mosaik „Arche Noah“ (4,60m x 2,70m) im Evangelischen Gemeindehaus Schöckingen
gestaltet von Caritas Lewandowski und Mitgliedern der Gemeinde

Eine Spezialfirma ist beauftragt, die Platten an die Wand zu bringen. Die Platten werden mit einem Schlagbohrer an zwei Seiten angebohrt. Durch ein T-Stück, das in der Mauer befestigt wird, werden sie miteinander verbunden.
Ich sitze hinten im Saal und verfolge die Bohrungen mit Herzklopfen. Hoffentlich zerbricht keine Platte, und es fällt von der Erschütterung kein Stein heraus. Noch nie in meinem Leben habe ich bisher an einem Mosaik gearbeitet.
Herr Pfarrer Hörger kommt in den Raum. „Sie brauchen doch nicht dabei zu sein“, sagt er zu mir. Und dann: „Wie ist Ihnen nun, wenn Sie die vielen Tiere sehen?“ „Ich denke bei jedem Tier an den Mitarbeiter, der es gelegt hat“, antworte ich. „Dann denken Sie bei meiner Frau an einen Esel“, meint er schmunzelnd. „Oh ja“, sage ich, „ich habe Esel sehr gern.“
Vor mir wächst die Wand höher und höher. Mir ist, als schaute ich in einem Welttheater zu.

Bis zur Einweihung des Gemeindehauses verhüllen wir das Mosaik und fahren in Urlaub. Es wird für mich keine entspannende Zeit. Immer wieder nerve ich Gerhard mit der Frage: „Meinst Du, es ist inzwischen eine Platte heruntergefallen?“

Herbst 1982. Dann kommt der große Augenblick. Amu ist extra aus Hannover angereist. Bevor wir in das Gemeindehaus gehen, kommt der Architekt auf mich zu. „Heute werden wir ausnahmsweise mit dem Gesicht zum Mosaik sitzen“, sagt er. „Sonst wird die Gemeinde in die entgegengesetzte Richtung blicken, zur großen Wand, vor der der Flügel steht.“ Ich kann seinen Worten kaum glauben. Das ist wohl ein „Schwabenstreich“?!

Der Chor singt. Der Pfarrer und die Architekten sprechen. Gerhard und ich enthüllen das Mosaik. Großer Beifall. Ich halte eine kleine Ansprache. Berichte über die Entstehung des Werkes. Mein Dank gilt den Mitarbeitern, die sich so gut haben führen lassen, und natürlich auch Gerhard und Herrn Pfarrer Hörger. Unser Pfarrer brachte mir von Anfang an Vertrauen entgegen. Das ist der Grundstock für eine gute Zusammenarbeit.
Ich wünsche, daß dieses Gemeindehaus wie eine große Arche sein möge, in der sich alle geborgen fühlen, die hineingehen. Beim Anblick des Mosaiks

kann uns bewußt werden, daß Gott die Schöpfung gerettet hat und wir für sie verantwortlich sind.
Kaum habe ich Platz genommen, da stürmt Herr Buschmann, der Vorsitzende der Deutsch-Baltischen Landsmannschaft in Baden-Württemberg, zum Rednerpult. Emotional tut er sein Lob über dieses große Mosaik kund. Dann fügt er noch hinzu: „Hier ist jemand von weit hergekommen und gestaltet mit vielen Menschen der Gemeinde dieses Kunstwerk.“
Amu meint: „Das hat Herr Buschmann gut gesagt.“ Später fragen mich einige: „Wer war dieser Herr?“ Ich versuche es zu erklären.

Das große Mosaik aus Natursteinen weckt die Aufmerksamkeit. In Zeitungen wird darüber berichtet. Das Fernsehen kommt. Sogar unsere Wohnung verwandelt sich einen Tag in ein Fernsehatelier. Mit zwei Mitarbeitern demonstriere ich nochmals vor laufender Kamera die Gestaltung und Herstellung der Platten.
Ein Reisebüro in Stuttgart hat unser Mosaik für Nachmittags-Kaffeefahrten in sein Programm aufgenommen. Ich mache Führungen.

Eine Arbeit zieht die andere nach sich. Kaum ist das große Kieselsteinmosaik an der Wand, kommt eine neue Aufgabe auf mich zu. Eine Mutter äußert die Bitte im Auftrage vieler anderer: „Unsere Kinder möchten mit Ihnen malen.“ „Nein“, sage ich, „ich bin doch keine Lehrerin.“ Aber ich werde überredet. Der Ortschaftsrat stellt mir zum Arbeiten einen Raum zur Verfügung. Zwanzig Kinder sind angemeldet. Ich teile sie in zwei Gruppen auf: Acht- bis Zehnjährige und Zehn- bis Zwölfjährige. In der Gruppe der Jüngeren sind acht Buben und zwei Mädchen.
Auf jeden Platz lege ich ein Malbrett. Dann gieße ich in Becher die Grundfarben rot, gelb und blau. So wie wir es in der Freien Waldorfschule gelernt haben. Daraus lassen sich alle Farben mischen. Ich stelle für jeden einen Wasserbecher hin, lege daneben den Pinsel und Bleistift.
Lärmend und fröhlich, teilweise von den Müttern gebracht, erscheinen die Kinder. Zehn Minuten später sitzen alle still und erwartungsvoll in ihren Malkittelchen oder Schürzen auf den Stühlen. Gebannt lauschen sie meinen Worten. „Begegnung mit der Farbe“ heißt unser Thema. Als Einstieg entstehen bunte Kleisterpapiere. Jeder hat hierbei ein Erfolgserlebnis.

In der nächsten Woche schauen wir im Projektor Bilder von Paul Klee an. Wir sprechen darüber und lassen uns inspirieren. Danach darf jeder auf seinem „Farbklavier“ spielen. Es ist erstaunlich, was die kindliche Phantasie hervorbringt.
Ein anderes Mal erzähle ich Geschichten, die zum Bildermalen anregen. Heute betrachten wir gemeinsam Abbildungen der ersten Höhlenmalereien. Danach bestreichen die Kinder eifrig einen Untergrund aus Pappe mit Kleister, streuen Sand darauf. In erdfarbenen Tönen malen sie Tiere auf diesen rauhen Grund.
Aber der Höhepunkt des Kurses ist eine Gemeinschaftsarbeit. Die Kinder halten ein ausgespanntes Nesseltuch. Jeder darf abwechselnd eine Farbe darauf gießen. Jetzt versuchen alle durch Schräghalten des Tuches gemeinsam die Farbe zu dirigieren, wo sie hinlaufen soll. Es ist sehr aufregend. Immer wieder entstehen andere Formen und Farbtöne. Die Gruppe scheint wie von einem Farbenrausch gepackt zu sein. Ich kann sie nicht stoppen. Meine Stimme dringt nicht mehr durch. Die Farben tropfen bereits durch das Tuch. Elke und Christiane holen schnell Schrubber und Lappen. Unter dem Hallo der Buben versuchen sie ergebnislos, die Pfützen unter dem Tuch fortzuputzen.

Die Eltern kommen ihre Kinder abholen. Die Kleinen haben glänzende Augen. „Darf ich wieder in den nächsten Malkurs?“ fragen sie ihre Mütter.
Ich komme erschöpft nach Hause. Lasse mich in einen Sessel fallen. „Was ist mit Dir?“ fragt Gerhard besorgt. „Nie wieder!“ sage ich. „Nie wieder mache ich diese Farbübungen mit den Kindern.“ Dann berichte ich vom Verlauf meines Kursnachmittages.
Zum Abschluß des Malkurses veranstalten wir eine kleine Ausstellung. Viele Besucher kommen; Eltern, Geschwister, Lehrer, sogar der Ortsvorsteher. Alle sind beeindruckt von der Frische und Phantasie der Kinder.

Einundzwanzig Jahre habe ich in Schöckingen Kreative Kurse für Kinder gegeben. Immer wieder fielen mir neue Themen ein: „Mein Freund der Baum“, „Mozart als Kind“ oder „Die Zauberflöte“, „Zirkus“. Oder wir denken uns eine Geschichte aus und gestalten ein Bilderbuch. Verschiedene Techniken: Malen, Töpfern, Drucken, Kleben ... Die Ideen gehen nicht aus. Eine große Ausstellung in Ludwigsburg. Zeitungsberichte. Ein Interview im Radio ...

Jetzt haben die „Kinder“ von damals schon Kinder. Trotzdem rufen sie noch laut über die Straße, wenn sie mich sehen: „Hallo, Frau Lewandowski! Geben Sie noch Kindermalkurse? Meine Töchter möchten gerne zu Ihnen kommen.“

Ich gebe keine Kinderkurse mehr. Seit 23 Jahren unterrichte ich jetzt an der Volkshochschule Erwachsene im Zeichnen und Malen. Es ist nicht so aufregend und erfrischend wie mit Kindern. Aber es macht mir Freude. Es ist ein gegenseitiges Geben und Nehmen.

Ich bin froh, daß ich in Stuttgart wieder eine Möglichkeit zum Aktzeichnen gefunden habe. Mich fasziniert der menschliche Körper. Immer und immer wieder kann ich ihn zeichnen. Es wird nie langweilig. Eine Kollegin hat bildschöne Söhne. Diese verdienen sich gerne ein Taschengeld durch Modellstehen. Der Jüngste geht noch zur Schule. Er hat eine Figur wie ein griechischer Gott. Oft erinnert er mich an antike Plastiken: gut proportioniert, muskulös und stolz. Seine Haare sind lockig und voll, fallen bis auf die Schultern.
Anders ein weibliches Modell. Füllig und geschmeidig, mit weichen, runden Formen. Als Gegensatz dann wieder ein Mädchen, zart und graziös wie eine Tänzerin.
Mit klaren Linien versuche ich die Schönheit und Jugend zu erfassen.

Meine Kollegin lädt mich zu sich nach Hause ein. Aktzeichnen einen ganzen Tag im kleinen Kreise. Das Zimmer hat eine Spiegelwand. So kann man den Körper gleich zweimal erfassen. Ein buntes Ambiente im Raum. Gemusterte Teppiche und Kissen, Schalen mit Obst. Eine willkommene Ergänzung für meine Zeichnung. Ich binde die Figur in ein ornamentales, freies Linienspiel ein.
Keiner redet ein Wort. Alle arbeiten intensiv. Vom CD-Player ertönt die Vierte Symphonie von Gustav Mahler. In der Pause gibt es masurische Wildschweinsuppe. Unsere Kollegin kommt aus Ostpreußen. Ihre Gastfreundschaft ist dementsprechend weitherzig.

Gerne möchten wir Akt in der Natur malen, den weiblichen Körper, wie Eva im Paradies.
Ein Kollege hat ein Haus im Grünen. Aber immer vertröstet er uns: „Die Hecke ist noch nicht zugewachsen." Die Zeit vergeht. Wir haben Hochsommer. Wieder unsere Frage: „Können wir dieses Wochenende zum Malen kommen?" Verlegen schüttelt er den Kopf. „Noch geht es nicht. Aber in vierzehn Tagen verreist meine Frau. Dann ist es möglich." Wir lachen. „So ist es nicht, wie Sie denken", wehrt er ab. „Sie hat nichts dagegen. Aber sie mag es nicht, wenn viele Menschen kommen. Das bringt für sie Arbeit."

Die Sonne scheint. Wir malen „Akt im Grünen".

Aktzeichnungen

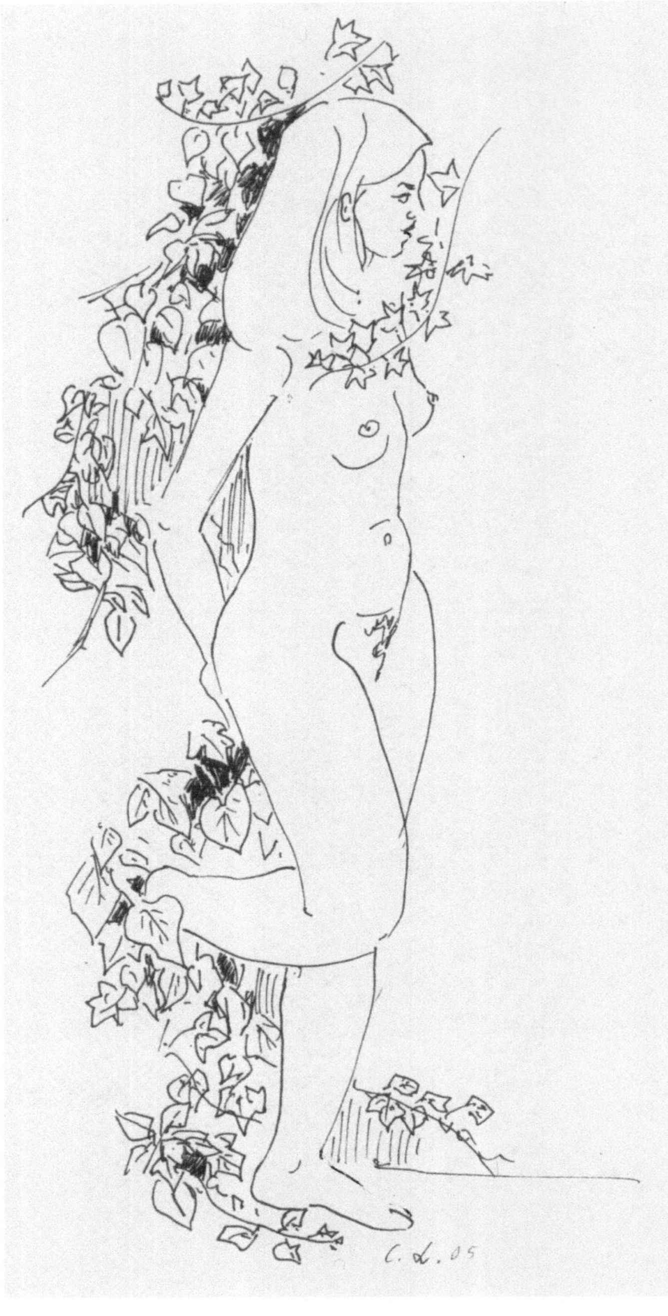

Kleine Daphne · Federzeichnung

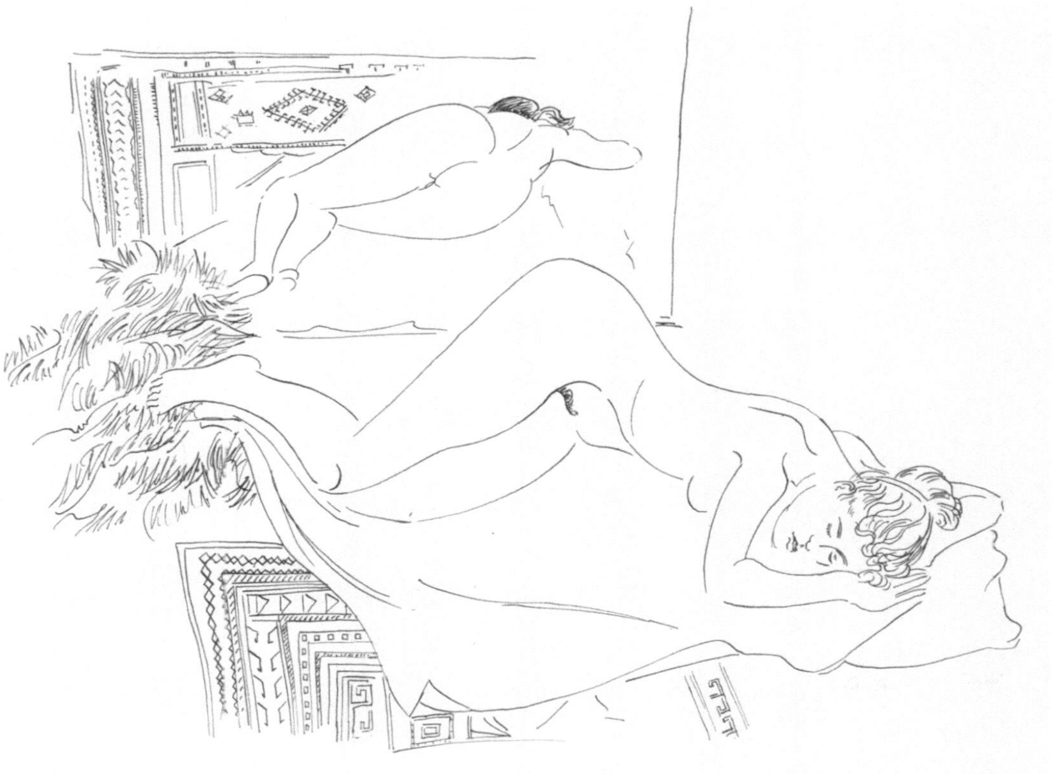

Akt vor dem Spiegel · Federzeichnung

Mein großer Wunsch geht in Erfüllung: Ich darf bei den Proben des Stuttgarter Balletts zeichnen!
Mein Herz klopft stark, als ich durch den Bühneneingang das Opernhaus betrete. Vorbei an der Pförtnerloge gehe ich den Gang entlang und die Treppe hoch. Aus einem Raum klingt Gesang. Hier probt eine Opernsängerin. Im ersten Stock hängen im Gang phantasievolle Kostüme. Dann komme ich in die zweite Etage. Hier begegne ich einigen Tänzern in ihren Trikots am Getränkeautomaten. Manche tragen handgestrickte Wollstrümpfe über engen Strumpfhosen. Einer hat sogar eine rosa Stola um die Hüften. Hier bin ich richtig. Ich klopfe an die Tür des Sekretariats und werde hineingerufen. Eine freundliche Dame begleitet mich in den großen Ballettsaal. „Heute wird hier Dornröschen geprobt", sagt sie zu mir. „Das wird Ihnen sicherlich gefallen. Ich gebe Frau Haydée Bescheid, daß Sie hier zeichnen wollen."

Ich darf mich auf einen Stuhl vor den großen Spiegel setzen. Am Flügel spielt ein farbiger Korrepetitor Passagen aus Tschaikowskys Dornröschen. Er lächelt mir zu. Eine junge Tänzerin im Tüllrock übt immer wieder eine Drehung. Ich packe leise meinen Skizzenblock aus und den Zeichenstift. Ein Tänzer kommt in den Raum. Er setzt sich lässig auf den Boden neben meinen Stuhl. „Wer ist die Tänzerin?" frage ich ihn leise. „Marion Jäger. Sie tanzt die Hauptrolle und ist ein Star."
Drei weitere junge Tänzer erscheinen. Mit Sprüngen und Übungen an der Stange versuchen sie sich aufzuwärmen. Marcia Haydée betritt den Saal. Sie hat ein unverwechselbares Gesicht und eine starke Ausstrahlung. Schüchtern gehe ich auf sie zu, stelle mich vor. Sie begrüßt mich freundlich. In der Mitte vor dem Spiegel nimmt sie Platz. Die Probe beginnt. Vier Prinzen werben um Dornröschen. Wie in einem Reigen begegnen sie der Prinzessin. Immer wieder müssen sie die Passage proben, bis die Bewegungen ineinander fließen. Manchmal steht Marcia Haydée auf, tanzt den Ablauf der Schritte vor. Erst als alles perfekt klappt, geht es weiter. Dornröschen wird von den vier Tänzern in die Luft gehoben. Fast ein akrobatischer Akt. Immer wieder wird neu geprobt. Ab und zu eine kleine Pause zum Verschnaufen. Aufmunternde Worte. Ich arbeite wie besessen. Die Bewegungsabläufe gehen schnell vor sich. Neben meinem Stuhl häufen sich die Skizzen. Ich versuche das Wesentliche dieser Szenen zu erfassen. Nur gut, daß ich den Körperbau vom Aktzeichnen her beherrsche.

Am Ende der Probe Applaus der Tänzer für Marcia Haydée. Ich schließe mich dem an. „Darf ich wiederkommen?“ frage ich. „Ja“ ist ihre Antwort. „Sie haben nicht gestört.“

Glücklich fahre ich heim. In mir klingt noch die Musik.
„Wie war es?“ will Gerhard wissen. „Wunderbar“, sage ich. „Aber meine Zeichnungen sind noch keine Meisterwerke.“ Ich stelle die CD „Dornröschen“ von Tschaikowsky auf und beginne meine Skizzen zu sortieren.

Das Ballett zieht mich magisch an. Schon wieder stehe ich im zweiten Stock des Stuttgarter Opernhauses im Flur und studiere die Anschläge am schwarzen Brett. Wo findet um wieviel Uhr welche Probe statt? Wer tanzt was? Was eignet sich für mich am besten zum Zeichnen?
Inzwischen kommen die Tänzer und orientieren sich ebenfalls an den Aushängen. Ein flüchtiges „Hallo! Wie geht's? Lange nicht gesehen.“ Und schon verschwinden sie in der Garderobe. Meine Anwesenheit nehmen sie jetzt schon als selbstverständlich hin.
Manche meiner Zeichnungen setze ich in mehrfarbige Linolschnitte um und lasse sie als Kunstkarten drucken. Ab und zu schenke ich den Tänzern einige davon. Sie freuen sich.
Ich wiederum bin sehr stolz auf die Autogramme von ihnen. Von den berühmtesten Tänzern habe ich mir Photobände gekauft und signieren lassen. In einem steht auf der ersten Innenseite in großer Schrift: „Für Caritas mit vielen guten Wünschen herzlich Birgit Keil.“ In einem anderen „Für Caritas von einem Künstler zum anderen Künstler. Herzlichst Richard Cragun.“ Auch Marcia Haydée hat mir ihr Buch signiert. Ihre Schrift läuft großzügig schräg über die Seite, als sei es die Aufzeichnung einer Choreographie.

Heute wähle ich den großen Ballettsaal aus. Um elf Uhr beginnt dort das Training. Einige Tänzer liegen schon auf dem Boden und machen Stretchübungen. Andere biegen ihre Körper an der Stange nach vorne und hinten durch. Wochenenderlebnisse werden ausgetauscht. Eine Asiatin näht abgerissene Seidenbänder an ihre Ballettschuhe. Schnell hole ich meinen Skizzenblock und Zeichenstift aus der Tasche und beginne diese reizvolle Atmosphäre einzufangen.

Pünktlich um elf Uhr erscheint der Ballettmeister. Das Training beginnt. Die Kompanie steht in Reihe und Glied an der Stange und folgt den Anweisungen des Ballettmeisters zum Takte der Musik. Immer wieder staune ich, mit welcher Phantasie sich einige der Tänzer beim Training anziehen. Nach und nach fallen die überflüssigen Kleiderhüllen. Die Schönheit und Kraft der Muskeln der durchtrainierten Körper wird in den eng anliegenden Trikots sichtbar. Gegen Ende der Stunde werden die Bewegungen frei, ohne Stange. Pirouetten werden gedreht. In hohen Sprüngen fliegen die Tänzer durch den Saal. Beim Aufkommen dröhnt der Boden. Zugleich geht eine Fröhlichkeit durch den Raum.

Nachmittags Proben zu Romeo und Julia. Trotz größter Anforderung ein Lächeln auf dem Gesicht der Tänzer. Diszipliniert und geduldig lassen sie sich vom Ballettmeister führen. Probieren die Drehungen und Hebungen immer wieder.

Mich faszinieren ihre Bewegungen, mit denen sie Gefühle ausdrücken. „Romeo“ und „Julia“ gleiten aufeinander zu, berühren sich und verschmelzen zu einer Figur. Musik und Poesie werden sichtbar. Ich fühle mich in eine andere Welt enthoben. Meine Hand ist mein Seismograph. Sie gibt wieder, was ich empfinde. Nicht immer reagiert sie schnell genug. Manchmal lasse ich die Hand auch ruhen, schaue nur zu und nehme den Tanz in mich auf.

Am späten Nachmittag packe ich meine Skizzen zusammen und gehe. Ich fühle mich ausgepumpt und doch innerlich sehr viel reicher. Zu Hause breite ich die Blätter aus. Der Fußboden des Wohnzimmers ist damit bedeckt. Dann lege ich mir eine CD mit klassischer Musik auf. Gerhard schaut sich meine Zeichnungen an. Er meint: „Eine ganz schöne Ausbeute hast Du mitgebracht.“

Berühmten Tänzerinnen und Tänzern bin ich begegnet, die ich nie vergessen werde. Ihre Ausdrucksstärke und ihre Persönlichkeit haben mich berührt. Ich danke der Direktion und auch sehr herzlich Frau Ingrid Bruy, daß sie mir dieses ermöglichen.

Die Glocke läutet zum dritten Mal im Opernhaus. Einige Zuschauer beeilen sich, noch schnell zu ihren Plätzen zu gelangen. Die Vorstellung ist ausverkauft. Auch Kinder sind heute unter den Zuschauern. Unruhig und zugleich erwartungsvoll drehen sie sich in alle Richtungen. Bestaunen den großen Saal mit der bemalten Kuppel und blicken erwartungsvoll auf den Vorhang. Eleven von Ballettschulen wollen sich die heutige Aufführung nicht entgehen lassen. Unter den Besuchern sind alle Altersgruppen vertreten. Heute tanzt das Stuttgarter Ballett Dornröschen. Inszenierung und Choreographie von Marcia Haydée.

Die Beleuchtung wird dunkler, bis nur noch die Schilder der Ausgänge zu sehen sind. Es wird plötzlich still im Zuschauerraum. Noch ab und zu ein Hüsteln. Dann setzt die Musik ein. Der Vorhang öffnet sich. Ich werde in eine andere Welt versetzt. Ein prachtvolles Bühnenbild – märchenhaft. Bisher kannte ich nur Fragmente aus diesem Ballett. Aber nun sind die verschiedenen Szenen, die ich bei den Proben anschauen und zeichnen konnte, zu einem fließenden Tanz geworden. Sie stellen eine Handlung dar. Immer wieder erwache ich aus der Traumwelt von Dornröschen, wenn eine Szene kommt, bei deren Einübung ich dabei war. Wieviel Mühe und Disziplin hat es die Tänzer gekostet, bis es nun so selbstverständlich aussieht! Ich stupse unauffällig Gerhard an und flüstere in sein Ohr: „Hast Du wiedererkannt, welche Szenen ich gezeichnet habe?“

Hier auf der Bühne spielt vieles zusammen: die Choreographie, die Garderobe der Tänzer, das Bühnenbild, die Beleuchtung, Tschaikowskys Musik und natürlich der ausdrucksstarke Tanz. Das alles beeindruckt mich. Aber ich habe noch ein anderes Gefühl in mir. Durch das Zeichnen während der Proben fühle ich mich mit den Tänzern verbunden.

Ballettimpressionen

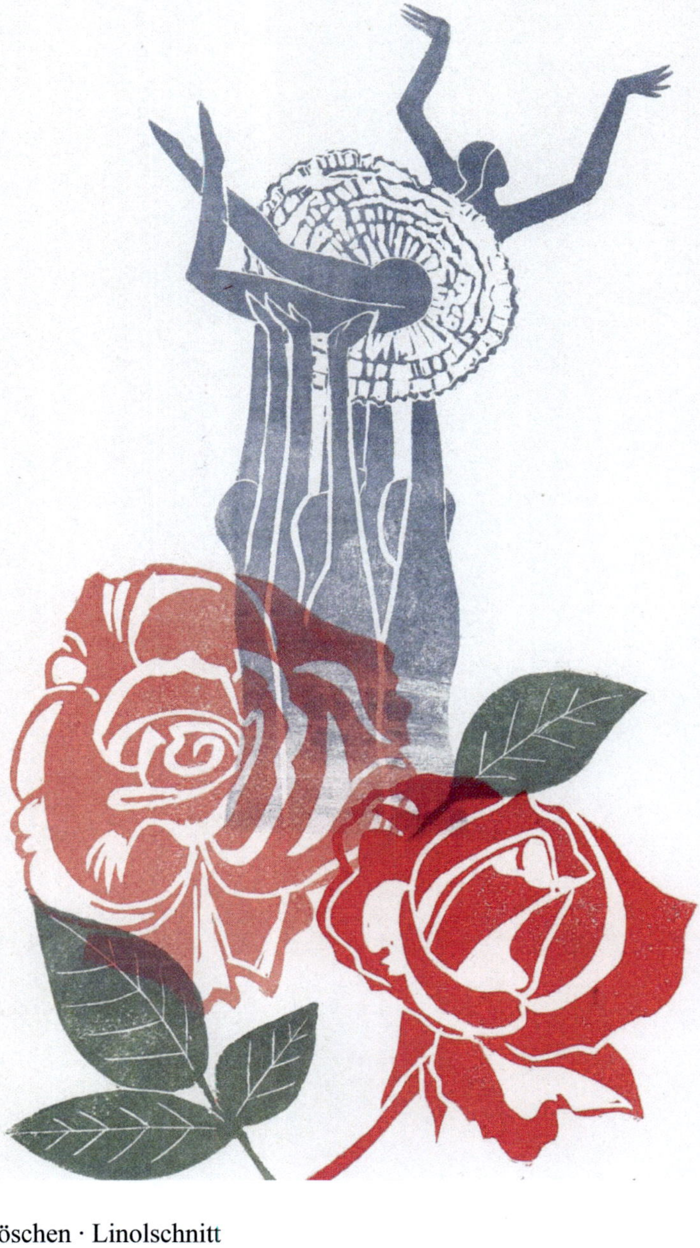

Dornröschen · Linolschnitt

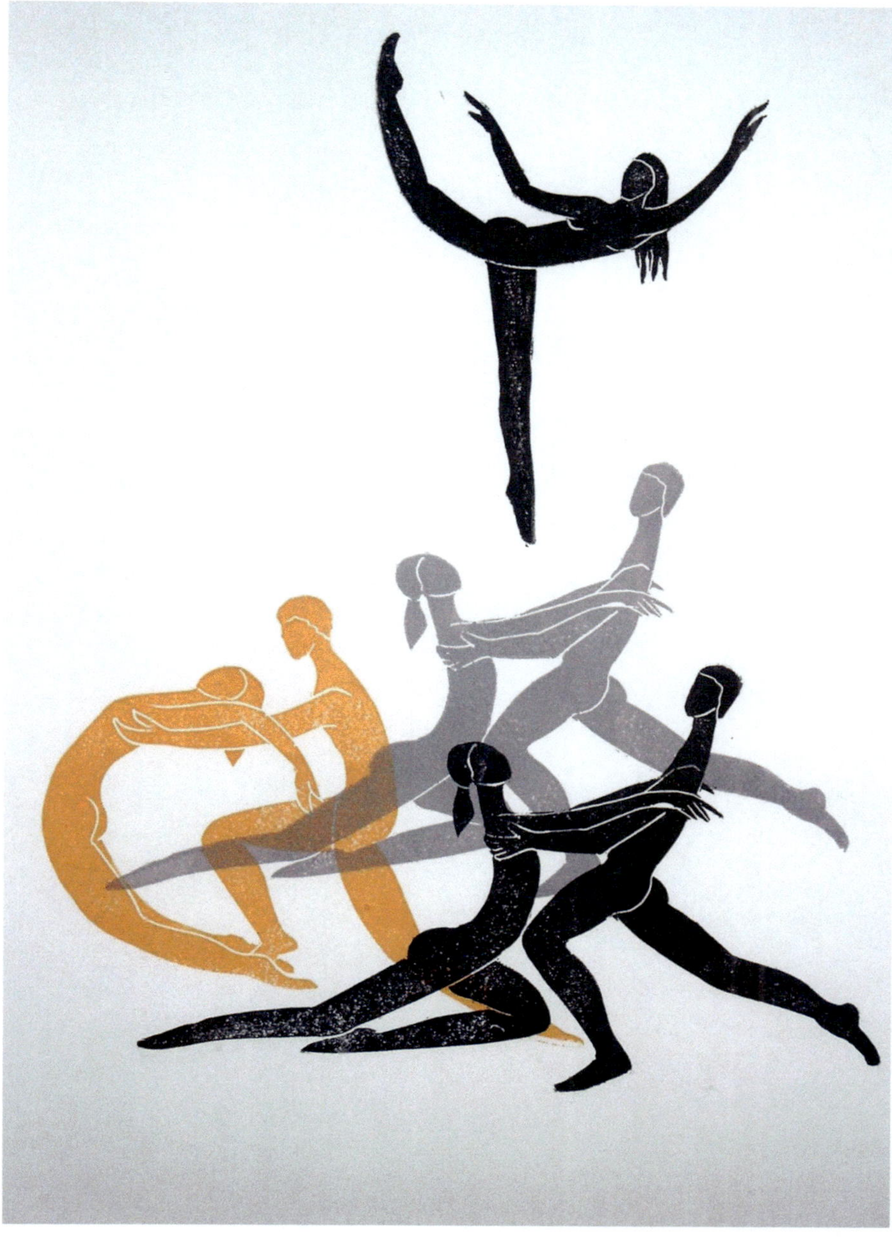

Onegin · Linolschnitt

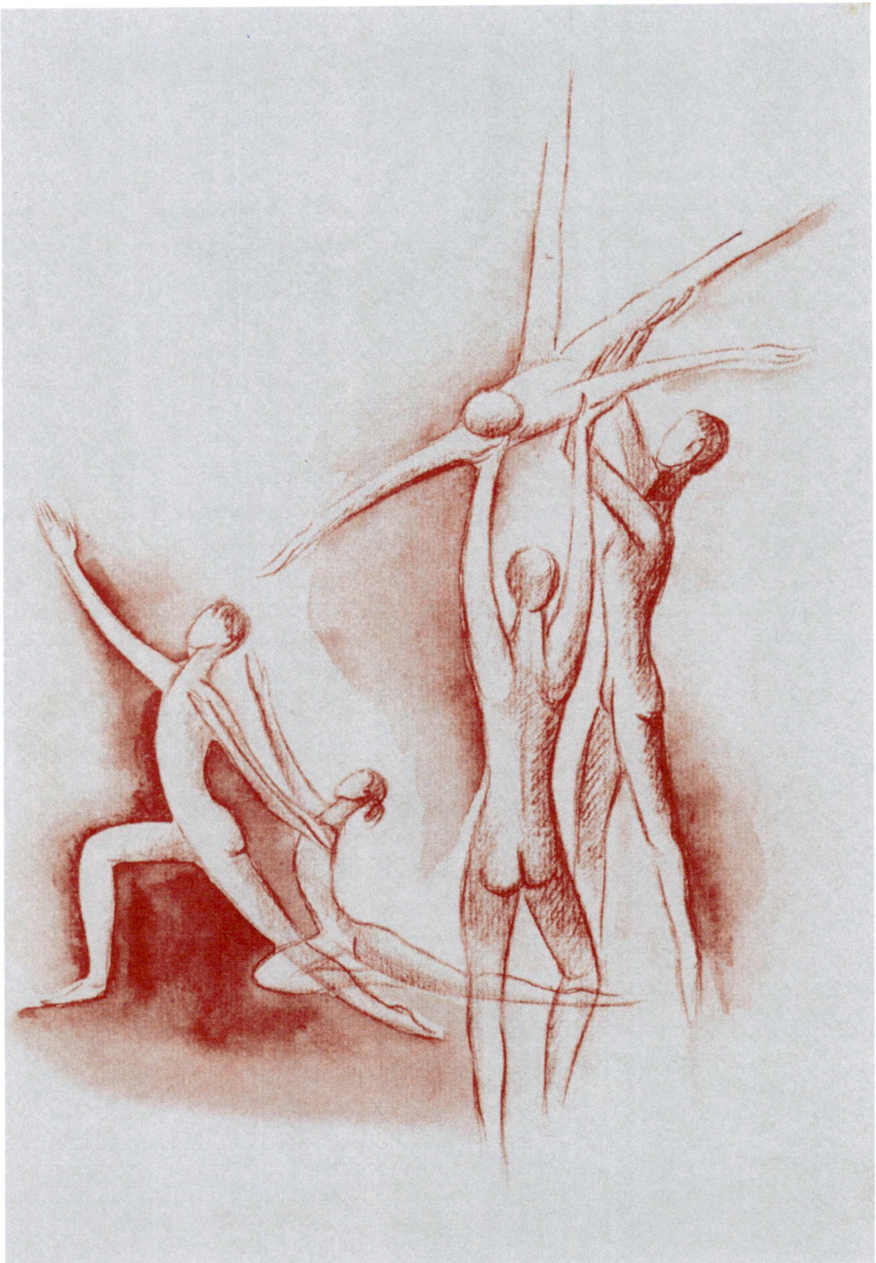

Brouillards · Rötelzeichnung

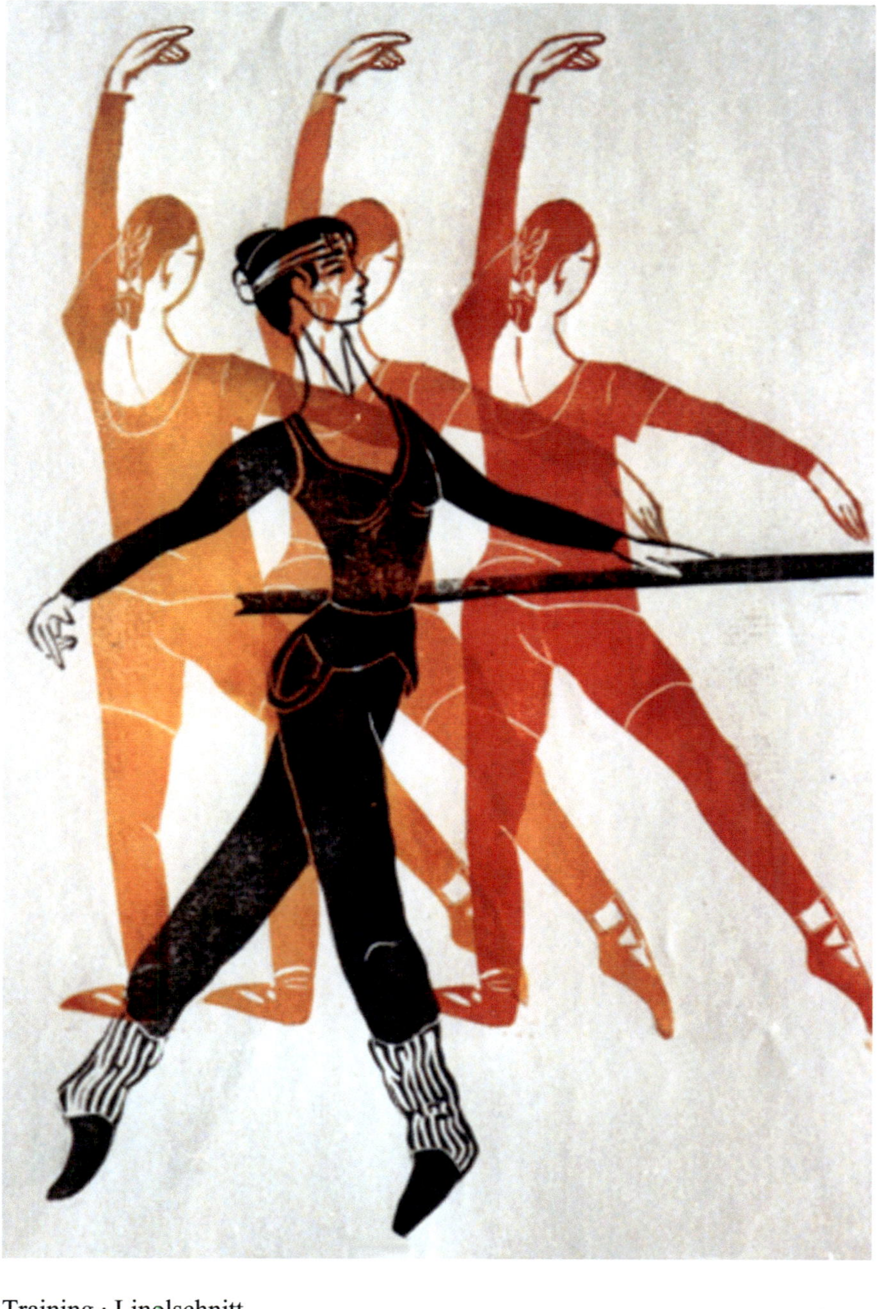

Training · Linolschnitt

Papas Tagebuch

Seit Papas Tod telefoniere ich sehr viel mit Amu und fahre sie auch öfter besuchen. Es ist immer wieder schön, ins Elternhaus zu kommen. Eben erhole ich mich im Garten unter dem Apfelbaum. Wenn seine Früchte reif sind, schickt Amu mir immer ein großes Paket. Jeder Apfel ist liebevoll in Zeitungspapier eingepackt. Erstaunlich, was die Eltern aus diesem kargen Stück Erde gemacht haben. Kein Baum stand auf dem Grundstück. Keine Blume wuchs. Es hat Jahre gedauert, bis es so weit gekommen ist. Als Britta hier noch wohnte, hat sie auch immer wieder schöne Blumen gepflanzt. Wenn ich da an das Dahlienbeet denke! Riesige Blüten in den schönsten Farben. Sie hat inzwischen wieder geheiratet und ist fortgezogen. Die Birken haben die Eltern in Erinnerung an die Heimat gepflanzt. Jetzt sind sie hohe Bäume. Im Frühjahr leuchtet das Gelb des Forsythienstrauches auf dem Rasen vor dem Blumenfenster. Die Fliederbüsche duften dann betörend. Aber nun ist Herbst. Das Weinlaub an den Hauswänden beginnt sich rot zu färben. Die noch warmen Sonnenstrahlen locken die Familie in den Garten. Gunhild hat ihren Stuhl in die Sonne gerückt und ihren Handarbeitskorb neben sich gestellt. Sie ist mit Ausbessern von Kleidung und Stopfen beschäftigt. Ihr Mann Detlef genießt seinen Feierabend auf der Liege. Roswitha und Janni, Amus Urenkel, spielen miteinander Ball. „Familienhaus" wird unser Haus in Buchholz genannt. Zeitweise lebten sogar vier Generationen in ihm.

Als unser Haus 1955 fertig war, zogen Balten in die Wohnungen ein. Es war, als hätten sich die Eltern ein Stück Heimat hierher versetzt. Mit der Zeit änderte sich das. Einige zogen fort in größere Wohnungen. Mieter starben. Kinder wurden geboren. Amu meint, das Haus bekommt mit der Zeit immer mehr Eigenleben. Nach Papas Schlaganfall und der dadurch folgenden Aufgabe des Geschäftes hat die Werkstatt ebenfalls verschiedene Mieter gesehen. Zeitweise diente sie der Baltischen Jugend für Zusammenkünfte. Hier traf sich der Nachwuchs und studierte auch baltische Tänze im Garten ein.

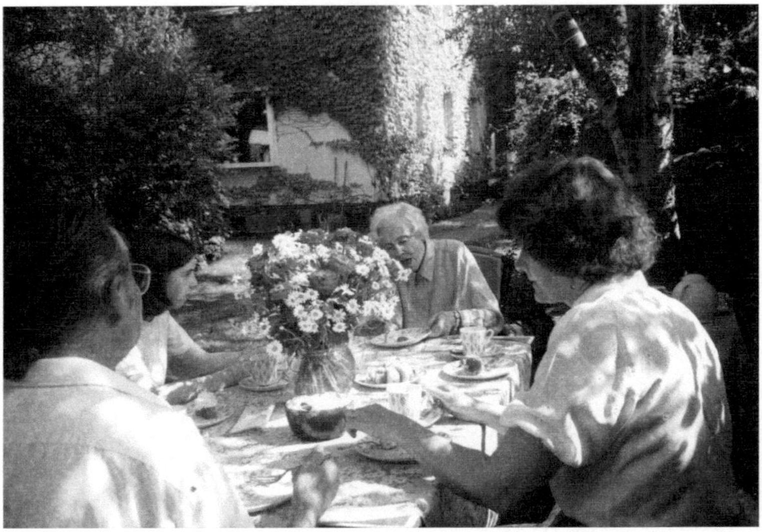

Geburtstagskaffee unter dem Apfelbaum

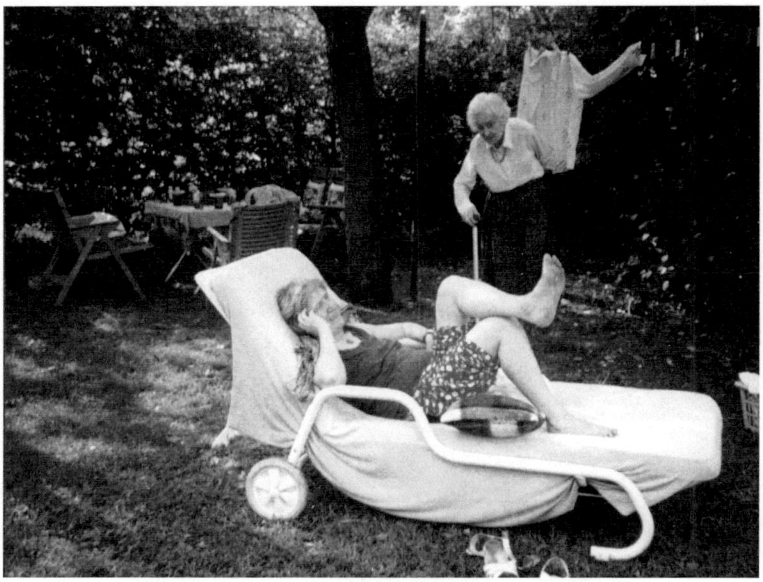

Faulenzen im Garten

Ich werde aus meinen Gedanken gerissen. Amu steht am offenen Schlafzimmerfenster und ruft mir zu: „Hast Du Willy gesehen?“ Ich verneine. „Wo steckt er nur wieder“, sagt sie vor sich hin. Dann schließt sie das Fenster.
Willy ist ein Kater, der sein Quartier von den Nachbarn zu Amu verlegt hat und jetzt ganz bei ihr lebt. Er ist ihr „Lebensgefährte“. Beim Fernsehen sitzt er auf ihrem Schoß und schmust. Im Scherz sagen wir oft: „Willy ist ein verwunschener Prinz.“

Amu kommt in den Garten. Sie reicht mir einen rosa Aktendeckel und sagt: „Bei Dir ist das in guten Händen. Es sind Tagebuchaufzeichnungen von Papa. Er hat sie 1945 nach der Entlassung aus der englischen Kriegsgefangenschaft geschrieben. Damals wußte er noch nicht, wo wir sind und ob wir noch leben.“ Sie geht wieder ins Haus.
Ich öffne den Aktendeckel. In ihm liegen dicht beschriebene, schon leicht vergilbte Papierblätter. Ich beginne zu lesen:

11. August 1945
Glaubt Ihr, so bleibt Ihr.
Die letzten Strahlen der untergehenden Sonne verschwinden hinter den Bergen. Ein paar Regentropfen fallen nieder. Langsam breitet sich die Dämmerung aus. Meine Gedanken weichen keinen Augenblick von Euch. Es ist kaum noch die Sehnsucht und Sorge um Euch zu ertragen. Wie hart hat uns das Schicksal geprüft. Sollte nun alles aus sein, umsonst sein? Nein! Das kann und darf nicht sein, solange wir noch einen Herrgott im Himmel haben!
Schmach, Armut und Elend habe ich über mich ergehen lassen, alles geduldig ertragen. Gelitten und dennoch auf Gott vertraut. Er hat uns geschieden. Er wird uns auch wieder zusammenführen. Aber dieses unendliche Warten und die Ungewißheit machen einen fast wahnsinnig...

12. August 1945, Sonntag
Wie war es sonst so traut und gemütlich im eigenen Heim!
Starker Regen rauscht unaufhörlich hernieder. Dicke Nebelschwaden wälzen sich über die Hügel. Alles ist trübe und grau, wie es auch in mir aussieht. Ganz durchnäßt komme ich vom Morgendienst zurück und lege mich sofort in das schöne Bett. Ach, wie lange mußte ich es entbehren....

Hatte einen netten Herren im Zug getroffen, der mir riet, bei der Karpaten Aktiengesellschaft in Herzog Juliushütte nach einer vorübergehenden Beschäftigung zu fragen. Von dort aus kann ich mich nach einer für mich geeigneten Stelle umschauen.
Es hat geklappt. Alle paar Stunden habe ich hier als Wächter in große Lagerhallen mit Maschinen zu schauen, damit nichts geklaut wird. Die Zwischenzeit verbringe ich im Büro.

13. August 1945
Man ist macht- und rechtlos! Gestern Abend gab es noch eine Aufregung. Ein angetrunkener Ukrainer soll angeblich im Rausch über Nacht sein Fahrrad in einem Maschinenlager stehen gelassen haben. Nun behaupten er und seine Genossen, kein anderer als ich hätte das Fahrrad genommen, weil ich dort Wache hatte. Diese Verleumdung! Unmögliche Gemeinheit! Sie drängten darauf, bei mir nachzusehen. Da mein Gewissen rein war, gestattete ich es mit Anwesenheit der Polizei. Natürlich mußten sie sich entschuldigen. So geht es einem. Was kann und wird noch alles passieren?

18. August 1945
Suchte heute alle Karteien in Braunschweig durch. Leider vergebens. Dort seid ihr nicht. Wenn ich nur wüßte wo? Soll ich über die Grenze gehen? Seid ihr vielleicht zu den Verwandten nach Erfurt geflohen und etwa dort geblieben?
Ohne Morgenkaffee, um Brot und Fett zu sparen, zum Mittagessen gegangen. Es war wirklich gut. Ich danke Gott, daß ich wieder für einen Tag satt geworden bin. Dort traf ich auch einige Kameraden, die nach drüben wollen. Bis jetzt war es ihnen nicht gelungen. Trotzdem gab ich ihnen ein Briefchen an euch mit, falls sie es doch einmal schaffen.
Gestern wieder nach Braunschweig gefahren und mich bei den Milke-Werken vorgestellt, wie empfohlen. Natürlich ohne Erfolg. Meister und Werkmeister gäbe es genügend...
Habe gegen Zigaretten eine Säge eingetauscht. Jetzt fehlt mir eine Lötlampe, dann könnte ich vielleicht...?
Aß Mittag in der Bahnhofswirtschaft. Eine Frau schenkte mir aus Mitleid eine Fünf-Gramm Fettmarke von ihrer Lebensmittelkarte. Ich war durchnäßt, fror, und der Magen war wieder einmal nicht in Ordnung. Stieg früh in den stehenden Zug ein. Saß zweieinhalb Stunden, aber wenigstens unter

einem Dach, bis er endlich abfuhr. Ein Fenster war zerbrochen. Es regnete herein. Der Waggon war von Menschen brechend voll.

Heute beim Bürgermeister gewesen. Empfing mich zwischen Tür und Angel. Ich solle der Gemeinde mit meinem Quartier (ein Untermieterzimmer!) und den Lebensmittelkarten nicht zur Last fallen usw. Er billigte mir dann doch noch letztmalig die Karten für einen Monat zu...

19. August 1945
War in der Kirche. Wenn es auch anders als in unserer Heimat war, so hat es mich doch innerlich beruhigt und gefestigt. Ich habe wieder neue Kraft erhalten. Muß so oft an meinen Vater denken. Wenn man älter wird und so manches erlebt hat, wird man geläuterter, und man vertraut auf den Allmächtigen. Man sucht dort Halt und findet ihn.
Mit den Grenzübergängen soll es ziemlich riskant sein. Immer wieder gibt es Parolen. Aber trotzdem ist nichts von einer Grenzöffnung zu hören.

23. August 1945
Ein wunderbarer Morgen! Die Fensterscheiben leicht beschlagen. Im Osten der Himmel blutrot von der aufgehenden Sonne, aber bewölkt. Im Westen die große, gelbe Scheibe des untergehenden Vollmondes hinter den Bergen.
Habe ganz gut geschlafen und fühle mich etwas besser. Der nächste Monat wird für mich von größter Entscheidung sein. Das fühle ich. Ach, könnte ich Euch doch finden! Ich lese viel, um mich zu zerstreuen. „Der Enkel", „Soll und Haben", neulich „Hermann und Dorothea". Wie alt ist dieses Buch, und welch gleiche Verhältnisse! Heute Vormittag habe ich in Deinem Lieblingsbuch „Sonne und Alltag" gelesen, jetzt allerdings mit anderem Verständnis. Nun weiß ich, wie Du alles bereits früher empfunden und erlebt hast, während ich noch träumte. Mir sind jetzt die Augen aufgegangen. Ja, ohne Sonne können wir nicht leben! Und es muß alles so kommen, wie es bestimmt ist. Aber ein bißchen Sonne wird uns doch hoffentlich nach all diesen Stürmen beschieden sein...

30. August 1945
War heute in Goslar. Passierscheine in die russische Zone gibt es nicht. Ich weiß nicht, ob ich über die Grenze soll. Alle raten ab. Die Suchdienste des

DRK laufen erst an. Wieder Briefe an Euch zwei Landsern mitgegeben, die hinüber wollen.
Heute ist im Radio durchgekommen, daß das Tragen von Uniformen verboten ist. Sie müssen gefärbt werden. Habe neulich einen braunen Schlips geschenkt bekommen. Fühle mich gleich anders...

4. September 1945, Dienstag
Gestern war ein sehr bewegter Tag. Am Morgen fuhr ich nach Goslar. Aber die Badeanstalt war geschlossen. Historische Bauten angeschaut; die Kaiserpfalz, Domkapelle, Brusttuch usw. Taschenbatterien nicht erhalten. Im Sozialamt Antrag auf Anzug gestellt. Schlechte Aussichten in Bezug auf Grenzübergang. Werde wohl vorläufig nicht hinüber können.
Muß heute Abend andere Knöpfe an die Uniform nähen.

5. September 1945, Mittwoch
Gestern Abend hatte Frau W. für mich Kartoffeln gekocht und Heringssalat dazu gegeben. Plauderten noch längere Zeit bevor ich zu Bett ging. Nicht besonders geschlafen. Von Hjalmar geträumt. Morgen hat mein Junge seinen 15. Geburtstag, und ich kann ihm kein Glück wünschen, nicht gratulieren. Das ist schmerzlich...
Eben vom Einkaufen zurück. Resultat: vier halbreife Tomaten und ein Backpulver!

7. September 1945
Hjalmars Geburtstag. Muß an die bangen Tage, an jene Nacht zurückdenken, als Hjalmar geboren wurde. Mit Gottes Hilfe ging alles gut. Der 7. brachte mir Glück, und unser Sonntagsjunge auch. Leider kann ich nichts anderes tun, als in Gedanken bei Euch sein, das Beste wünschen. Das ist Gesundheit, Kraft und Schutz vor allen Gefahren. Hoffentlich bringt uns Dein neues Lebensjahr besseren Zeiten entgegen! Der Himmel klärt sich auf, und die Sonne bricht sich ihre Bahn! „Hab Sonne im Herzen, ob es stürmt oder schneit" sei auch Dein Wahlspruch für das kommende Lebensjahr!

10. September 1945, Montag
Eine neue Arbeitswoche beginnt wieder. Für mich ist sie belanglos und freudlos. Was kann ich schon viel schaffen? Es ist ja nur ein Geduldetsein,

Vegetieren. Der Gedanke an Euch gibt mir keine Ruhe. Habe gestern Abend mit dem Bahnbeamten geplaudert. Er ist auch ein Flüchtling aus dem Osten. Gleiches Schicksal.

Jetzt ist die neue Uhrzeit eingeführt. Man muß sich daran gewöhnen. Am Morgen ist es schon hell, am Abend früh dunkel. –- Wenn ich nur nicht so schwach wäre, dann ginge es schon.

Nachmittags.

Plötzlich ist es gekommen. Frau F. hat ein Ehepaar ausfindig gemacht, das es unlängst hin- und zurück gut über die Grenze geschafft hat. Sie wollen wieder hinüber und würden mich mitnehmen. – Ich wage es! Also morgen früh mit Gottes Hilfe. Zivilkleider bekomme ich geliehen.

13. September 1945

Meine Aktion ist beendet. Es ging beim besten Willen nicht! Aber ich mußte mich selbst überzeugen. Jetzt bin ich wenigstens ruhig geworden, sehr ruhig. Wenigstens für einige Zeit. Es hätte sogar schief ausgehen können. Damit hätte ich Euch nicht genützt. Die Nacht von Montag auf Dienstag war grauenhaft. Ich konnte nicht schlafen. Um ½ 5 Uhr, betäubt von einer Schlaftablette, kaum einen Schluck Kaffee genommen, noch einiges zusammen gepackt und heidi zur Bahn. Ich war sehr aufgeregt. Die Spannung wuchs immer mehr. Ich traf mich mit dem „bewußten" Ehepaar, wie verabredet, am Bahnhof. Der Zug nach Goslar fuhr planmäßig ab. Weiter ging es, mit mehrmaligem Umsteigen, in überfüllten Zügen Richtung Seesen, Kreiensen. Mußten dann bis ein Uhr auf eine Kleinbahn warten. Hatten keine Uhr. Das Paar wußte nicht einmal, von wo die Kleinbahn fuhr. Mit der viel versprochenen „sicheren Führung" war nichts mehr. Nach langweiliger Fahrt stiegen wir um 3 Uhr aus der Bahn. In welche Richtung wir müßten, war dem Mann unbekannt. Unter ständigem Fluchen lief er den anderen Menschen nach. Auf meine Frage, warum wir nicht den guten Weg gingen, gab er keine Antwort. Die Kombizange zum Stacheldrahtschneiden wurde zurechtgelegt. Mir wurde die Sache immer unheimlicher. Bald ging es über Felder und Wiesen. Im Dorf Weißenborn war endlich der Grenzschlagbaum schon von weitem zu sehen. In einer Gastwirtschaft, wo es nichts gab, wurde Besprechung der Lage abgehalten. Schlechte Nachrichten! Alles vergebens. Ein V. sagte, hier mache er die Angelegenheit nicht mehr mit. Ich war sehr nervös. Mein Begleiter wurde auch ängstlich. Nachdem er sich am Stacheldraht überzeugte, gab er zu, nur bei Nacht hinüber-

zugehen. Eine Frau, die von drüben kam, sah erbärmlich mitgenommen aus. Sie erzählte ihre Erlebnisse, die nicht gerade ermutigend klangen. Die anderen beschlossen weiter zu warten. Mein Entschluß stand fest: Ich gehe nicht mehr hinüber. Es wäre Wahnsinn und Selbstmord. Mir wurde leichter ums Herz, als ich mich von den Grenzgängern verabschiedete und lostippelte. Ein PKW nahm mich auf und brachte mich bis kurz vor die Kleinbahn. Dort gab es beim DRK Suppe, drei Teller voll, die ich verschlang, da ich heute noch nichts gegessen hatte. Dann im Wagen 2. Kl. der Kleinbahn mit einem Herrn und einer Dame übernachtet. Sie erzählten mir ihre Erlebnisse. Beide meinten, ich hätte richtig gehandelt, noch abzuwarten. Auch erzählten sie, daß die Suchaktionen drüben angelaufen seien.
Nach einer schlaflosen Nacht erschöpft in Goslar angekommen. Dort Fahrkarte nach Hannover gekauft, zwecks Verabredungen mit verschiedenen Herren wegen eventueller Arbeitsstelle. Zug maßlos überfüllt. Die ganze Fahrt nur auf einem Bein gestanden. In Hannover in die Suchkartei des DRK geschaut. Wieder vergebens. Mittag in der Marktwirtschaft gegessen – schlecht, aber ohne Lebensmittelmarken. Verabredung mit den Herren nicht geklappt. Zu Pastor Steinwand gegangen. Leider nicht zu Hause. Wo sollte ich übernachten? Ging im Park spazieren. In der Gastwirtschaft zur Eiche Tanz – Leben!!! Eigentlich unmöglich!
Schließlich zu M. gegangen. Dort M. und Frl. S. angetroffen. Freudige Begrüßung, Aussprachen, Berichte über Posen. – Schauerlich. Gemeinsam noch ein Bierchen in der „Eiche" getrunken und viel geschwatzt.
Alle drei in der Wohnung geschlafen, da der Bunker wegen Überfüllung gesperrt war! Fräulein S. im Bett, M. auf dem Fußboden, ich auf dem Sofa. Morgenkaffee. Ganz gut geschlafen. M. versprach mir alles. Gute Aussichten!

16. September, 1945
Wieder einmal Sonntag. Habe heute bis ½ 10 Uhr ausgeschlafen. Dann Kaffee getrunken, Strumpf gestopft und zum Mittagessen gegangen. Habe eine Kinokarte für Willy Forsts „Operette" geschenkt bekommen. Habe den Film schon früher gesehen. Aber es war trotzdem gut.

17. September 1945, Montag
War das eine Freude!!! Es ist nicht zu fassen! Ein Brief von meiner früheren Büroangestellten, die von Posen nach Wernigerode geflohen ist. Sie teilt mir mit, daß Ihr auf mich wartet. Also seid Ihr doch in der russischen Zone geblieben, aber lebt! Jetzt heißt es „hinüber um jeden Preis". Es wird nicht leicht sein. – Und dann mit Euch zurück. Mit Gottes Hilfe werden wir es schaffen. Ich habe neue Kräfte. Wie ein Heiligtum trage ich den Brief mit mir. Vom 8. 9. 45 ist er. Glückauf! Glückauf!

18. September 1945, Dienstag
Sonnenschein, warm und Freude im Herzen. Ach möge es doch alles klappen! Morgen starte ich. Und dann mit Euch zusammen wieder hierher zurück. Gott gebe mir dazu seinen Segen. Und wenn alles geglückt ist, dann heißt es, an den Aufbau gehen. Ich kann es ja gar nicht glauben, daß es mir vergönnt sein wird, Euch heil wieder zu sehen. Also, frisch auf, morgen geht es los!

Ich schließe den Aktendeckel mit den Tagebucheintragungen. Amu ruft mich ans Küchenfenster. Sie reicht mir auf einem Tablett ein Kännchen Tee, zwei Stück Kuchen und das dazugehörige Geschirr. „Deck schon den Tisch unter dem Apfelbaum", sagt sie zu mir. „Ich komme auch gleich heraus."
Wir machen es uns unter dem schattigen Laubdach gemütlich.
„Papas Tagebuch hat mich sehr beeindruckt", sage ich. „Wir waren wenigstens zu dritt. Aber er war ganz allein. Eigentlich müßte man seine Tagebuchaufzeichnungen in einem Buch veröffentlichen, damit man die Zeit nicht vergißt. Papa hat auch, trotz seiner Sorge um uns, die Schönheit der Natur stark empfunden. Ich bewundere seinen unerschütterlichen Glauben."

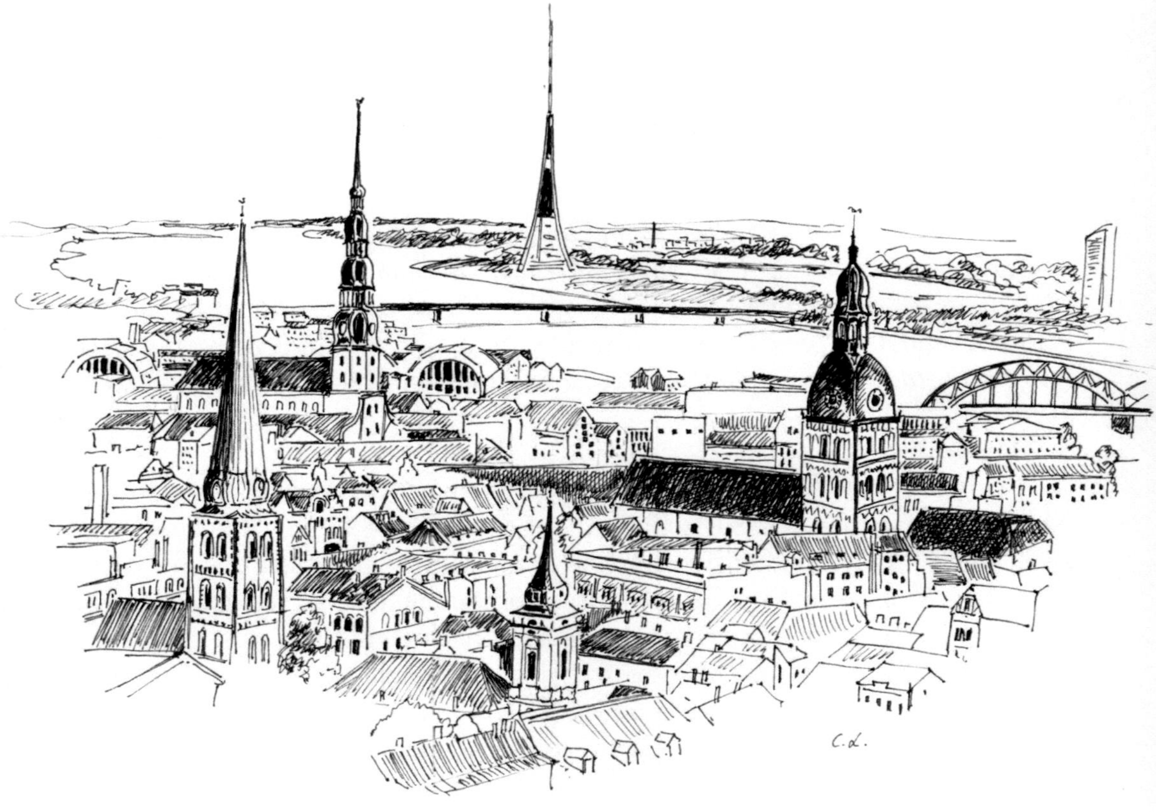

Blick auf Riga · Federzeichnung

Wiedersehen

1. Juli 1993. Die Maschine nach Riga startet mit fünfundfünfzig Minuten Verspätung ab Frankfurt. Ich sitze am Fenster, Gerhard neben mir. Meine Freundin Evi hat einen Platz in der sechsten Reihe. Sie unterhält sich angeregt mit einer Dame. Evi und ich wollen unsere Heimatstadt kennenlernen, die wir mit fünf Jahren, wegen Ausbruch des Krieges und der Umsiedlung, verlassen mußten. Ich fühle mich angespannt und habe Herzklopfen. „Du hast es gut“, hatte meine Nichte beim Abschied gesagt, „Du kannst an viele Stellen zurückgehen, wo Du als Kind gelebt hast. Ich bin in Hannover geboren und hier aufgewachsen.“ „Das stimmt“, habe ich geantwortet, „aber wir waren immer Fremde, wenn wir irgendwo hinkamen. Oft mußten wir uns beweisen. Es dauerte, bis wir anerkannt wurden.“ Aber die Bedeutung und der Wert der Heimat stiegen in der Erinnerung immer mehr.

Unsere Flugroute: Hannover, Hamburg, Bornholm, Riga. Die Maschine setzt zur Landung an. Unter uns dichte Wälder, Seen, Sümpfe, Wiesen. Das Land ist nur schwach besiedelt. Dann sehen wir die im Licht glänzende Schleife der Aa, das breite Band der Düna und die Ostsee, in welche die Flüsse münden. Jetzt sind wir über Riga. Wir blicken auf die grün oxydierten Kirchturmspitzen und die große Stadt. 1201 wurde sie von dem deutschen Bischof Albert von Buxhoeveden gegründet. Im Mittelalter blühte sie auf durch die Hanse. Von den angrenzenden Staaten wurde sie immer wieder umkämpft wegen der günstigen Lage am Meer. Oft war sie unter wechselnder Herrschaft, deutsch, polnisch, schwedisch, russisch, lettisch. Jetzt ist sie die freie Hauptstadt Lettlands.

Evi verläßt als Erste die Gangway. Vorher dreht sie sich zu mir um und sagt: „Cary, eigentlich müßten wir, wie der Papst, die Erde küssen.“ Das Flugfeld ist aber betoniert. „Ja“, sage ich. „Ich habe beim Landen dasselbe gedacht.“ Die Sonne scheint. Am blauen Himmel ziehen dicke, weiße Wolken. Gleich hinter dem Zoll stehen viele Wartende mit bunten Sträußen. Vor dem Flughafengebäude flattern an hohen Stangen lettische Fahnen, rot-weiß-rot. Amu hatte die lettische Fahne sogar auf die Flucht mitgenommen. Nach Kriegsende nähte sie mir daraus ein Kleid. Der Stoff war so rauh, daß er meine Oberschenkel wundscheuerte.
Das Radio im Zubringerbus spielt russische Volksmusik. Eine mit viel Schmuck behängte Lettin sagt auf Deutsch: „Warum nicht lettische Volkslieder?“ Der Busfahrer dreht das Radio aus.
Beeindruckend die Einfahrt in die Stadt über die neue Dünabrücke. Vor uns liegt das unverwechselbare Panorama von Riga: der Dom, die Jakobikirche, die Petrikirche, das Schloß. Träume ich oder bin ich wirklich in Riga?
Unser Hotel liegt zentral, gegenüber der Oper. Aber der Busfahrer, ein Russe, parkt nicht vor dem Eingang. Darauf erklärt die Reiseleiterin auf Russisch, Lettisch und Deutsch, so etwas habe es noch nie gegeben, daß die Gäste ihr Gepäck über die Straße ins Hotel tragen müßten. Und plötzlich kann der Bus vor dem Hotel halten. War das ein Machtkampf?

Nach dem Abendbrot unternehmen wir noch einen Bummel durch die malerische Altstadt. Von überall klingt Musik. Ein Cellospieler und eine Geigerin musizieren vor der Petrikirche. Wir gehen durch das Johannistor zum ältesten Teil der Stadt. Vor der alten Stadtmauer aus der Schwedenzeit stehen drei jugendliche Flötisten. Sie spielen ein Menuett, vor ihnen eine brennende Kerze auf dem Pflaster. Zwei Männer tanzen im Schummerlicht mit grotesken Bewegungen. Dann löst sich der eine, mit dem glatt rasierten Kopf und den abstehenden Ohren. Er tänzelt auf Gerhard zu, hakt sich bei ihm ein und tanzt mit ihm eine Runde. Die Herumstehenden sind darüber erheitert. Schade, daß mein Photoapparat kein Blitzlicht hat. Wir gehen weiter und kommen an reich verzierten Jugendstilhäusern vorbei. Man ist dabei, allmählich die Häuser zu restaurieren. Riga hat mehr Jugendstilhäuser als Wien oder Budapest. Die schönsten liegen im neueren Viertel, jenseits des Stadtkanals, mit schönen Gärten davor. In einigen befinden sich Botschaften.

Am Domplatz ist High-Life. Dort steht ein Fernsehübertragungswagen. Eine Kapelle spielt Pop-Musik. Unzählige Jugendliche, dicht gedrängt, wiegen sich im Rhythmus, singen, strecken die Arme empor. Sie feiern auf ihre Art das Sängerfest. Aus diesem Anlaß kommen Menschen aus aller Welt in die Stadt. Eine Woche lang wird in Riga gefeiert. Vier Frauen in bunten Trachtenröcken und weißen Blusen bahnen sich einen Weg durch die Menge. Sie tragen dicke Bernsteinketten und große Sträuße. Sicherlich wollen sie die Blumen zum Freiheitsdenkmal bringen und dort niederlegen.
In der Nähe entdecken wir ein Haus mit einer wunderschönen Jugendstilfassade. „Restorans-Picerija" steht auf einem großen Schild. Auf der Terrasse sitzen viele Gäste an Tischen. „Tartiani!" rufe ich. „Das ist das ehemalige Tartiani!" Hierher hat mein Großvater jeden Sonnabend seine Familie mit Kindern und Kindeskindern eingeladen. Amu hat mir davon erzählt. Sie hat mir auch bildhaft geschildert, wie sich nach dem Kaffee-Besuch jeder mit „Küßchen" beim Opa für die Einladung bedankte." „Toll, Cary", sagt Evi, „komm, wir setzen uns wenigstens auf die Terrasse und trinken hier einen Tee." Zum Glück werden gerade drei Plätze frei. Ich ziehe mein Skizzenbuch aus der Tasche und beginne zu zeichnen: Die drei halbrunden Fenster, verziert mit vegetativen Ornamenten, halbnackte, geflügelte Frauengestalten, rätselhaft wie Sphingen… Der Ober erscheint immer noch nicht. Gerhard wird ungeduldig. Ein netter Herr am Nebentisch bemerkt: „Es wird noch dauern, bis die Menschen hier lernen, schneller zu arbeiten. Sie waren das lange nicht gewohnt. Im Kommunismus gab es keinen Anreiz für sie." Nun entwickelt sich ein angeregtes Gespräch mit dem Herrn am Nebentisch. Er ist Lette. Bis 1944 hatte er hier gelebt, danach ist er mit der Familie nach Kanada ausgewandert. Er ist extra zum Sängerfest mit seiner Frau aus Amerika angereist. Bis sie ihre Klassenkameradinnen trifft, die sie zum letzten Mal vor fünfzig Jahren gesehen hat, schaut er hier dem fröhlichen Treiben zu.

Riga, 2. Juli 1993
Wir kehren von der Maskavas ielā / Moskauer Straße in die Lāčplēša ielā / Bärentöter Straße ein. Wie aus einem Munde rufen Gerhard und Evi: „Cary! Euer Haus!" Da steht es vor mir, von der Abendsonne warm und heimelig beschienen. Mein Herz hüpft vor Freude. Vierundfünfzig Jahre ist es her, seit wir es im November 1939 verlassen haben. Oft habe ich es in Gedanken gesucht. Hier begann mein Leben.

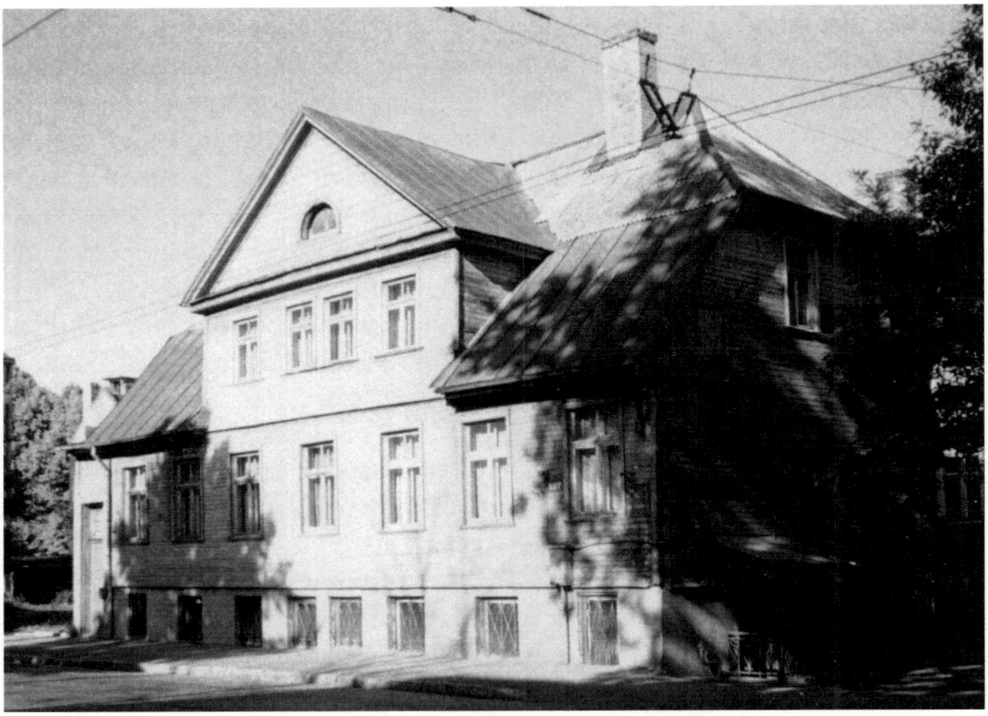

Haus der Familie Winkhardt in Riga, Lāčplēša iela/Bärentöterstraße 157

Wir gehen über die jetzt stark befahrene Straße auf das Haus zu. Mit meinen Händen berühre ich das alte Holz der Wände, streichle es. An manchen Stellen rollt sich die abgeblätterte Farbe. Wir gehen in den Hof. Dort spielen ein kleines Mädchen und ein etwas älterer Junge auf gestapelten Wellblechen. Beide sind sauber gekleidet. Sie schauen uns scheu an. Evi holt Süßigkeiten aus der Tasche und reicht sie ihnen. Zögernd nehmen sie diese entgegen. Ich denke: Vor Jahren waren Hjalmar und ich die Kinder, die hier spielten. Eine junge Frau kommt mit einer Kinderkarre. Ich möchte sie grüßen, mit ihr sprechen. Ihr den Kaffee geben, den ich in der Tasche habe. Sie schaut an uns vorbei, als seien wir Luft. Nimmt das Kind aus dem Wagen und geht ins Haus. Gerne möchte ich auch hineingehen. Vorsichtig öffne ich die Haustür und schaue auf die abgetretenen Stufen. Aber ich kann nicht. Etwas hält mich zurück. Hier wohnen jetzt andere Menschen. Es ist ihr Zuhause.

Wir gehen um das Haus. Von der Werkstatt finde ich nur noch einige Ziegel.

Wo ist der geliebte Garten? Kein Baum steht mehr. Ich gehe über den Boden und suche Spuren. Aber ich finde sie nicht. Die Kinder sind uns wie ein Schatten gefolgt. Eine Katze läuft auf mich zu und will spielen. Ich beuge mich zu ihr nieder und streichle sie.
Auf der gegenüberliegenden Straßenseite setze ich mich auf eine Mauer und beginne, unser Haus zu zeichnen.

Zurück im Hotel kann ich noch nicht gleich schlafen und schaue aus dem Fenster. Die Nächte sind hell. Einige Spätheimkehrer vom Sängerfest gehen singend durch die Straßen.

4. Juli 1993

Nachmittags fahren wir mit der Bahn an den Strand. Neben uns sitzt eine russische Familie. In Majorenhof steigen wir aus. Das alte Bahnhofsgebäude steht noch. Daneben ein neues. Wir photographieren beide für Amu, die in Majorenhof ihre ersten neun Lebensjahre verbrachte.
In der Jomenstraße alte Holzhäuser mit bunt verglasten Veranden neben Neubauten. Es gibt kleine Souvenirläden. Aus Strandcafés schallt laute Westmusik. Am Straßenstand bieten alte Frauchen bunte Gartensträuße und Beeren an. Wir kaufen ein Tütchen mit Walderdbeeren. Sie duften süß und schmecken nach Kindheit. Wir gehen durch den Wald. Ich hebe einen Tannenzapfen auf und stecke ihn in meine Umhängetasche. Plötzlich bleiben wir an einer Betontreppe wie angewurzelt stehen. Vor uns liegen der Strand und das Meer.
Die Farbigkeit des Wassers wechselt ständig: von hell zu dunkel, von silbern zu grau, braun, grün, indigoblau… Wir gehen mit den Füßen ins Wasser. Es ist kalt. Algen bleiben an den Beinen hängen. Ein Mann kommt auf uns zu. Er sagt: „In der Ostsee kann man hier nicht mehr baden.“ Dann geht er weiter. Wir sind wieder allein am weiten Strand und fühlen uns glücklich und frei. Mein Sommerrock flattert im Wind. Es duftet nach Meer und Tang. Über uns kreisen Möwen. Sie fangen im Fluge Brotstückchen, die wir ihnen zuwerfen. Ich kniee mich in den weichen Sand und lasse ihn durch die Finger rieseln. Es ist kaum eine Muschel dabei. Ich fülle Sand in ein kleines Döschen. Stecke es in die Tasche zum Tannenzapfen.

5. Juli 1993
Heute habe ich aus dem vierten Stock des Hotels einen Blick in die engen Gassen der Altstadt und den Turm der Petrikirche gemalt. Ich fühle mich im „Hotel Riga" wohl. Früher war es ein Grand-Hotel. Einiges deutet noch auf vergangene Glanzzeiten hin. Die Fenster und Zimmerdecken sind hoch, die Flure breit. Der Speisesaal ist riesig. Das Essen ist sehr gut und vielseitig. Das Frühstücksbuffet ist ähnlich dem in skandinavischen Ländern. Es gibt verschiedene Arten von Fisch, Aufschnitt, Marmeladen, Säfte, Brot, Butter und Milch.

Wir haben nur Halbpension. Wenn wir mittags eine Kleinigkeit essen wollen, ist das Brot schon manchmal ausverkauft. Es gibt dafür verschiedene, sehr preiswerte Salate. Gut kann man in Lokalen unter schwedischer Leitung essen. Dort zahlt man mit D-Mark.

„Heute Nachmittag lade ich Euch ins Café ‚Otto Schwarz' ein", sagt Evi. „Jede Woche bin ich mit meiner Oma dort hingegangen und durfte Schokoladenröllchen mit Sahne essen." Wir fahren mit dem Lift hoch. Nein, „Otto Schwarz" gibt es nicht mehr. Das Café heißt jetzt „bei Ottilie". Schokoladenröllchen mit Sahne gibt es auch nicht mehr. Wir essen jeder zwei Stücke alten, trockenen Obstkuchen und trinken Tee. Dafür bezahlt Evi dreiundvierzig DM! „Ottilie" nimmt nur deutsches Geld. In den Kaufhäusern ist alles zu haben, wenn man Geld hat. Es gibt viele Westprodukte von Waschmaschinen, Toastern, Elektrogeräten, Schuhen und Ähnlichem. Die Dinge kosten umgerechnet genau so viel wie bei uns. Leider verdient ein Arbeiter nicht wie wir. Er bekommt durchschnittlich hundert Lat monatlich. Das sind umgerechnet dreihundert DM. Studierte, zum Beispiel Lehrer, Ärzte, Professoren bekommen kaum mehr. Ein Rentner muß von hundert DM monatlich leben. Aber insgesamt hat sich die wirtschaftliche Lage gebessert. Man sagt, noch vor zwei bis drei Jahren konnte sich ein Arbeiter für seinen Lohn fünfundzwanzig Flaschen Schnaps kaufen. Jetzt aber würde er für das Geld fünfzig Flaschen bekommen. Das meiste Geld geht für Miete und Energie fort. Letztere bekommen sie aus Rußland geliefert.

Evi hat oft Mitleid mit den Armen und steckt ihnen etwas zu, auch wenn sie nicht betteln. Neulich sahen wir einen Mann bäuchlings auf einer Bank im Park vor der Oper liegen. Er hatte die Jacke über den Kopf gezogen. Evi schlich sich langsam an ihn heran, schob ihm etwas Geld in die Hosentasche. „Paß auf", riefen wir, „Du bekommst noch eine gewischt!" Der Mann richtete sich verschlafen auf, fuhr mit der Hand an die Tasche. - Er hatte hier wohl seinen Rausch ausgeschlafen.

In der Nähe des Bahnhofes, Richtung Markthalle, stehen neben Blumenfrauen und Sonnenblumenkernverkäufern auch Händler, die Plastiktüten, alte Rohrstücke und die denkbar unbrauchbarsten Dinge zum Verkauf anbieten. Vor den Markthallen sehen wir, wie alte Menschen in den Abfalltonnen nach Eßbarem suchen.
Andererseits trifft man in der Stadt auf viele vornehm gekleidete Herren mit dunklen Aktenköfferchen, die auch dicke Autos fahren. In den Straßen der Altstadt schick gekleidete Rigenserinnen in kurzen, engen Röckchen. Evi und ich hatten uns vor der Reise abgesprochen, daß wir nur unauffällige Kleidung mitnehmen.

Sonntagmorgen gehen wir zum Gottesdienst im Dom. Obwohl wir früh dran sind, finden wir nur nach langem Suchen drei Plätze im Seitenschiff. Der Dom hat eine „Walkerorgel" aus Ludwigsburg. Sie ist die zweitgrößte der Welt und sehr berühmt. Hier finden oft Konzerte statt. Auch in der kommunistischen Zeit war das der Fall. Nur saß man damals mit Blick auf die Orgel und mit dem Rücken zum Altar. Jetzt hat man den Blick wieder nach vorne.
Evi flüstert mir zu: „Wenn ich nur wüßte, welches farbige Glasfenster mein Großvater gestaltet hat." Sie kommt aus einer Kunstglaserfamilie.
Zwei Pastoren predigen abwechselnd auf lettisch. Wir verstehen nichts. Aber die Augen haben währenddessen Zeit, die Umgebung anzuschauen. Die Gedanken eilen zurück in die Vergangenheit. Der Klang der Orgel ist gewaltig, die Lieder sind uns vertraut. Jeder singt in seiner Muttersprache: *„Befiehl Du Deine Wege... Großer Gott, wir loben Dich... Ich bete an die Macht der Liebe..."*
Nach dem Abendessen machen wir einen Spaziergang durch den Stadtpark. Hier war früher der Schulweg der Eltern. Wir gehen über kleine, geschwungene Brücken und schauen den Schwänen zu, die sich im Wasser spiegeln. Am Ufer binden zwei junge Mädchen Kränze aus Jasmin und Lindenblütenzweigen.

6. Juli 1993

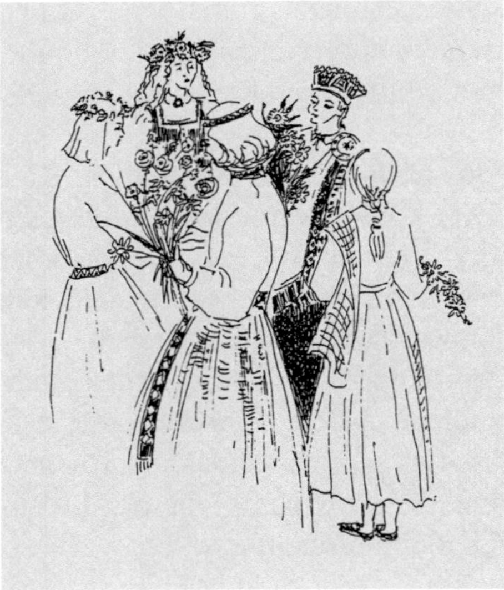

Sängerfest in Riga 1993

Wir stehen auf der Kanalbrücke am Freiheitsdenkmal neben dem Fernsehübertragungswagen. Unzählige Menschen warten diszipliniert am Straßenrand auf den großen Festumzug anläßlich des lettischen Sängerfestes. Ein Hubschrauber kreist über uns. Soldaten kontrollieren die Ordnung. Die Wachen marschieren am Freiheitsdenkmal auf. Dort liegen immer Blumen. Aber heute ist es besonders schön geschmückt. In der Mitte vieler Sträuße ist die lettische Fahne Rot-Weiß-Rot aus Blumen gelegt.

Jetzt nähert sich der Festzug. Er wird von Reitern mit Fahnen und Standarten angeführt. Zweieinhalb Stunden folgen fröhlich singende, tanzende Menschen in Trachten. Manche Frauen sehen wie nordische Prinzessinnen aus. Sie tragen reich verzierte Kronenbänder auf dem blonden Haar. Umhänge mit bunten Borten werden von silbernen Fibeln auf einer Schulter gehalten. Die roten oder schwarzen Röcke sind teilweise bestickt. Einige tragen karierte Kleider mit verzierten Gürteln und Miedern. Alle schwenken Blumensträuße. Wer kein Band oder keine Krone trägt, hat einen Kranz aus bunten Blumen auf dem Haar. Die Männer sehen fast wie Waldmenschen aus mit ihren riesigen Eichenlaubkränzen. Einigen sind sie beim Gehen über den Kopf gesunken und liegen auf den Schultern. Jetzt marschieren die letzten Sänger an uns vorbei. Fröhlich singen sie: *„Kur tu teci, kur tu teci, gailiti manu...“* Es ist das einzige lettische Lied, das Evi und ich noch kennen. Leider können wir davon auch nur die erste Zeile singen. Aber wir stimmen mit allen Umstehenden in den Gesang ein, immer diese Worte wiederholend, und folgen der letzten Gruppe. Heute ist es unser Tag. Wir tun so, als würden wir noch immer hier leben.

7. Juli 1993
Es ist unser letzter Tag in Riga. Wir fahren mit dem Lift auf den Turm der Petrikirche. Beeindruckend der Rundblick auf die Düna, die Brücken, die anderen Kirchtürme und die Dächer der Altstadt. In den vergangenen Tagen sind wir über die Brücken und durch viele Straßen gegangen. Wir haben versucht, uns vorzustellen, wie unsere Vorfahren hier gelebt haben.
Der Himmel verdunkelt sich. Es zieht ein Gewitter herauf. Wir beeilen uns, in das sichere Kirchenschiff zu kommen. Es findet hier gerade eine Ausstellung statt. Auf großen Gemälden sind Szenen aus der lettischen Geschichte und lettische Bräuche dargestellt. Die Kirche ist in ihrer Schlichtheit beeindruckend. Rote Backsteine und weiße Decke mit Netzgewölbe. An den Säulen aus Holz geschnitzte, vergoldete Wappen deutscher Familien. Im Seitenschiff der Roland, der früher draußen stand. Der Kirchturmhahn und die Kugel stehen beschädigt und angekohlt im Vorraum, so wie sie nach dem Brand des Turmes gefunden wurden. Ich setze mich in eine Stuhlreihe mit Blick auf den Altar und die große Christusstatue. Draußen donnert und blitzt es. Ich fühle mich geborgen. Die Eltern wurden in der Seitenkapelle getraut. Ich wurde in dieser Kirche getauft.

Gerhard hat sich eingehend die Gemälde in der Kirche angeschaut. Jetzt kommt er auf mich zu: „Das Gewitter ist vorbei. Wir können gehen.“ Draußen scheint wieder die Sonne.
Im kleinen Laden, schräg gegenüber der Petrikirche, hole ich ein Schwarzbrot. Das bringe ich Amu mit nach Deutschland. Und morgen kaufen wir ihr noch Kornblumen.

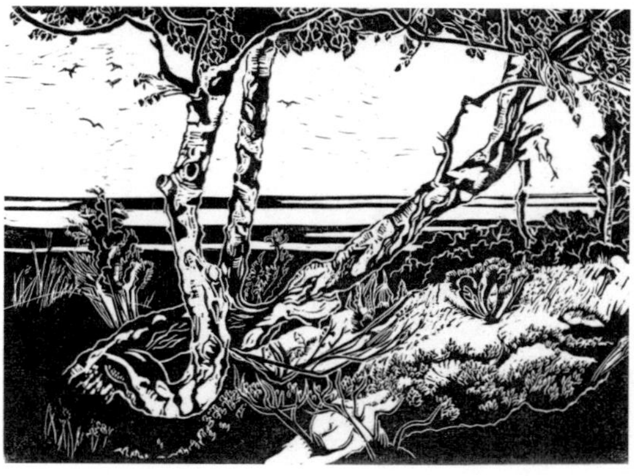

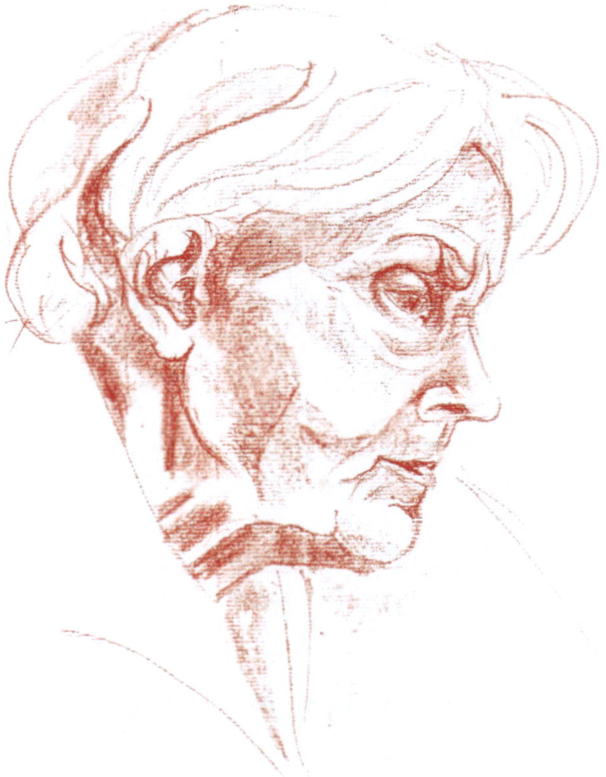

Meine Mutter Helene Winkhardt im 97. Lebensjahr
Rötelzeichnung

Abschied

Amu hat die Reise in die Heimat nicht mehr gewagt. Sie fürchtete, die Veränderungen der trauten Umgebung würden sie zu sehr schmerzen. Das Haus in Hannover ist ihr zu einer neuen Heimat geworden. Sie liebt im Garten jeden Baum und jede Pflanze. Lange hat es gedauert, bis der Garten zu dem wurde, was er jetzt ist.

In letzter Zeit fahre ich oft nach Hannover. Es ist schön, mit Amu und der Familie zusammen zu sein. Auch sie freut sich Tage vorher auf mein Kommen. Wenn ich aus dem Bus aussteige, sehe ich sie schon an der Haustür stehen und nach mir Ausschau halten.
Im Wohnzimmer vor dem Blumenfenster hat Amu den Teetisch gedeckt, mit Blick in den Garten. Wir plaudern gemütlich miteinander. Sie berichtet von ihren Sorgen, die sie mit einigen Mietern hat.

Jahrelang unternahmen Amu und ich gemeinsam kleine Reisen. Ihr Wissensdurst nach anderen Ländern und Städten war groß. Sie freute sich schon immer darauf. Vorher hieß es zum Beispiel: „Ich denke, dieses Jahr fahren wir nach Nizza und an die Côte d'Azur. Würde Dir das auch gefallen?" Oder sie meinte: „Ungarn muß interessant sein. Aber die großen Kathedralen in Frankreich würde ich auch gerne noch sehen." Besonders zog es sie in die nordischen Länder, die sie ein wenig an die alte Heimat erinnerten, Schweden, Norwegen, bis nach Bergen hinauf. Manchmal fragten mich die Mitreisenden: „Sagen Sie, wie alt ist Ihre Mutter?" Ich antwortete: „Fragen Sie sie doch selber." Abends erzählte ich das Amu. Dann schmunzelte sie und meinte: „Du kannst ihnen ruhig sagen, daß ich sechsundachtzig Jahre alt bin. Ich will ja nicht mehr heiraten."

So große „Sprünge" können wir jetzt nicht mehr machen. Aber einen gemeinsamen Stadtbummel durch Hannover unternehmen wir immer noch, wenn ich sie besuche.
Natürlich geht es dann auch in die Kaufhäuser und dort besonders durch die Stoffabteilungen. Amu ist fasziniert von den verschiedenen Farben, Mustern

und Qualitäten. Zwischen zwei Fingern befühlt sie die Stoffe und überlegt, für wen sie aus welchem Stoff etwas arbeiten könnte. Am liebsten näht sie jetzt für die kleine Urenkelin Roswitha. Wenn der Stoff reicht, bekommt auch die Puppe noch ein Kleidchen im Partnerlook. Ein Besuch in der Holländischen Kakaostube rundet jeden Stadtbummel ab. Nirgends schmecken Schokolade mit Sahne und der Mohrenkopf so gut wie dort. An den Wänden im Café sind unzählige alte holländische Kacheln. Auch ein besonderer Anziehungspunkt für Gerhard, denn er sammelt alte Delfter Fliesen.

Eines Tages, auf dem Nachhauseweg von einem unserer gemeinsamen Stadtbummel, beginnt Amu unvermittelt: „Was mache ich, wenn ich eines Tages nicht mehr kann?" Wie ein spitzer Stich durchfährt es mich. Sicher, ich weiß, daß auch sie immer älter wird. Aber sie ist noch beweglich, körperlich und geistig, und der Mittelpunkt der Familie. Alle kommen wir zu ihr. Auch die Enkelkinder, Gunhild und Holger.
Die Urenkelin Roswitha zieht es immer wieder magisch zu Amu. Beide spielen miteinander mit den Marionetten. Nicht selten hocken Uroma und Urenkelin gemeinsam auf dem Teppich. Amu verzaubert uns alle, wenn sie Märchen erzählt.

Von Jahr zu Jahr fällt Amu das Gehen schwerer. Wir schalten den ambulanten Pflegedienst ein, der ihr beim Aufstehen, Schlafengehen und der Körperpflege hilft. Zum Glück wohnt Gunhild mit ihrer Familie im Dachgeschoß und schaut täglich nach ihr, erledigt kleine Besorgungen. Nachmittags setzt sie sich zu einem Plausch zu ihr.
So oft ich kann und nicht unterrichten muß, komme ich. Eines Tages legt Amu mir einen ausgeschnittenen Zettel aus der Zeitung auf den Tisch:

Danke

Ich danke denen,
die mich einst wollten,
prägten und mir einen Weg
fürs Leben zeigten.
Ich danke denen,
die meine Liebe,
Zuneigung und Dankbarkeit
annehmen mochten.
Ich danke denen,
die mir immer wieder
große und kleine Freuden
bereitet haben.
Ich danke denen,
die mir die Treue
auch noch in bösen Tagen
gehalten haben.
Ich danke denen,
die auf mich warten,
wenn meine schweren Schritte
langsamer werden.
Ich danke denen,
die mich noch achten,
wenn meine alten Freunde
schon gegangen sind.
Ich danke denen,
die mir noch zuhören,
wenn meine leisen Worte
wirr geworden sind.
Ich danke denen,
die noch um mich sind,
wenn meine letzten Tage
vor der Tür stehen.

H. Martin

Ich kämpfe mit den Tränen. Den Zettel falte ich zusammen und stecke ihn tief in meine kleine Brieftasche mit den Familienphotos, die ich immer bei mir trage.

Bald reicht ein Gehwagen als Bewegungshilfe nicht mehr aus. Wir müssen einen Rollstuhl bestellen. Jetzt, wo sich Amu nicht mehr frei bewegen kann, wachsen in ihr Ängste. Oft klingelt die Nachtglocke bei Gunhild. Auch das Essen auf Rädern ist nicht die beste Lösung. Amu wird immer dünner. Ihre Haut ebenfalls. Zweimal täglich kommen Schwestern, um die durchgelegenen Stellen, den Dekubitus, zu behandeln. Endlich bekommt sie eine Spezialmatratze durch die Pflegeversicherung.
Sobald ich komme, geht es ihr besser. Auch der Appetit kommt wieder, wenn wir gemeinsam das selbst gekochte Mahl verzehren. Ich schaue den Schwestern bei der Behandlung und Pflege zu, mache kleine Handreichungen. Auch für mich ist die Konfrontation mit dem Älterwerden eine Situation, die ich erst lernen muß. Es tut mir weh. Plötzlich hat sich die Lage gedreht: ich bin die Mutter, sie das hilflose Kind. Immer wieder frage ich mich auch: „Wie werde ich im Alter sein? Werde ich überhaupt so alt?“ Was geht in Amu vor? Wird die reiche Vergangenheit wieder lebendig? Holt die Vergangenheit sie ein? Bisher wollte Amu nicht fort aus ihrem Haus. „Alte Bäume verpflanzt man nicht.“ Aber die Versorgung wird immer schwieriger. Die Enkeltochter zieht in ein eigenes Haus. Ich aber habe auch einen Mann, den ich nicht monatelang allein in Schöckingen lassen will. Eines Tages, als ich wieder überstürzt nach Hannover fahren muß, fleht mich Amu an: „Bitte nimm mich mit!“ Es gilt, eine schwere Aufgabe zu lösen. Wir wissen nicht, wo wir in unserer Dreizimmerwohnung das große Pflegebett und den Rollstuhl hinstellen können. Ich bin dem Verzweifeln nahe. Mir kommt plötzlich eine Idee…Ich rufe in Schöckingen bei der Frau des Kirchenpflegers an. Bitte sie um Hilfe, bei der Suche für einen kleinen Abstellraum, in dem wir einen Teil der Möbel unseres Ateliers auslagern können. Die evangelische Kirchengemeinde kommt uns helfend entgegen. Wir dürfen im Keller des Gemeindehauses die Möbel unterstellen. Ich bin unendlich dankbar dafür. Ebenfalls bin ich glücklich, daß Gerhard mit dieser Lösung einverstanden ist.

Der kleine Möbeltransporter ist gepackt. Die Krankenpfleger tragen Amu zum Krankenwagen. Sie sitzt stolz und gerade in dem Sessel und dreht sich nicht um. Es ist der Abschied aus ihrem eigenen, geliebten Haus. Während der Fahrt liegt sie. Ich sitze im Krankentransporter neben ihr. „Geht es Dir gut?" will ich wissen. „Ja", haucht sie und schaut mich mit ihren großen Augen an.

Vormittags ist kein Termin bei der ambulanten Pflege frei. So beginne ich damit, meine Mutter allein zu versorgen. Jetzt kommt mir zugute, was ich beim Zusehen der Pflege in Hannover gelernt habe. Liebe macht stark. Manchmal wundere ich mich, wie leicht mir die Arbeit fällt. Täglich nehmen wir Amu aus dem Bett. Gerhard hilft mir rührend dabei. Es scheint, als wenn sich Amu allmählich wieder etwas erholt. Vormittags sitzt sie gerne im Atelier auf einem hohen Stuhl. So kann sie auf die Straße schauen. Besonders interessieren sie die Katzen und Hunde. Wenn ein dunkler Wagen vor dem Hause hält, flüstert sie: „Schick ihn weg!"
Die gemeinsamen Mahlzeiten tun ihr gut. Auch ich schwebe nicht mehr im Ungewissen. Gerne verzichten wir auf Urlaubsreisen. Dafür kommen die Enkelkinder zu Besuch. Auch die Urenkelin und Freunde, die alle Amu aus ihren besten Jahren kannten. Die Besucher hocken neben dem Rollstuhl und sprechen mit ihr. Sie lächelt zufrieden.

Zu Amus 96. Geburtstag ist die Runde der Gratulanten groß: Herr Pfarrer Nonnenmann, die gute Frau Schmidt mit Mann, die auch immer wieder Amu liebevoll besucht. Britta mit ihrem Mann. Die größte Überraschung ist Hans-Fred Adlers Besuch. Es ist rührend zu sehen, wie er nach baltischer Art ihr einen Handkuß gibt. Amu lächelt, wenn sie auch nicht mehr die Worte findet, sich zu allem zu äußern.

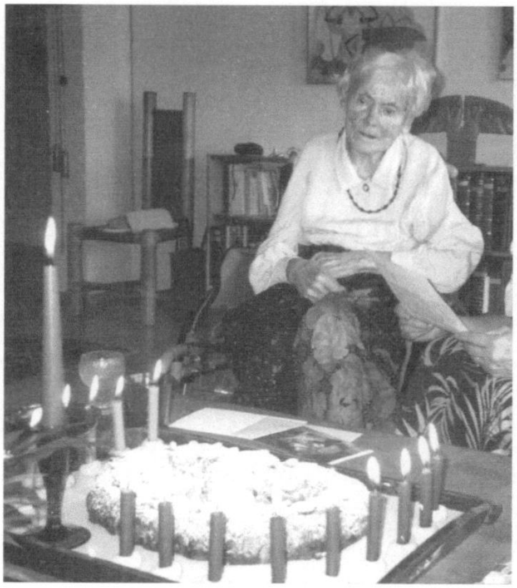

Amus 96. Geburtstag

Gerne sitzt Amu auf dem Balkon, die Hände ruhend im Schoß. Manchmal flüstert sie: „Sind die Blumen schön!" An solchen Sommertagen versuche ich, ihr Gesicht zu zeichnen. Obwohl ich es gut kenne, fällt es mir schwer, den richtigen Ausdruck wiederzugeben.
Nicht jeder Tag gleicht dem anderen. Je nach der Wetterlage oder dem Stand des Mondes ändert sich ihr Befinden. Ohne Gerhards Hilfe könnte ich nicht die Pflege zu Hause durchführen. Es gibt mir Sicherheit, zu wissen, daß er sich während meiner Abwesenheit liebevoll um sie kümmert. Manchmal, wenn ich abends vom Kurs heimkomme, sitzen beide dicht nebeneinander, und Gerhard füttert sie. Ein leises Danke kommt oft aus ihrem Mund.

Amu stirbt in der Nacht am 20. Dezember 2002, mit fast 96 ½ Jahren. Gerhard und ich sind bei ihr bis zum letzten Atemzug. Über drei Jahre lang haben wir sie in Schöckingen gepflegt.
Die Beerdigung findet am 30. Dezember in Hannover statt. Die Trauerrede ist beeindruckend. Frau Pastorin Kirch führt mit dem baltischen Hausspruch noch einmal durch Amus Leben:

„Wechselnde Pfade, Schatten und Licht,
alles ist Gnade, fürchte Dich nicht."

Ihr Leben wurde geprägt durch zwei Weltkriege und deren Folgen, persönliches Leid und Freude.

Als wir aus der Kapelle kommen, ist Schnee auf die weiten Friedhofsflächen gefallen. Es ist die Zeit der Christrosen. Alles wirkt fremd, wie verwandelt. Ich trete an das offene Grab. Eine Rose aus meiner Hand fällt als letzter Gruß auf den Sarg. Aus einem kleinen Döschen lasse ich langsam Heimatsand in das Grab rieseln. Wie ein feiner Schleier fällt er hinab.

Vita Caritas Lewandowski

Geboren 12. Juli 1934 in Riga / Lettland, Tochter des Kupferschmiedemeisters Konstantin Winkhardt und seiner Ehefrau Helene, geborene Ackermann

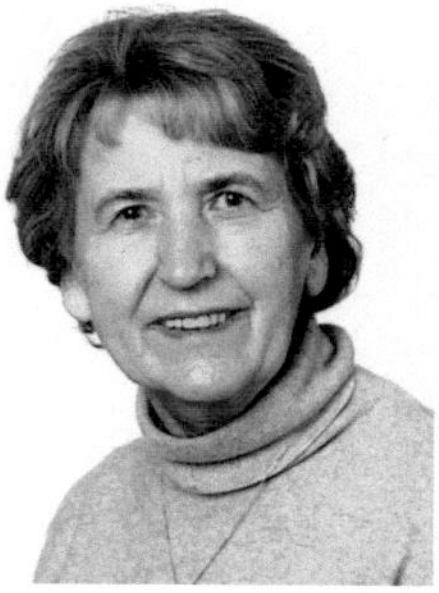

1939 Umsiedlung nach Posen
20. Januar **1945** Flucht nach Erfurt,
Oktober 1945 Grenzübergang in die Britische Besatzungszone,
1946 nach Hannover
1955 Abitur
8 Semester Studium der Graphik an der Werkkunstschule Hannover und der Staatlichen Akademie der Bildenden Künste Stuttgart
1959-1964 tätig als Graphikerin in Hamburg
1964 Heirat mit Gerhard Lewandowski, Graphiker und Maler
Seitdem wohnhaft in Ditzingen-Schöckingen / Württemberg
freiberuflich tätig
1977-1998 Leiterin der Kreativen Kinderkurse in Schöckingen (Familien-Bildungsstätte Leonberg)
Seit **1982** Dozentin für Zeichnen und Malen für Erwachsene (Schiller-Volkshochschule Landkreis Ludwigsburg)
1982 Gestaltung eines wandgroßen Kieselsteinmosaikes „Arche Noah“ mit der Gemeinde Schöckingen.
Veröffentlichungen in Presse, Rundfunk und Fernsehen
1995 Kulturpreis der SPD Ditzingen

Arbeitsgebiete: Stilleben, Landschaft, Figürlich (Aktzeichnung und Ballettstudien)
Arbeitstechniken: Aquarell, Gouache, Öl, Linolschnitt, Zeichnung

Ausstellungen: einzeln, mit Ehepartner und Beteiligung an Gemeinschaftsausstellungen

Stuttgart: Galerie Greiner, Galerie Hauser, Württbg. Kunstverein, Haus der Heimat

Landkreis Ludwigsburg: Landratsamt, Kreishaus, Karlshöhe, Galerie Mörike, Kulturhaus Ludwigsburg, Rathaus Freiberg am Neckar, Möglingen, Ditzingen Städt. Galerie am Laien, Ditzinger Bank EG, Volksbank, Altes Rathaus Schöckingen

Landkreis Böblingen: Leonberg Kreissparkasse, Sindelfingen Goldberg-Gemeinde

Bremen: Galerie Vegesack, **Lüneburg:** Carl–Schirren–Gesellschaft

Glasgow / Schottland: Goethe-Institut, **Gyula** / Ungarn: Kulturhaus
La Palma (Kanaren): Schiffs-Terminal Santa Cruz, Hacienda San Jorge

Mitglied im Verband Bildender Künstler u. Künstlerinnen Württemberg e.V.
Kunstverein Ludwigsburg, Kultur- und Kunstkreis Ditzingen e. V.